TOP **10**
BERLIM

JÜRGEN SCHEUNEMANN

Berlin Reichstag; Um café no Hackesche Höfe

Título original: *Top 10 Berlin*

Publicado originalmente na Grã-Bretanha em 2006 pela Dorling Kindersley Limited, 80 Strand, WC2R 0RL, Londres, Inglaterra, uma empresa da Penguin Random House.

Copyright © 2006, 2014 Dorling Kindersley Limited
Copyright © 2015 Publifolha Editora Ltda.

Todos os direitos reservados. Nenhuma parte desta obra pode ser reproduzida, arquivada ou transmitida de nenhuma forma ou por nenhum meio sem a permissão expressa e por escrito da Publifolha Editora Ltda.

Proibida a comercialização fora do território brasileiro.

COORDENAÇÃO DE PROJETO: PUBLIFOLHA
EDITORA-ASSISTENTE: Adriane Piscitelli
COORDENADORA DE PRODUÇÃO GRÁFICA: Soraia Pauli Scarpa
PRODUTORA GRÁFICA: Mariana Metidieri

PRODUÇÃO EDITORIAL: PÁGINA VIVA
TRADUÇÃO: Luis Reyes Gil
EDIÇÃO: Wally Constantino
REVISÃO: Tácia Soares, Luciane Helena Gomide
DIAGRAMAÇÃO: Bianca Galante

Dados Internacionais de Catalogação na Publicação (CIP)
(Câmara Brasileira do Livro, SP, Brasil)

Gerrard, Mike
Berlim / Jürgen Scheunemann ; [tradução Luis Reyes Gil]. – 4. ed. – São Paulo: Publifolha, 2015.

Título original: Top 10 Berlim.
1ª reimpr. da 4ª ed. de 2014.
ISBN 978-85-7914-282-6

1. Berlim (Alemanha) – Descrição e viagens - Guias
I. Título. II. Série.

11-00864   CDD-914.3155

Índices para catálogo sistemático:
1. Berlim : Alemanha : Guias de viagem 914.3155
2. Guias de viagem : Berlim : Alemanha 914.3155

Este livro segue as regras do Acordo Ortográfico da Língua Portuguesa (1990), em vigor desde 1º de janeiro de 2009.

Impresso na China.

PUBLIFOLHA
Divisão de Publicações do Grupo Folha
Al. Barão de Limeira, 401, 6º andar
CEP 01202-900, São Paulo, SP
Tel.: (11) 3224-2186/2187/2197
www.publifolha.com.br

UM MUNDO DE IDEIAS
www.dk.com

Sumário

Top 10 Berlim

Brandenburger Tor e Pariser Platz	8
Reichstag	10
Unter den Linden	12
Potsdamer Platz	16
Museumsinsel	20
Kurfürstendamm	24
Kaiser-Wilhelm--Gedächtnis-Kirche	26
Schloss Charlottenburg	28
Kulturforum	32
Zoologischer Garten	36
Construções Históricas	38
Construções Modernas	40
Momentos da História	42
Igrejas e Sinagogas	44
Museus	46
Galerias de Arte	48

As listas Top 10 não estão em ordem de qualidade ou popularidade.
As 10 atrações, na opinião dos editores, são iguais em importância.

Foi feito o possível para garantir que as informações deste livro fossem as mais atualizadas disponíveis até o momento da impressão. No entanto, alguns dados como telefones, preços, horários de funcionamento e informações de viagem estão sujeitos a mudanças. Os editores não podem se responsabilizar por qualquer consequência do uso deste guia, nem garantir a validade das informações contidas nos sites indicados.

Os leitores interessados em fazer sugestões ou comunicar eventuais correções podem escrever para atendimento@publifolha.com.br

Capa – **Superstock**: imagebroker.net c; age fotostock ceb. Lombada – **DK Images**: Dorota e Mariusz Jarymowicz b. Contracapa – **DK Images**: Dorota e Mariusz Jarymowicz c, ce, cd.

"East Side Gallery" no Muro de Berlim; Fachada de casa em Prenzlauer Berg

Sumário

Berlinenses Famosos	50	Tiergarten e Distrito Federal	96
Kneipen (Pubs) e Bares	52	Kreuzberg e Schöneberg	102
Bares e Casas Noturnas	54	Centro de Berlim: Unter den Linden	112
Locais de Espetáculos	56	Centro de Berlim: Scheunenviertel	122
Para Gays e Lésbicas	58	Centro de Berlim: Área da Alexanderplatz	130
Lojas e Mercados	60	Prenzlauer Berg	138
Festivais e Feiras	62	Sudeste de Berlim	144
Atrações para Crianças	64	Potsdam e Sanssouci	152
Lagos, Rios e Canais	66		
Esportes e Lazer	68		
Parques e Jardins	70		
Hotéis Famosos	72		
Onde Comer	74		

Área por Área

Charlottenburg e Spandau 78
Grunewald e Dahlem 88

Dicas de Viagem

Planejamento 160
Onde Ficar 172
Índice 180
Frases 190

O memorial *Berlin*, na Tauentzienstraße; O parque Schloss Sanssouci

TOP 10
BERLIM

Destaques
6-7

Brandenburger Tor
e Pariser Platz
8-9

Reichstag
10-1

Unter den Linden
12-5

Potsdamer Platz
16-9

Museumsinsel
20-3

Kurfürstendamm
24-5

Kaiser-Wilhelm-
-Gedächtnis-Kirche
26-7

Schloss
Charlottenburg
28-31

Kulturforum
32-5

Zoologischer Garten
36-7

Top 10 de Tudo
38-75

TOP 10 Destaques

Berlim é a cidade mais movimentada da Alemanha e uma das capitais mais fascinantes do mundo. Em nenhum outro lugar arte e cultura, museus e teatros, diversão e vida noturna têm tantas opções como às margens do rio Spree. Após a reunificação, Berlim tornou-se ainda mais cosmopolita, e hoje respira-se aqui uma atmosfera única de energia e vibração.

1 Brandenburger Tor e Pariser Platz
A Brandenburger Tor, a imagem mais famosa de Berlim, fica na Pariser Platz, onde o célebre Hotel Adlon e as embaixadas dão o toque final de elegância e estilo *(pp. 8-9)*.

2 Reichstag
O edifício-símbolo da história alemã é o Reichstag *(abaixo)*. Desde que foi reconstruído por sir Norman Foster em 1997-9, a estrutura tornou-se uma das atrações mais populares de Berlim. Os visitantes ficam encantados com a grande cúpula, que oferece lindas vistas da cidade *(pp. 10-1)*.

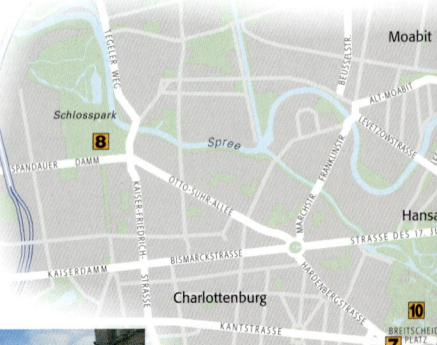

3 Unter den Linden
A magnífica alameda arborizada *(abaixo)* na parte leste da cidade sempre atraiu muita gente. Os principais edifícios históricos de Berlim concentram-se aqui *(pp. 12-5)*.

4 Potsdamer Platz
O novo coração da antiga metrópole é a Potsdamer Platz, que hoje abriga modernas estruturas, como o Sony Center. Com seus restaurantes, lojas, museu do cinema e cinemas, é um mundo de diversão *(pp. 16-9)*.

Nas páginas anteriores, o **Brandenburger Tor** *(Portão de Brandemburgo)*

5 Museumsinsel
Entre os museus deste importante complexo está o Pergamonmuseum, que expõe o famoso Altar Pergamon da Grécia antiga *(pp. 20-3)*.

6 Kurfürstendamm
Esta é a principal avenida para passear e fazer compras no oeste de Berlim. Restaurantes e butiques chiques contribuem para aumentar ainda mais o movimento dessa grande artéria *(pp. 24-5)*.

Top 10 Berlim

7 Kaiser-Wilhelm-Gedächtnis-Kirche
As ruínas da igreja memorial erguida em homenagem ao kaiser Guilherme I ainda constituem um silencioso lembrete dos horrores da guerra *(pp. 26-7)*.

8 Schloss Charlottenburg
Os aposentos históricos da antiga residência de verão dos Hohenzollern mostram aos visitantes um pouco da história da Prússia. Seus jardins em estilo barroco, entre os mais belos da Alemanha, são perfeitos para passear e tomar sol *(pp. 28-31)*.

9 Kulturforum
Este complexo de museus, onde ficam a famosa Gemäldegalerie (galeria de pinturas), o Kunstgewerbemuseum (museu de artes e ofícios) e a Neue Nationalgalerie, abriga salas de concerto como a Philharmonie, garantindo uma experiência cultural única para quem visita Berlim *(pp. 32-5)*.

10 Zoologischer Garten
O zoológico e aquário mais antigo e famoso da Alemanha, no centro da cidade, abriga mais de 19 mil animais e aproximadamente 1.500 espécies diferentes *(pp. 36-7)*.

Veja mais sobre informação turística em www.berlin.de ou www.visitberlin.de

🔟 **Brandenburger Tor e Pariser Platz**

Mais conhecido dos símbolos de Berlim, o Portão de Brandemburgo ergue-se majestoso na Pariser Platz, no meio dos modernos edifícios de embaixadas que agora o rodeiam. Coroado por sua triunfal escultura de uma quadriga, o famoso portal tem sido ponto focal da história de Berlim: governantes e estadistas, desfiles militares e manifestações – todos se sentem compelidos a marchar pelo Brandenburger Tor.

O Portão de Brandemburgo visto do leste

- Uma das melhores opções para um café ou lanche na Pariser Platz é o Theodor Tucher, um café e restaurante que abre às 7h.

- Do Portão de Brandemburgo, você pode percorrer o traçado do Muro de Berlim ao norte ou ao sul ao longo da antiga avenida do controle de fronteira, seguindo as placas verde e brancas da Berliner Mauerweg. Áreas de interesse histórico se alternam com trechos de beleza natural nesta trilha única para caminhadas e ciclismo.

- *Pariser Platz*
- *Mapa F3, K3*
- *Informação turística, Brandenburger Tor*
- *Mapa F3, K3*
- *Abr-out: 9h30-19h diariam; nov-mar: 9h30-18h diariam*
- *(030) 25 00 25*

Destaques

1. Brandenburger Tor
2. Quadriga
3. Hotel Adlon Berlin
4. DZ Bank
5. Akademie der Künste
6. Embaixada da França
7. Palais am Pariser Platz
8. Eugen-Gutmann-Haus
9. Haus Liebermann
10. Embaixada Americana

Brandenburger Tor

Projetado por Carl G. Langhans em 1789-91 e inspirado nos pórticos de templos gregos, o Portão de Brandemburgo é, sem dúvida, o maior símbolo de Berlim. Desde o século XIX, ele tem servido de cenário para inúmeros eventos da turbulenta história da cidade.

Hotel Adlon Berlin

Concluído em 1997, é o hotel mais elegante de Berlim. Reconstruído a partir do Hotel Adlon original, destruído na Segunda Guerra Mundial, hospeda muitos dignitários em visita e já recebeu ricos e famosos como Greta Garbo, Thomas Mann e Charlie Chaplin *(p. 72)*.

Quadriga

A escultura, com 6m de altura acima do Portão, foi criada em 1794 por Johann Gottfried Schadow como símbolo da paz. Como modelo da deusa laureada da paz na carruagem Schadow ele usou a própria sobrinha, que depois disso ficou famosa em toda a Berlim.

DZ Bank

Este edifício moderno, projeto do arquiteto americano Frank Owen Gehry, combina as linhas sóbrias da arquitetura prussiana com elementos ousados no interior.

➡ *Visite o museu dos Kennedy (p. 118), na frente do Portão de Brandemburgo.*

Akademie der Künste
O edifício, erguido entre 2000 e 2005 e projetado por Günter Behnisch e Manfred Sabatke, incorpora atrás de uma grande extensão de janelas as ruínas da velha academia de arte, destruída na Segunda Guerra Mundial. Hoje é uma Academia de Arte e apresenta exposições importantes.

Embaixada da França
Em 1999-2001, um elegante edifício foi construído por Christian de Portzamparc no lugar da velha embaixada, destruída na Segunda Guerra Mundial. Note as suas colunas e altas janelas, homenagem ao antigo palacete da embaixada francesa.

Palais am Pariser Platz
Este complexo de Bernhard Winking, bem-sucedida interpretação moderna da arquitetura neoclássica, fica meio escondido ao norte do Brandenburger Tor. Vale a pena entrar e visitar seu café, o restaurante e a loja de suvenires, em volta de um pátio à sombra de árvores.

Eugen-Gut-mann-Haus
Com suas linhas sóbrias, o Dresdner Bank, construído pela equipe de arquitetos do GMP de Hamburgo em 1996-7, lembra o estilo do movimento da Nova Sobriedade, da década de 1920. Diante do edifício, sede berlinense do Dresdner Bank, fica a famosa placa de rua original que identifica a Pariser Platz.

Haus Liebermann
Josef Paul Kleihues construiu este edifício no extremo norte do Brandenburger Tor em 1996-8, recriando fielmente um edifício que ficava antes no mesmo local. A casa ostenta o nome do artista Max Liebermann *(direita)*, que morou aqui. Em 1933, ao ver soldados nazistas marchando pelo Portão, fez sua famosa declaração: "É bem provável que não seja capaz de comer o tanto que gostaria de vomitar".

Embaixada Americana
O último vão na fileira de prédios em volta da Pariser Platz foi finalmente fechado em 2008. Uma disputa entre a embaixada e a Câmara de Berlim adiou por vários anos a construção do edifício: uma rua histórica tinha que ser deslocada para atender a exigências de segurança dos EUA. No final, a rua foi mantida.

Veja mais sobre arquitetura histórica em Berlim nas pp. 38-9

Top 10 Berlim

TOP 10 Reichstag

De todos os prédios de Berlim, o Edifício do Parlamento talvez seja o mais simbólico. A sólida estrutura, construída em 1884-94 por Paul Wallot como orgulhosa expressão do poder do Império Alemão, foi destruída por um incêndio criminoso em 1933 e bombardeada durante a Segunda Guerra Mundial. Em 1995, o artista Christo cobriu todo o Reichstag, e em 1994-9 o arquiteto britânico sir Norman Foster transformou-o num dos mais modernos edifícios parlamentares do mundo. Hoje é a sede oficial do Bundestag, o parlamento alemão.

A entrada principal do Reichstag

- Se o restaurante Käfer está além do seu orçamento, coma um Bratwurst (salsicha) nas bancas em volta do Reichstag.

- Para visitar a cúpula do Reichstag, cadastre-se com 2-3 dias de antecedência no site www.bundestag. de. Você pode solicitar uma entrada para o mesmo dia no Berlin Pavillon Visitors' Service Centre, em frente à entrada do Reichstag (aberto 8h-20h). É preciso apresentar passaporte ou identificação. Para reservar uma mesa no Käfer, ligue (030) 22 62 99 35.

- Platz der Republik 1
- Mapa F3, K2
- Abre 8h-24h (últ admissão 23h)
- (030) 22 73 21 52
- www.bundestag.de

Destaques

1. Cúpula
2. Sala do Plenário
3. Pórtico "Dem deutschen Volke"
4. Fachada restaurada
5. Restaurante Käfer
6. Instalação "Der Bevölkerung"
7. Memorial de Dieter Appelt
8. A Bandeira Alemã
9. Platz der Republik
10. Memorial para as Vítimas do Muro

Sala do Plenário

A sala do plenário é a sede do Deutscher Bundestag, o parlamento alemão, que passou a se reunir aqui de novo desde 20 de abril de 1999. Em tecnologia, o local é um dos edifícios parlamentares mais avançados do mundo. A águia federal causou polêmica: considerada "gorda" demais, foi "emagrecida".

Cúpula

A cúpula do Reichstag, de sir Norman Foster, oferece vistas incríveis de Berlim. É aberta no topo para arejar o edifício e – num toque de ironia – para propiciar a disseminação dos debates por todo o país. Uma rampa dá acesso até o alto.

Pórtico "Dem deutschen Volke"

A dedicatória "Ao Povo Alemão" foi colocada em 1916, contra a vontade de Guilherme II.

Fachada restaurada
Mesmo com a reforma, buracos de bala da Segunda Guerra Mundial ainda estão na fachada.

Instalação "Der Bevölkerung"
A obra de Hans Haacke "Ao Povo" faz contraponto à inscrição do pórtico em frente.

Restaurante Käfer
Este restaurante de luxo junto à cúpula, na cobertura do Reichstag, oferece uma ótima vista do centro histórico da Unter den Linden. É muito popular e talvez você enfrente fila de espera *(p. 101)*.

A Bandeira Alemã
A imensa bandeira alemã foi hasteada pela primeira vez quando da celebração oficial da reunificação alemã, em 3 de outubro de 1990.

Memorial de Dieter Appelt
Inaugurado em 1992, este memorial, em frente ao Reichstag, homenageia 97 delegados social-democratas e comunistas do que foram assassinados no Terceiro Reich.

Platz der Republik
O gramado em frente ao Reichstag é palco de festas, a exemplo das comemorações da Copa do Mundo de 2006, realizada na Alemanha.

O Incêndio do Reichstag
Quando o Reichstag foi incendiado, em 27 de fevereiro de 1933, o comunista holandês van der Lubbe foi preso e acusado de ser o autor. Porém é mais provável que os próprios nazistas tenham sido seus mentores. Hitler usou o incêndio como pretexto para aprovar a "Lei Habilitante" no Parlamento. Com ela, livrou-se de todos os seus oponentes e deu início a um reinado de terror que durou doze anos.

Memorial para as Vítimas do Muro
Diante do lado sul do Reichstag, um memorial lembra o Muro de Berlim, que corria a poucos passos deste local. Uma das cruzes homenageia Chris Gueffroy: abatido a tiros em fevereiro de 1989 quando tentava fugir, foi uma das mais de cem vítimas do fatídico Muro.

Veja mais sobre edifícios governamentais de Berlim nas **pp. 40-1**

TOP 10 Unter den Linden

"Enquanto as tílias florescerem em Unter den Linden, Berlim será sempre Berlim", cantou certa vez Marlene Dietrich referindo-se a esta magnífica avenida (centro). Hoje as tílias florescem mais bonitas do que nunca no histórico centro de Berlim, pois os antigos edifícios ao longo da rua foram amplamente restaurados e a arquitetura moderna criou novas atrações. A "Linden" – originalmente uma trilha real para cavalos que ligava o Stadtschloss (a residência urbana do rei) ao Tiergarten – tornou-se a rua da moda de Berlim no século XVIII, na época capital da Prússia.

Deutsches Historisches Museum, no Zeughaus

☕ Faça uma parada no Café im Deutschen Historischen Museum, que tem acesso direto pela rua.

- Mapa F/G3, K3/4
- Deutsches Historisches Museum, Unter den Linden 2 • 10h-18h diariam • (030) 20 30 40
- www.dhm.de
- Entrada paga

- St. Hedwigskathedrale, Bebelplatz • 10h-17h seg-sáb, 13h-17h dom
- (030) 203 48 10
- www.hedwigs-kathedrale.de

- Staatsoper, Unter den Linden 7
- Fechado para reforma até 2015
- (030) 20 35 45 55
- www.staatsoper-berlin.de
- Entrada paga

Destaques

1. Deutsches Historisches Museum
2. Staatsoper Unter den Linden
3. St. Hedwigskathedrale
4. Humboldt-Universität
5. Neue Wache
6. Kronprinzenpalais
7. Bebelplatz
8. Opernpalais
9. Russische Botschaft
10. Estátua de Frederico, o Grande

St. Hedwigs-kathedrale

Projetada por Georg W. von Knobelsdorff em 1740-2 segundo o modelo do Pantheon de Roma, é a sede da arquidiocese católica de Berlim. Frederico, o Grande, encomendou a catedral para satisfazer os católicos de Berlim após a conquista da Silésia (p. 44).

Deutsches Historisches Museum

O maior museu de história da Alemanha dá uma visão geral de mais de mil anos de história do país. Instalado no Zeughaus – o arsenal real construído em 1706 – é o edifício mais antigo e arquitetonicamente mais interessante da avenida Unter den Linden (p. 14).

Staatsoper Unter den Linden

A Ópera Estatal é uma das mais atraentes da Alemanha. De estilo neoclássico, foi construída por von Knobelsdorff em 1741-3 como primeira casa de ópera autônoma da Europa, segundo plantas do próprio Frederico, o Grande (p. 56).

Os ônibus nºˢ 100 e 200 percorrem toda a extensão da Unter den Linden, com paradas em quase todas as atrações famosas.

Humboldt-Universität
A mais antiga e respeitada universidade do país *(esq.)* foi fundada em 1890, por iniciativa de Wilhelm von Humboldt. Vinte e nove ganhadores do Prêmio Nobel estudaram aqui, entre eles Albert Einstein.

Neue Wache
O memorial alemão central para todas as vítimas da guerra foi criado em 1816-8 com projeto de Karl Friedrich Schinkel. Uma reprodução em tamanho ampliado da comovente escultura *Pietà*, de Käthe Kollwitz, ocupa o centro da sala.

Kronprinzenpalais
O Palais neoclássico (1732-3), obra de Philipp Gerlach, era a residência dos herdeiros do trono da dinastia Hohenzollern. Após a Primeira Guerra Mundial, virou um museu de arte, e depois de 1948 o governo alemão do Leste hospedava visitantes estrangeiros aqui. Foi aqui que a reunificação da Alemanha foi assinada, em agosto de 1990.

Bebelplatz
Originalmente chamado de Opernplatz, este amplo espaço aberto foi projetado por Georg W. von Knobelsdorff como ponto focal de seu Forum Fridericianum. A elegante praça pretendia recriar um pouco do esplendor e glória da Roma antiga na capital prussiana. Em maio de 1933, foi palco da infame noite nazista de queima de livros.

Opernpalais
O elegante edifício junto à Staatsoper, construído em 1733-7, servia como palácio para as princesas.

Russische Botschaft
A imensa Embaixada da Rússia, no estilo "bolo de noiva" stalinista, foi o primeiro edifício a ser erguido na Unter den Linden após a Segunda Guerra Mundial.

Estátua de Frederico, o Grande
Uma das mais majestosas estátuas de Christian Daniel Rauch, com o "Velho Fritz" (13,5m de altura) a cavalo, de uniforme e tricórnio.

Veja mais sobre a Unter den Linden nas **pp. 112-21**

Antiga gravura em rolo de 1821, com panorama da avenida Unter den Linden

Deutsches Historisches Museum

1 Os Guerreiros Moribundos
Os 22 relevos de Andreas Schlüter, exibidos nas paredes do pátio e não como uma das exposições do museu, retratam os horrores da guerra de maneira bem direta, pouco comum.

2 Martinho Lutero
O retrato de Lutero, feito por Lucas Cranach, o Velho, é o destaque das salas dedicadas a Martinho Lutero e à Reforma.

3 Europa e Ásia
Este grupo de figuras de porcelana Meissen reflete a fascinante relação entre os dois continentes.

4 Motor a Vapor
Um motor a vapor em tamanho natural de 1847 marca a entrada da exposição sobre a Revolução Industrial.

5 Trajes dos Campos
Entre as muitas peças sobre os anos de domínio nazista está a jaqueta de um prisioneiro de um campo de concentração – um lembrete assustador do período do Terceiro Reich.

6 Gloria Victis
A comovente figura alegórica de Gloria Victis, obra do escultor francês Antonin Mercié, mostra a morte de um amigo nos dias finais da guerra Franco-Prussiana de 1870-1.

Estátua de Gloria Victis

7 Soldados Saqueando uma Casa
Esta pintura de Sebastian Vrancx, de cerca de 1600, retrata uma cena das guerras religiosas que dividiram os Países Baixos durante o século XVI.

8 Sela
Uma valiosa sela, de meados do século XV, decorada com placas esculpidas de marfim.

9 O Muro de Berlim
Um trecho original do Muro, junto com faixas de uma manifestação de 1989 pedindo uma unificação pacífica, celebra a queda do Muro de Berlim.

10 V2 Rocket
Na seção sobre a Alemanha Nazista há um motor do foguete V2 – perto de uma arma de artilharia de 88mm. O V2 era uma das *Wunderwaffen* ("armas maravilhosas") usadas no final da Segunda Guerra Mundial.

Retrato de Martinho Lutero no Zeughaus

Veja mais sobre os museus de Berlim nas **pp. 46-7**

Destaques

1. **1573**
   O Eleitor Johann Georg manda construir uma trilha para carruagens ligando o Stadtschloss e o Tiergarten

2. **1647**
   Durante o reinado do Grande Eleitor, são plantadas "Linden" (tílias) ao longo da trilha

3. A partir de **1740**, Frederico, o Grande, manda construir edifícios majestosos

4. **1806**
   Napoleão marcha pela Unter den Linden

5. **1820**
   A trilha se transforma num imponente bulevar

6. **1928**
   A Unter den Linden e a Friedrichstraße definem a cidade cosmopolita

7. **1933**
   Tropas celebram a vitória de Hitler

8. **1945**
   A avenida é arrasada

9. **1948-53**
   Recuperação da avenida

10. **Outubro de 1989**
    Queda do regime da Alemanha Oriental

Zeughaus Unter den Linden

"Guerreiro Moribundo" de Schlüter

Originalmente o arsenal real, o Zeughaus foi construído em 1706 em estilo barroco, segundo projeto de Johann Arnold Nering. Trata-se de uma edificação impressionante, com suas alas principal e laterais dispostas em torno de um pátio central histórico, protegido por uma moderna cúpula de vidro. Um dos destaques memoráveis são as figuras de Andreas Schlüter, mostrando 22 guerreiros moribundos, posicionadas ao longo das arcadas do pátio, que constituem um retrato vívido dos horrores da guerra.

Um anexo de vidro em forma de cone, projetado em 2001 pelo arquiteto de origem chinesa Ieoh Ming Pei, é reservado para exposições especiais e mostras temporárias, e fica situado atrás do museu.

Faz parte também do acervo permanente no interior do edifício histórico principal uma coleção intitulada "Imagens e Testemunhos da História Alemã". Ela apresenta os períodos e eventos mais importantes da história do país, e suas diversas mostras contêm uma variedade surpreendente de peças, cobrindo desde os primeiros dias do Império Alemão Medieval, passando pelo período da Reforma e da Guerra dos Trinta Anos, e abrangendo ainda as guerras de Libertação e a fracassada Revolução de 1848, para continuar até o período das duas Guerras Mundiais e alcançar acontecimentos mais recentes do século XX, até o ano de 1994.

Inauguração do Reichstag no Salão Branco do Berlin Schloss, em 25 de junho de 1888

Veja mais sobre o Deutsches Historisches Museum em **www.dhm.de**

Potsdamer Platz

O coração da nova metrópole de Berlim é hoje a Potsdamer Platz. Esta praça, onde berlinenses e turistas vão a cinemas, restaurantes e lojas, já era um núcleo da vida urbana na década de 1920. Depois da Segunda Guerra Mundial, tornou-se uma área devastada, mas desde a queda do Muro de Berlim, a Potsdamer Platz – por um tempo o maior canteiro de obras da Europa – tornou-se uma cidade dentro da cidade, rodeada por edifícios que começaram a surgir na década de 1990 e que ainda hoje estão sendo acrescentados.

Reconstrução do primeiro semáforo de Berlim

Além de visitar o famoso Café Josty, não deixe de ver também o Café Möhring, no Weinhaus Huth.

- Potsdamer Platz
- Mapa F4, L2/3
- Deutsche Kinemathek
- Potsdamer Str. 2
- 10h-18h ter-dom (20h qui)
- (030) 300 90 30
- Entrada paga

- Theater am Potsdamer Platz
- Marlene-Dietrich-Platz 1
- A partir de 20h diariam
- Entrada paga

- Spielbank Berlin
- Marlene-Dietrich-Platz 1
- 11h-3h diariam
- (030) 25 59 90
- Entrada paga

- CinemaxX
- Potsdamer Str. 5
- 12h30-13h30 diariam
- (01805) 24 63 62 99
- Entrada paga

Destaques
1. Sony Center
2. Deutsche Kinemathek
3. Café Josty
4. Weinhaus Huth
5. Boulevard der Stars
6. Potsdamer Platz Arkaden
7. Spielbank Berlin
8. CinemaxX
9. Quartier Potsdamer Platz
10. Theater am Potsdamer Platz

Sony Center
O Sony Center *(direita)* é o edifício mais ambicioso, bem-sucedido e arquitetonicamente interessante da nova Berlim. A estrutura da cúpula, projetada por Helmut Jahn, é a sede europeia da empresa e atrai muita gente para os seus cinemas e restaurantes.

Deutsche Kinemathek
Este museu mostra os bastidores dos estúdios de Hollywood e de Babelsberg. Entre as peças estão roupas de Marlene Dietrich *(p.18)*.

Café Josty
O Café Josty remete ao seu legendário predecessor, um dos redutos favoritos de intelectuais e artistas no século XIX. O Café Josty hoje fica alojado parcialmente no histórico Kaisersaal (Sala do Imperador) do antigo Grand Hotel Esplanade.

Weinhaus Huth
É o único edifício da Potsdamer Platz que sobreviveu à Segunda Guerra Mundial, e hoje abriga restaurantes e a fascinante galeria de arte Daimler Contemporary.

A melhor hora para visitar o Sony Center é logo no início da noite, quando a parte interna da Platz está iluminada.

5 Boulevard der Stars
A calçada da fama de Berlim tem estrelas como Marlene Dietrich, Werner Herzog, Fritz Lang e Romy Schneider. O asfalto colorido lembra um tapete vermelho.

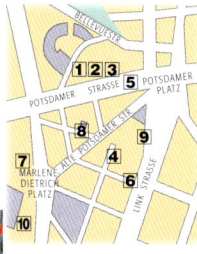

Localize-se

6 Potsdamer Platz Arkaden
As galerias atraem visitantes para suas 130 lojas, butiques exclusivas e restaurantes, em seus três andares. O andar inferior é uma praça de alimentação com diversas opções.

7 Spielbank Berlin
O cassino de Berlim *(abaixo)* atrai visitantes que gostam de apostar. Além de roleta, tem Black Jack e um andar inteiro com máquinas do tipo caça-níqueis.

8 CinemaxX
O CinemaxX da Potsdamer Platz, com suas dezessete salas, é um dos maiores cinemas de Berlim. As salas maiores exibem os grandes lançamentos de Hollywood, enquanto as três salas menores são para produções de orçamento menor e filmes alemães. Tem um barzinho que serve drinques.

9 Quartier Potsdamer Platz
Os arranha-céus dessa área foram projetados por arquitetos de renome, como Hans Kollhoff e Renzo Piano. Um edifício-marco é a Debis Tower *(à esq.)*, de vidro e terracota, com 106m.

10 Theater am Potsdamer Platz
Maior palco de shows de Berlim, este local exibiu espetáculos de sucesso como *Dirty Dancing* e *Mamma Mia!* Tem 1.300 assentos e costuma ficar lotado.

Veja mais sobre o Deutsche Kinemathek na **p. 18**

Placa do S-Bahn; Placa do Café Josty; Buddy Bears: arte na Potsdamer Platz

Exposições na Deutsche Kinemathek

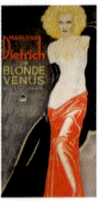

Cartaz de filme

1 Marlene Dietrich
Esta exposição dos objetos da estrela do cinema tem roupas, frasqueiras, fotos, cartas e bilhetes, pôsteres e clipes de filmes.

2 Metropolis
Este filme, dirigido por Fritz Lang em 1927, tem como tema uma visão alarmista do futuro. Maquetes e adereços do filme estão aqui expostos.

3 Caligari
O filme alemão mais famoso da década de 1920, *O gabinete do doutor Caligari* (1920), é uma obra-prima expressionista do diretor Robert Wiene.

4 Weimar Republic
As mostras têm como eixo principal o trabalho de diretores lendários da era de ouro do cinema alemão (1918-33).

5 Leni Riefenstahl
Esta exposição revela os truques de cinema usados no filme de propaganda nazista *Olympia*, dirigido por Leni Riefenstahl, de 1936-38.

6 Cinema e Nacional--Socialismo
Mostra de documentos relacionados aos usos propagandísticos de filmes especiais e do cinema comum e também a alguns astros do cinema que não aceitaram colaborar com os nazistas. A vida e a obra do ator Kurt Gerron, perseguido e assassinado, é um dos exemplos documentados.

7 Cinema do Pós-Guerra
A história dos filmes e do cinema na Alemanha Ocidental e na Oriental, com objetos e figurinos de artistas populares do cinema do pós-guerra, como Hanna Schygulla, Romy Schneider, Heinz Rühmann e Mario Adorf.

8 Transatlantic
Esta exposição, com documentos, cartas e lembranças, retrata a carreira de artistas alemães em Hollywood.

9 Pioneiros e Divas
A infância do cinema é mostrada aqui – e a carreira de estrelas do cinema mudo, como Henny Porten e Asta Nielsen.

10 Exílio
Documentos contam as dificuldades de cineastas alemães que reiniciaram a carreira nos EUA em 1933-45.

Fachada da Deutsche Kinemathek

Veja mais sobre os museus de Berlim nas **pp. 46-7**

Destaques de Arquitetos

1. Helmut Jahn (Sony Center)
2. Renzo Piano e Christian Kohlbecker (sede da debis, Musical-Theater, Spielbank, Weinhaus Huth)
3. José Rafael Moneo (Hotel Grand Hyatt, sede da Mercedes-Benz)
4. Hans Kollhoff (Daimler)
5. Giorgio Grassi (Colunatas do Parque)
6. Ulrike Lauber e Wolfram Wöhr (Grimm-Haus, Cinemaxx)
7. Sir Richard Rogers (Bloco de Escritórios da Linkstraße)
8. Steffen Lehmann e Arata Isozaki (Escritório e Loja de Varejo da Linkstraße)
9. Heidenreich e Michel (Weinhaus Huth)
10. Bruno Doedens e Maike van Stiphout (Tilla-Durieux-Park)

O Maior Canteiro de Obras da Europa

Na década de 1920, a Potsdamer Platz era a praça mais movimentada da Europa, e ostentava o primeiro semáforo automático de Berlim. Na Segunda Guerra Mundial, este núcleo social foi arrasado. Intocada durante quase 50 anos, a praça vazia voltou ao centro de Berlim quando o Muro caiu. Na década de 1990, a Potsdamer Platz se tornou o maior canteiro de obras da Europa – milhões de curiosos do mundo todo vieram observar o progresso, a partir da famosa caixa vermelha de informações. Ao todo, foram investidos perto de €17 bilhões para criar a praça atual.

Kollhoff-Tower

Mudança do Esplanade

As autoridades de Berlim estabeleceram que a Sony devia preservar o "Salão do Café da Manhã" e a "Sala do Imperador" do Grand Hotel Esplanade, tombados após a Segunda Guerra Mundial. Assim, as duas salas foram removidas em 1996 – 1.300t foram postas sobre rodas e deslocadas por 75m, em uma semana.

A histórica Sala do Imperador está hoje incorporada ao moderno Sony Center

Panoramapunkt é uma plataforma de observação na cobertura da Kollhoff-Tower (aberta 10h-20h diariam).

Museumsinsel

Cercada por afluentes do rio Spree, a Museumsinsel é uma ilha no centro de Berlim que abriga o sempre coerente e mais diversificado complexo de museus do mundo. Construídos entre 1830 e 1930, os museus, que guardam as coleções reais prussianas de arte e arqueologia, foram transformados em fundação pública em 1918. Depois dos enormes estragos sofridos na Segunda Guerra Mundial, todos os museus foram reconstruídos, e em 1999 o complexo foi declarado Patrimônio Cultural da Humanidade da Unesco. A partir de 2017, um único acesso ligará todos os museus. No lado norte da ilha fica o impressionante Berliner Dom.

Destaques

1. Pergamonmuseum
2. Bode-Museum
3. Neues Museum
4. Ägyptisches Museum
5. Alte Nationalgalerie
6. Altes Museum
7. Galeria James Simon
8. Pátio das Colunatas
9. Lustgarten
10. Berliner Dom

Sarcófagos no interior do Ägyptisches Museum

- Alguns dos museus têm cafés, mas o mais prático é o café do Altes Museum, que fica um pouco mais perto da Karl-Liebknecht-Strasse, principal rua da ilha.

- É melhor reservar um dia inteiro para ver as coleções do Museumsinsel e fazer pausas nos parques vizinhos. Nos domingos pode haver muita gente, longas filas e grupos de excursões.

- Mapa G3, J5
- A maioria dos museus abre 10h-18h diariam, até 20h qui; seções do Pergamonmuseum podem estar fechadas devido a uma remodelação (deve durar até 2025)
- (030) 266 42 4242
- €10-12 por museu; passe do Museumsinsel para o dia todo, €18, 3 dias, €19, adicional para algumas exposições
- Gratuito para menores de 18
- www.smb.museum.de

1 Pergamonmuseum
O Pergamonmuseum é um dos museus de arte e arquitetura antiga mais importantes do mundo. Construído entre 1909 e 1930, abriga uma grande coleção de antiguidades e templos *(p. 22)*. O imenso Portão de Ishtar *(direita)* é do século VI a.C.

2 Bode-Museum
Localizado no extremo norte da Museumsinsel, o Bode-Museum é uma edificação majestosa coroada por uma cúpula *(acima)*. Abriga o Acervo de Escultura, o Museu de Arte Bizantina e o Acervo de Numismática, composto por uma coleção de mais de 500 mil objetos.

3 Neues Museum
Com a espetacular reforma do arquiteto britânico David Chipperfield, o edifício ficou tão fascinante quanto as exposições *(abaixo)*. Além do Ägyptisches Museum *(p. 21)*, o Museu de Pré-História e História Antiga também fica aqui.

Veja mais sobre os museus de Berlim nas pp. 46-7

Alte Nationalgalerie
Inaugurada em 1876, a Velha Galeria Nacional foi muito bem restaurada nos anos 1990 *(esquerda)* e agora expõe pinturas e esculturas do século XIX *(p. 48)*.

Ägyptisches Museum
Situado dentro do Neues Museum, exibe retratos de soberanos egípcios e exemplos de arquitetura monumental *(p. 46)*.

Altes Museum
Primeiro edifício concluído na Museumsinsel em 1830, o Altes Museum lembra um templo grego *(abaixo)*. Abriga o Acervo de Antiguidades Clássicas *(p. 39)*.

Galeria James Simon
Prevista para abrir em 2017, esta galeria, cujo nome homenageia James Simon (1851-1932), patrono generoso dos museus de Berlim, servirá como entrada e centro de visitantes.

Pátio das Colunatas
Este pátio ajardinado com colunas, entre a Alte Nationalgalerie e o Neues Museum, circunda e liga os museus. É um local muito evocativo para concertos ao ar livre ou como espaço para relaxar.

Lustgarten
Este "parque do prazer", com uma fonte no centro, fica localizado diante do Altes Museum. Antes um herbário, a área foi transformada em local de desfiles em 1713. Hoje, os gramados são usados para descansar *(p. 39)*.

Berliner Dom
A edificação mais impressionante da ilha é sem dúvida esta catedral em estilo barroco *(acima)*. Visitantes podem assistir a cultos e apresentações de órgão nesta bela igreja reformada *(p. 44)*.

Tesouros Perdidos

Na Segunda Guerra Mundial, muitas das peças da ilha foram escondidas em bunkers subterrâneos. Algumas partes do "Tesouro de Príamo", escavado no local da antiga Troia pelo arqueólogo Schliemann, foram saqueadas pelo Exército Vermelho e ainda estão em Moscou. O Neues Museum indica onde estão as lacunas no seu acervo.

Top 10 Berlim

O impressionante Altar Pergamon, escavado e trazido para cá no século XIX

Pergamonmuseum

1. Altar Pergamon
O colossal Altar Pergamon, do século II a.C., é o maior e mais importante tesouro dos museus de Berlim.

2. Portão de Ishtar
O majestoso Portão de Ishtar e o Caminho Processional que levava até ele estão totalmente preservados. O portão foi erguido na Babilônia, no reinado de Nabucodonosor II, no século VI a.C. Azulejos de faiança originais mostram leões sagrados.

3. Portão de Mercado de Mileto
Este grande portão (120 d.C.) tem mais de 16m de altura. À direita da entrada, um cabeleireiro esculpiu um anúncio da sua loja na pedra.

4. Palácio Assírio
O interior deste palácio da época dos reis assírios (século XII a.C.) foi completamente restaurado e ostenta estátuas impressionantes de leões.

A deusa Perséfone

5. A Deusa Atena
O ideal de beleza que dominava a antiguidade grega está refletido com perfeição nos traços desta estátua.

6. A Deusa Perséfone
A estátua grega, do século V a.C., da deusa do mundo subterrâneo ostenta um sorriso misterioso, símbolo da sua divindade.

7. Sala Aleppo
Do início do século XVII, esta pequena sala ostenta revestimento de madeira, extraído da casa de um mercador cristão na Síria. É um belo exemplo de arquitetura otomana.

8. Mosaico Romano
Um dos muitos expostos, este piso de mosaico romano é de execução magnífica e data dos séculos III ou IV d.C. Foi escavado de Gerasa, Jordânia.

9. Palácio de Mshatta
Presente do sultão Hamid II ao kaiser Guilherme II, este palácio do deserto, construído em 744 d.C. na Jordânia, tem em sua fachada sul uma elaborada decoração.

10. Templo de Atena
Dedicado a Atena de Nicéforo, este templo em tamanho natural do século II a.C. possui desenho simples mas elegante.

Palácio Assírio

Destaques

1. 1810, é criado plano de acervo público de arte
2. 1830, nasce o Altes Museum, primeiro museu público da Prússia
3. 1859, o Neues Museum é concluído
4. 1876, inauguração da Alte Nationalgalerie
5. 1904, conclusão do Kaiser-Friedrich-Museum (Bode-Museum)
6. 1930, o Pergamonmuseum é inaugurado
7. 1943, a maioria dos museus é destruída
8. 1958, após reforma, a maioria reabre
9. 1999, Museumsinsel vira Patrimônio da Unesco
10. 2009, o Neues Museum reabre

Salvem a Museumsinsel

A "ilha de museus" é um tesouro da arquitetura antiga – mas aos poucos foi se deteriorando. Desde 1992, já se gastou €1,8 bilhão na renovação e modernização da Museumsinsel. Um "plano mestre" de renomados arquitetos,

O Palácio de Mshatta

como David Chipperfield e O.M. Ungers, transformará o complexo numa paisagem única de museus – como havia sido projetado originalmente no século XIX por Frederico Guilherme IV, quando fundou a "livre instituição para arte e ciências". Por volta de 2017, todos os museus serão ligados por um "passeio arquitetônico", que criará um vínculo conceitual e estrutural entre as várias partes. Este passeio será formado por uma variedade de salões, pátios e espaços, além de salas de exposição. O núcleo do complexo será um novo edifício central de entrada. Após reformas individuais, os museus estão sendo reabertos gradualmente – o Neues Museum reabriu em 2009 e uma quarta ala será acrescentada ao Pergamonmuseum, com conclusão prevista para 2025. A Museumsinsel é Patrimônio Mundial da Unesco.

Pérgamo e Ásia Menor

De 241 a 133 a.C., a antiga cidade de Pérgamo foi capital do Império Helenístico Pergameniano, que dominava a região nordeste da Ásia Menor. Além de vários templos, a cidade, que fica na Turquia e é hoje conhecida como Bergama, também tinha uma célebre biblioteca.

Tapete do século XVII com motivos florais, do oeste da Anatólia

🔟 Kurfürstendamm

Após anos de declínio, a Kurfürstendamm, ou Ku'damm, volta a ser um ponto da moda. Sua arquitetura impressionante, as butiques elegantes e a animação trazida por artistas de rua em volta da Breitscheidplatz fizeram desta alameda de compras uma das mais atraentes de Berlim e – com seus 3,8km – também uma de suas avenidas mais longas e agradáveis para passear.

Esquina da Kurfürstendamm com Joachimsthaler Straße

Destaques

1. Breitscheidplatz
2. Kaiser-Wilhelm--Gedächtnis-Kirche
3. Europa-Center
4. Neues Kranzler-Eck
5. Fasanenstraße
6. Ku'damm-Eck
7. Lehniner Platz
8. The Story of Berlin
9. RT&W Galerie
10. Iduna-Haus

🔵 Restaram poucos cafés na área da Ku'damm: o mais charmoso deles é o Café Wintergarten, na Literaturhaus, no extremo sul da Fasanenstraße.

⚠ É melhor evitar a Ku'damm aos sábados de manhã, pois fica lotada de moradores locais e visitantes em suas saídas de compras.

- Mapa B/C5, P3/4
- Informação turística
- Neues Kranzler-Eck, Kurfürstendamm 22
- 9h30-20h seg-sáb, 10h-18h dom
- (030) 25 00 25

- The Story of Berlin, Kurfürstendamm 207-8 (pode mudar de local em 2014 – ligue antes)
- 10h-20h diariam (últ admissão às 18h)
- (030) 88 72 01 00
- www.story-of-berlin.de

- Europa-Center, Tauentzienstr. 9
- 24 horas (lojas: 10h-20h)
- (030) 348 00 80
- www.24EC.de

Breitscheidplatz
Aqui, na cidade ocidental, artistas, turistas e berlinenses vêm ver a fonte de J. Schmettau, "Wasserklops" (almôndegas de água), segundo os locais.

Kaiser-Wilhelm--Gedächtnis-Kirche
Um dos símbolos mais sombrios de Berlim, a torre da igreja original – destruída durante a Segunda Guerra Mundial – ocupa o centro da Breitscheidplatz, como memorial e lembrete dos horrores da guerra (p. 26).

Europa-Center
O shopping center mais antigo de Berlim Ocidental, de 1962, ainda merece uma visita. Além de lojas variadas, tem supermercado, um teatro de comédias e butiques da moda.

Veja mais sobre a Ku'damm em www.kurfuerstendamm.de

Neues Kranzler-Eck
Este arranha-céu de vidro e aço foi construído em 2000 pelo arquiteto Helmut Jahn. O lendário Café Kranzler foi mantido como bar à frente do bloco de escritórios. Aqui também fica o centro de informações turísticas (p.163).

Fasanenstraße
Travessa da Ku'damm, a Fasanenstraße tem galerias, lojas e restaurantes finos e é um dos locais mais agitados de Charlottenburg (pp. 80-1).

Ku'damm-Eck
Este hotel/complexo de negócios (direita) possui um telão que exibe notícias e propagandas.

Lehniner Platz
A praça abriga o Schaubühne, o antigo cinema Universum de 1928 de Erich Mendelsohn, convertido em 1978.

The Story of Berlin

Este espetáculo multimídia leva os visitantes a uma viagem pelos oito séculos de história de Berlim – do Grande Eleitor à queda do Muro. O bunker nuclear é um dos maiores destaques. O museu pode mudar de local no outono de 2014.

RT&W Galerie
Este edifício neoclássico (direita) oferece um vislumbre do antigo esplendor da Ku'damm.

Iduna-Haus

Esta notável mansão com torres na esquina da rua (esquerda) é uma das poucas do final do século XIX que foram preservadas. A fachada art nouveau em branco, ricamente ornamentada, foi muito bem restaurada.

A Velha Ku'damm, uma Estrada de Troncos

Em 1542, a bela avenida atual era uma humilde "Knüppeldamm", ou estrada de troncos. Por aqui passava a carruagem do Eleitor, ligando sua residência da cidade (Stadtschloss) ao alojamento de caça (Jagdschloss). Só em 1871 é que a área em volta da Ku'damm virou um "novo lado oeste". O chanceler Otto von Bismarck reformou-a segundo o modelo da Champs-Élysées, de Paris, e mandou colocar uma estátua sua na rua, como agradecimento. Mas até agora os berlinenses não se dignaram a atendê-lo.

Veja mais sobre a área da Kurfürstendamm nas **pp. 78-83**

TOP 10 Kaiser-Wilhelm-Gedächtnis-Kirche

Um dos símbolos mais sombrios de Berlim são as ruínas da igreja memorial situadas no coração do Lado Oeste da cidade, e apelidadas de modo irreverente de "O Dente Oco". A igreja neorromânica recebeu o nome de Igreja Memorial do Imperador Guilherme em 1895, em homenagem a Guilherme I. Depois de severamente danificadas por bombardeios em 1943, as ruínas da torre foram deixadas em pé como um memorial. Junto delas, Egon Eiermann erigiu uma nova igreja em 1957-63. Hoje celebram-se missas aqui.

O "Dente Oco" – as ruínas da torre

- Do Mövenpick Café, no Europa-Center, em frente, podem-se apreciar vistas fantásticas da igreja.

- Se possível, visite o interior da nova igreja num dia de sol na hora do almoço, quando a vidraça azul tem efeito mais impressionante.

- Breitscheidplatz
- Mapa D4, N4
- www.gedaecht niskirche-berlin.de
- (030) 218 50 23
- Igreja 9h-19h, sala memorial 10h-18h seg-sex, 10h-17h30 sáb, 12h-17h30 dom
- Missas 10h e 18h dom
- Gratuito

Destaques
1. Ruínas da Torre
2. Mosaico do Kaiser
3. Mosaico dos Hohenzollern
4. Crucifixo de Coventry
5. Novo Campanário
6. Altar Principal
7. Torre do Relógio
8. Cruz Ortodoxa
9. Mosaicos Originais
10. Figura do Cristo

Mosaico do Kaiser
Um dos mosaicos preservados retrata o imperador Heinrich I no trono, com o cetro e o orbe imperial *(abaixo)*. Originalmente, o interior da igreja era todo decorado com cenas da história imperial alemã, a fim de introduzir os Hohenzollern dentro desta tradição.

Ruínas da Torre
Apenas a torre da igreja memorial sobreviveu à destruição da Segunda Guerra Mundial, que arrasou a maior parte de Berlim. Hoje ela tem apenas 63m de altura – antes media 113m. O rombo no telhado da torre tem uma beirada denteada, daí o apelido "dente oco". É um dos símbolos mais famosos de Berlim.

Mosaico dos Hohenzollern
O mosaico surpreendentemente colorido dos Hohenzollern enfeita o vestíbulo das ruínas da igreja. Ele mostra o imperador Guilherme I com a rainha Luísa da Prússia e seu séquito.

Crucifixo de Coventry
Este pequeno crucifixo foi forjado a partir de pregos encontrados nas ruínas da catedral de Coventry. Ele lembra o bombardeio de Coventry, Inglaterra, pela Luftwaffe alemã em 1940.

Novo Campanário
O campanário hexagonal ergue-se a 53m de altura junto às ruínas da torre, no lugar em que ficava a nave principal da velha igreja.

Altar Principal
A figura dourada do Cristo criada por Karl Hemmeter fica suspensa acima do moderno altar principal na nova igreja. À luz do entardecer, a janela atrás do altar reflete uma luz azul-escuro impressionante.

Torre do Relógio
A torre tem um relógio clássico, com numerais romanos. À noite, é iluminada por diodos emissores de luz azul, combinando com a luz do interior da nova igreja.

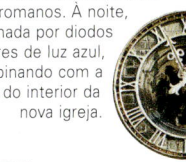

Cruz Ortodoxa
Presente dos bispos ortodoxos russos de Volokolomsk e Yuruyev, esta cruz foi consagrada à memória das vítimas do nazismo.

As Duas Vidas de Uma Igreja
A Kaiser-Wilhelm-Gedächtnis-Kirche deve ser grata aos berlinenses pela sua preservação: em 1947, a Câmara da cidade planejava demolir as Ruínas da Torre por razões de segurança. Mas num plebiscito, dez anos mais tarde, um de cada dois berlinenses votou pela sua preservação. E então surgiu a ideia de erguer uma nova igreja junto às ruínas e preservar o vestíbulo da velha igreja como um comovente memorial aos horrores da guerra.

Mosaicos Originais
Mosaicos mostrando os duques da Prússia são preservados nas paredes e no teto ao longo das escadarias.

Figura do Cristo
Milagrosamente, a grande escultura plana do Cristo, suspensa do teto, sobreviveu ao bombardeio da igreja.

Veja mais sobre as igrejas de Berlim nas **pp. 44-5**

Schloss Charlottenburg

A construção do Schloss Charlottenburg, projetado como residência de verão de Sophie Charlotte, esposa do Eleitor Frederico III, começou em 1695. Entre 1701 e 1713, Johann Friedrich Eosander acrescentou uma cúpula e a Orangerie foi ampliada. O palácio passará por reformas em etapas, até 2017.

Altes Schloss
A torre barroca da parte mais antiga do palácio (1695), de Johann Arnold Nering, é coroada pela estátua da Fortuna, de Richard Scheibe.

Schloss Charlottenburg

- O Orangery Café (à esquerda da entrada principal) tem um jardim muito bonito.

- Nos fins de semana, o parque do palácio lota, por isso é uma boa ideia passear ao anoitecer no meio da semana (das 6h ao anoitecer).

Destaques
1. Altes Schloss
2. Porzellankabinett
3. Schlosskapelle
4. Monumento ao Grande Eleitor
5. Neuer Flügel
6. Schlossgarten
7. Belvedere
8. Neuer Pavillon
9. Mausoleum
10. Museum Berggruen

- *Spandauer Damm*
- *Mapa A/B3*
- *Entrada paga em todos os museus*

- *Altes Schloss*
- *10h-17h ter-dom (até 18h no verão)*

- *Neuer Flügel*
- *10h-17h qua-seg*
- *(0331) 969 42 00*

- *Belvedere*
- *Abr-out: 10h-18h ter-dom; nov-dez: 12h-16h ter-dom*

- *Neuer Pavillon*
- *Abr-out: 10h-18h ter-sex (17h nov-mar)*
- *(0331) 969 42 00*

- *Mausoleum*
- *Abr-out: 10h-18h ter-dom*
- *(030) 32 09 14 46*

- *Museum Berggruen*
- *Schlossstr 1 • 10h-18h ter-dom • (030) 34 35 73 15*

Porzellankabinett
A pequena e refinada galeria espelhada *(abaixo)* passou por uma fiel restauração. Entre as peças em exposição estão valiosas porcelanas chinesas e japonesas.

Schlosskapelle
O luxuoso esplendor da capela do palácio lembra o magnífico desenho do interior do palácio antes de ser destruído durante a Segunda Guerra Mundial. Mas as aparências enganam: exceto o altar, que está preservado em sua forma original, a capela inteira – inclusive a câmara do rei – é fruto de custosa reconstrução.

Veja mais sobre o Schloss Charlottenburg em www.spsg.de

Monumento ao Grande Eleitor
O monumento equestre a Frederico Guilherme I é tido como um de seus mais dignos retratos. Feito em 1696-1703 por Andreas Schlüter, ficava antes na Rathausbrücke, perto do destruído Stadtschloss.

Neuer Flügel
Construída entre 1740 e 1747 por Georg Wenzeslaus von Knobelsdorf, a nova ala abriga os aposentos privados de Frederico, o Grande.

Planta do palácio

Schlossgarten
O parque do palácio, originalmente em estilo barroco, foi redesenhado por Peter Joseph Lenné entre 1818 e 1828 como um jardim em estilo inglês.

Belvedere
Frederico Guilherme II gostava de escapar até o romântico Belvedere, residência de verão construída em 1788 por Carl Gotthard Langhans, que servia como pavilhão de chá. Hoje abriga uma valiosa coleção de objetos de porcelana.

Neuer Pavillon
Mansão em estilo italiano, atrás do palácio, que Schinkel projetou para Frederico Guilherme III em 1825, inspirada na Villa Reale del Chiatamone, de Nápoles. O pavilhão atesta o amor dos Hohenzollern pelo estilo italiano.

Mausoleum
É nesta construção neoclássica um pouco escondida (acima), de Schinkel, que descansam a rainha Luise e outros Hohenzollerns.

Museum Berggruen
Situada no Edifício de Stüler Ocidental, em frente ao Schloss Charlottenburg, esta moderna galeria de arte abriga a exposição permanente "Picasso e sua Época", com mais de cem obras abrangendo a carreira do artista. O acervo tem ainda obras de Matisse, Klee e Giacometti *(p. 49)*.

Veja mais sobre Charlottenburg nas **pp. 78-83**

A nova ala; Quadro de Watteau para Frederico, o Grande; Neuer Pavillon

Salas do Palácio

1 Goldene Galerie
O salão de festas de Neuer Flügel, com 42m de comprimento, foi projetado em estilo rococó por G. W. von Knobelsdorff para Frederico, o Grande. A rica ornamentação lhe dá um aspecto alegre.

2 Eichengalerie
Os painéis de madeira da chamada galeria do carvalho mostram retratos esculpidos e dourados dos ancestrais dos Hohenzollern.

3 Gris-de-Lin- -Kammer
Esta pequena câmara no segundo apartamento do palácio de Frederico é decorada com quadros, alguns do seu pintor favorito, Antoine Watteau. A sala tem o nome do damasco de cor violeta que reveste as paredes (*gris-de-lin* em francês).

4 Schlafzimmer Königin Luise
O dormitório da rainha Luise, projetado em 1810 por Karl Friedrich Schinkel, mostra as linhas limpas, típicas do estilo neoclássico. As paredes são revestidas de seda e papel.

5 Winterkammern
Os antigos aposentos neoclássicos de Frederico Guilherme II têm refinados quadros, tapeçarias e soberba mobília.

6 Bibliothek
A biblioteca de Frederico, o Grande, tem estantes refinadas e um esquema de cores incomum, em verde-claro.

7 Konzertkammer
A mobília e os painéis da sala de concerto são uma recriação fiel dos que existiam na época de Frederico, o Grande. Aqui fica o *L'Enseigne de Gersaint*, que o rei comprou diretamente do pintor Watteau e tido como um dos mais importantes quadros do artista.

Goldene Galerie

8 Grünes Zimmer
A sala verde nos aposentos da rainha Elisabeth dá uma ótima ideia de como eram as câmaras reais mobiliadas no estilo Biedermeier do século XIX.

9 Rote Kammer
Esta elegante câmara, toda decorada em vermelho e dourado, tem retratos do rei Frederico I e de Sophie Charlotte.

10 A Audienzkammer de Frederico I
As pinturas no teto e as tapeçarias belgas na sala de audiências de Frederico I retratam figuras alegóricas das belas-artes e das ciências. A sala tem ainda gabinetes laqueados, que seguem o modelo de originais asiáticos.

Governantes Hohenzollern

1. Frederico Guilherme (o Grande Eleitor, 1620-88)
2. Frederico I (1657-1713)
3. Frederico Guilherme I (1688-1740)
4. Frederico II (o Grande) (1712-86)
5. Frederico Guilherme II (1744-97)
6. Frederico Guilherme III (1770-1840)
7. Frederico Guilherme IV (1795-1861)
8. Guilherme I (1797-1888)
9. Frederico III (1831-88)
10. Guilherme II (1859-1941)

Os Hohenzollern e Berlim

Em 1412, a dinastia dos Hohenzollern, que originalmente não residia na área de Berlim, recebeu pedido do rei de Luxemburgo, Sigismundo, para libertar a província de Brandemburgo da ameaça de barões usurpadores. O burgrave Frederico de Hohenzollern, de Nuremberg, saiu-se tão bem neste episódio que virou Eleitor em 1415 – quando as histórias dos Hohenzollern e de Berlim se ligam pela primeira vez, numa relação que duraria 500 anos. Desde o início, a família tentou limitar os poderes da cidade. A cultura floresceu sob seus governantes, em especial sob o Grande Eleitor, que levou 20 mil artesãos huguenotes para Berlim, além de fundar uma galeria de arte e várias escolas. Frederico Guilherme I, pai de Frederico, o Grande, transformou Berlim num acampamento militar, com campos de manobras e guarnições, e vasculhou a cidade atrás de homens altos para sua guarda pessoal. No século XIX, porém, as relações de Berlim com os Hohenzollern foram bem menos cordiais.

O primeiro rei da Prússia, Frederico I

Frederico, o Grande, em Charlottenburg

Frederico II tinha dois apartamentos mobiliados no palácio, e se envolveu pessoalmente no projeto da Neuer Flügel em 1740-7. A partir de 1745, após o final da Segunda Guerra Silesiana, passou a ficar cada vez menos tempo no palácio, preferindo seu outro palácio em Sanssouci, embora grandes festas com a presença do rei ainda fossem realizadas em Charlottenburg.

Frederico, o Grande

O Altes Schloss, projetado em 1695 por Johann Arnold Nering

Veja mais sobre arquitetura histórica em Berlim nas **pp. 38-9**

Kulturforum

O Kulturforum é um complexo de museus, salas de concerto e bibliotecas, localizado a uma curta caminhada a oeste de Potsdamer Platz. Todos os anos, alguns dos mais destacados museus de arte da Europa, assim como a famosa sala de concertos da Orquestra Filarmônica de Berlim, atraem milhões de visitantes interessados em cultura e música. O Kulturforum, antes sediado na antiga Berlim Ocidental, tem crescido desde 1956, como um contraponto ao Museumsinsel da ex-Berlim Oriental. O Kulturforum tem também alguns dos melhores exemplos de arquitetura moderna da capital.

A Neue Nationalgalerie

- Um local calmo para uma parada é atrás da Nationalgalerie.
- A entrada de um dia para todos os museus custa €12.

- Mapa E4, L1/2
- (030) 266 42 42 42

- Gemäldegalerie, Matthäikirchplatz 4/6
- 10h-18h diariam (qui até 22h) • Entrada paga

- Neue Nationalgalerie, Potsdamer Str. 50
- 10h-18h ter-sex (qui até 20h), 11h-18h sáb, dom • (030) 266 29 51
- Entrada paga

- Kunstgewerbemuseum, Matthäikirchplatz; 10h-18h ter-sex, 11h-18h sáb, dom • Entrada paga

- Musikinstrumentenmuseum, Ben-Gurion-Str.
- 9h-17h ter-sex (qui até 20h), 10h-17h sáb, dom
- (030) 25 48 10
- Entrada paga.

- Kupferstichkabinett, Matthäikirchplatz 8.
- 10h-18h ter-sex, 11h-18h sáb-dom • Entrada paga.

Destaques
1. Gemäldegalerie
2. Neue Nationalgalerie
3. Philharmonie
4. Kunstgewerbemuseum
5. Musikinstrumentenmuseum
6. Kammermusiksaal
7. Kupferstichkabinett
8. St. Matthäuskirche
9. Staatsbibliothek
10. Kunstbibliothek

Gemäldegalerie
O maior museu de arte de Berlim guarda algumas das maiores obras-primas da arte europeia. Elas estão expostas no moderno Neubau, construído em 1998 pelos arquitetos Heinz Hilmer e Christoph Sattler. O ótimo acervo conta com pinturas de Holbein, Dürer, Gossaert, Bosch, Brueghel, o Velho, Vermeer, Ticiano, Caravaggio, Rubens, Rembrandt e outros.

Neue Nationalgalerie
Num edifício de Mies van der Rohe, a galeria expõe sobretudo arte do século XX, com ênfase em obras do Expressionismo Alemão, como esta *Fazenda em Daugart* (1910), de Karl Schmitt-Rottluff *(p. 48)*.

Philharmonie
Este edifício semelhante a uma tenda, projetado por Hans Scharoun em 1960-3, foi a primeira nova edificação do Kulturforum. Considerado uma das melhores salas de concerto do mundo, é a sede da Filarmônica de Berlim. Também é chamado, de brincadeira, de "Circus Karajani", pelo fato de Herbert von Karajan (1908-89) ter regido a orquestra por vários anos. Sir Simon Rattle é o regente desde 2002.

Veja mais sobre os museus de Berlim nas **pp. 46-7**

Kunstgewerbemuseum
Objetos artesanais da Idade Média aos nossos dias e da Europa inteira estão expostos aqui, como este relógio barroco *(ao lado)* e o tesouro dos guelfos *(p. 47)*.

Musikinstrumentenmuseum
Este fascinante museu de instrumentos musicais fica escondido atrás da Philharmonie. Possui mais de 800 peças, particularmente instrumentos antigos, como cravos *(p. 47)*, além de um Wurlitzer de 1929.

Kammermusiksaal
Parente menor da grande Philharmonie, esta sala de concerto é um dos locais mais respeitados de música de câmara da Alemanha. Foi construído em 1984-8, com projeto de Hans Scharoun, executado por seu aluno Edgar Wisniewski.

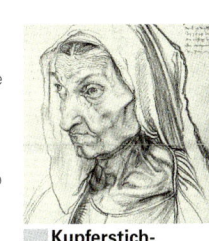

Kupferstichkabinett
Esta Galeria de Gravuras e Desenhos tem mais de 550 mil gravuras e 110 mil desenhos de todos os períodos e países, como este retrato da mãe de Dürer *(p. 49)*.

St. Matthäuskirche
Esta igreja é o único edifício histórico preservado no Kulturforum. Construída por F.A. Stüler em 1844-6, abriga instalações de arte e concertos de música erudita.

Staatsbibliothek
Construída em 1967-78 segundo o projeto de Hans Scharoun, a Biblioteca Nacional possui um acervo de 5 milhões de livros, manuscritos e jornais, o que a torna uma das maiores bibliotecas de língua alemã do mundo.

Kunstbibliothek
Esta Biblioteca de Arte conserva, entre outros itens, um vasto acervo de pôsteres de arte e propaganda. Abriga ainda exposições temporárias sobre arquitetura e arte, e mostras de design.

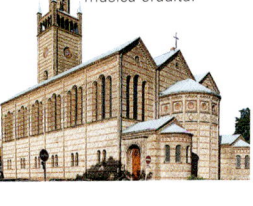

O mercador Georg Gisze; Vênus e o Organista; Retrato de Holzschuher

TOP 10 Gemäldegalerie

1. Retrato de Hieronymus Holzschuher
Albrecht Dürer pintou este retrato do prefeito de Nuremberg em 1529.

2. O Mercador Georg Gisze
Este quadro de Hans Holbein (1532), mostrando o mercador contando seu dinheiro, reflete a ascensão do cidadão rico durante o Renascimento.

3. Virgem com o Menino e Anjos Cantando
Uma pintura de 1477 de Sandro Botticelli mostra a Virgem e o Menino, cercados por anjos segurando lírios.

4. O Nascimento de Cristo
Esta pintura de altar de Martin Schongauer (c.1480) é uma das poucas obras religiosas do artista que foram preservadas.

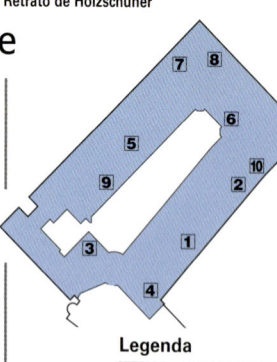
Virgem de Botticelli

5. Eros Vitorioso
Esta pintura de Caravaggio (1602), inspirada em Virgílio, mostra Eros, deus do Amor, pisando descalço nos símbolos da cultura, glória, ciência e poder.

Eros Vitorioso

6. Retrato de Hendrickje Stoffels
Num retrato de 1656-7 da amante de Rembrandt, Hendrickje Stoffels, o foco centra-se totalmente no tema.

7. A Comédia Francesa
Obra de Antoine Watteau, que antes pertencia ao acervo de Frederico, o Grande.

8. A Taça de Vinho
Habilmente composta por Vermeer (1658-61), esta cena mostra um casal tomando vinho.

9. Vênus e o Organista
Este Ticiano (1550-2) reflete a sensualidade brincalhona típica do Renascimento italiano.

10. Provérbios Holandeses
Mais de cem provérbios estão incorporados nesta pintura de Pieter Brueghel (1559).

Veja mais sobre as galerias de arte de Berlim nas pp. 48-9

Arquitetos

1. Hans Scharoun (Philharmonie)
2. Mies van der Rohe (Neue Nationalgalerie)
3. James Stirling (Wissenschaftszentrum)
4. Heinz Hilmer (Gemäldegalerie)
5. Christoph Sattler (Gemäldegalerie)
6. Friedrich August Stüler (St. Matthäuskirche)
7. Edgar Wisniewski (Kammermusiksaal)
8. Rolf Gutbrod (Kunstgewerbemuseum)
9. August Busse (altes Wissenschaftszentrum)
10. Bruno Doedens (Henriette-Herz-Park)

Arquitetura no Kulturforum

O Kulturforum foi planejado para preencher a vasta área entre a Potsdamer Straße e a Leipziger Platz, destruída na Segunda Guerra Mundial. A ideia original de uma paisagem urbana de museus e parques é creditada ao arquiteto berlinense Hans Scharoun, que elaborou plantas nesse sentido nos anos 1946 e 1957. Foi ele também que, com a construção da Philharmonie em 1963, definiu o caráter do Kulturforum: os telhados dourados, estilo tenda, a sala de concertos, a Kammermusiksaal e a Staatsbibliothek, todos projetados por Scharoun e – após sua morte – executados por seu aluno Edgar Wisniewski, figuram hoje entre os marcos mais conhecidos de Berlim. Todos os edifícios são caracterizados pelas generosas dimensões de seus espaços. Na época, as edificações de Scharoun geraram muita controvérsia, mas hoje são consideradas clássicos da arquitetura moderna.

Escultura de Henry Moore

A Nationalgalerie, de Mies van der Rohe

A Neue Nationalgalerie, de Mies van der Rohe, de 1965-8, foi o único projeto de museu deste arquiteto da Escola Bauhaus. Tendo emigrado para os Estados Unidos em 1937, Van der Rohe voltou a Berlim para acompanhar este projeto.

A Philharmonie, projeto de Hans Scharoun – famosa por sua excelente acústica

Veja mais sobre a Gemäldegalerie em **www.smb.museum/gg**

Zoologischer Garten

O jardim zoológico de Berlim é o mais antigo da Alemanha e, com aproximadamente 1.500 espécies, é também um dos mais bem supridos do mundo. Desde 1844 animais vêm sendo mantidos e criados aqui, na parte noroeste do distrito de Tiergarten. Cerca de 19.500 animais vivem no zoológico hoje, de águas-vivas a elefantes indianos. Alguns recintos são edificações interessantes por si sós. No verão, a visita ao zoológico é um dos programas favoritos dos berlinenses, e muitos animais, como o urso-polar e os filhotes de gorila, acabaram virando celebridades.

1 Casa dos Pinguins
Pinguins-rei e pinguins-de-penacho--amarelo habitam uma enseada gelada, em meio a penhascos de aparência muito realista e sob um "céu" que reproduz a luz da Antártica. Pinguins-de--humboldt e africanos, de clima mais quente, ocupam outro local.

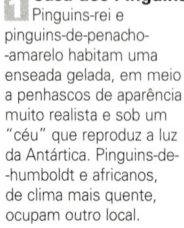

Portal do Elefante – a entrada do zoológico

Destaques
1. Casa dos Pinguins
2. Casa dos Macacos
3. Ursos-polares
4. Casa da Girafa
5. Casa dos Animais Noturnos
6. Casa do Elefante
7. Aviários
8. Ala do Crocodilo
9. Aquário
10. Seção dos Anfíbios

☕ Há um café e um restaurante self-service com terraço no zoológico, à direita do Portão do Elefante.

🕐 Um dia no zoológico só é completo com a visita ao aquário. Seus tanques e terrários abrigam inúmeros animais interessantes. Uma entrada combinada (€20) permite a você visitar tanto o aquário como o zoológico. Somente zoológico €13.

Hardenbergplatz 8 e Budapester Str. 34
• (030) 25 40 10
• Mapa D4, N5
• www.zoo-berlin.de
• Meados mar-set: 9h-19h diariam; out-meados mar: 9h-17h diariam
• Entrada paga

2 Casa dos Macacos
Os macacos sentem-se em casa neste recinto, onde você pode ver gorilas, orangotangos e chimpanzés pulando de galho em galho e brincando na palha. Os gorilas-do-oriente são muito populares.

3 Ursos-polares
A alimentação dos ursos-polares, às 10h30, atrai muita gente. Confirme os horários dos outros animais na internet ou na entrada, ao chegar.

Veja mais sobre o Zoologischer Garten em www.zoo-berlin.de

Casa da Girafa

A casa da girafa é o recinto mais antigo do zoológico (1871-2). O público gosta de ver as girafas comendo folhas ou curvando-se lentamente para beber água.

Casa dos Animais Noturnos

Esta casa, no subsolo da Casa dos Animais Predadores, abriga criaturas da noite como répteis e aves noturnas. Aqui podem-se admirar a nesokia (um marsupial listrado), morcegos frugívoros e o lóris-delgado. Eles dormem de dia e têm audição aguçada e olhos que ficam iluminados à noite.

Casa do Elefante

Esses paquidermes bonachões têm um grande apetite: o indiano devora até 50kg de feno por dia! Desde 1998, dezesseis elefantes nasceram em cativeiro no zoo de Berlim.

Aviários

Só neste canto da cidade você irá ouvir esses cantos, pios e assobios – calopsitas, papagaios, calaus e beija-flores soltam a voz nos aviários dedicados às aves.

Ala do Crocodilo

Coragem: na ala dos crocodilos, os visitantes cruzam a pequena ponte de madeira, apenas 2m acima das sonolentas criaturas. Criado em 1913, foi o primeiro recinto do zoológico aberto ao público.

Aquário

A maior atração deste aquário, onde foram recriados habitats caribenhos e amazônicos, são os tubarões e as moreias. Também há um cilindro com águas-vivas que permite observá-las por todos os lados.

Seção dos Anfíbios

Cobras venenosas, tarântulas e répteis, além de outros anfíbios rastejam e deslizam atrás do vidro no segundo andar do aquário. Um momento particularmente curioso é a sessão de alimentação das aranhas.

Veja mais sobre o Aquarium em **www.aquarium-berlin.de**

Estátuas no Altes Museum; Schloss Bellevue; Pórtico da Konzerthaus

Construções Históricas

1 Brandenburger Tor
Mais que um mero símbolo, o Portão de Brandenburgo é sinônimo de Berlim *(pp. 8-9)*.

2 Schloss Charlottenburg
Este palácio, com seu esplendor barroco e rococó e um bonito parque, é um dos mais atraentes da Alemanha *(pp. 28-31)*.

3 Schloss Bellevue
Construído de acordo com plantas feitas por Philipp Daniel Boumann em 1785-90, este palácio foi a residência dos Hohenzollern até 1861. Desde 1994, o imponente edifício com sua fachada neoclássica tem sido a residência oficial do presidente da República Federal. Os modernos escritórios presidenciais de formato oval ficam junto ao velho palácio. ❧ *Spreeweg 1 • Mapa E4 • Não abre para o público*

4 Reichstag
Sede do Deutscher Bundestag, o parlamento alemão, com sua cúpula espetacular, atrai muitos visitantes *(pp. 10-1)*.

5 Berliner Rathaus
A Prefeitura de Berlim, também conhecida como "Prefeitura Vermelha" por causa dos tijolos dessa cor provenientes da província de Brandemburgo com os quais foi construída, remonta aos dias em que Berlim se tornou capital do novo império. Construído entre 1861 e 1869 com projeto de Hermann Friedrich Waesemann, era um dos maiores e mais imponentes edifícios da Alemanha, destinado a louvar o esplendor de Berlim. A estrutura segue o modelo dos palácios renascentistas italianos, e a torre lembra a catedral de Laon, na França. O exterior é decorado com a *Die Steinerne Chronik* (crônica em pedra), de 1879, com cenas da história da cidade *(p. 131)*. ❧ *Rathausstraße 15 • Mapa G3, K6 • 8h-18h diariam*

6 Konzerthaus
A Sala de Concertos, uma obra-prima de Karl Friedrich Schinkel, era antigamente chamada de *Schauspielhaus* (teatro). O edifício exibe um pórtico com colunas jônicas e muitas estátuas de personagens alegóricas ou históricas, algumas montadas em leões e panteras, além de divindades, musas e bacantes. ❧ *Gendarmenmarkt 2 • Mapa L4 • Salão principal Abr-out: 11h-18h, passeios 15h30 seg-sex, 13h dom • (030) 203 09 21 01*

Fachada sul da Berliner Rathaus

7 Hackesche Höfe
Este complexo de edifícios do

Konzerthaus: www.konzerthaus.de

século XIX abriga oito pátios interligados, alguns decorados em estilo art nouveau, originalmente por August Endell. No início da década de 1990 o complexo foi todo reformado. O primeiro pátio é particularmente atraente: azulejos cerâmicos coloridos, em padrões geométricos, decoram a casa, dos alicerces até o beiral. No último pátio, árvores se agrupam em volta de um idílico poço.

A Deusa da Vitória, na Siegessäule

O Hackesche Höfe é um dos locais mais populares de Berlim; conta com restaurantes, cafés, um cinema e o show de variedades e teatro musical Chamäleon, que atrai um público grande.
◉ *Rosenthaler Str. 40-1 • Mapa G3, J5*

Hackesche Höfe

Siegessäule
É a Coluna da Vitória, em Tiergarten, com 62m de altura e a estátua da Deusa da Vitória no topo. Foi restaurada em 2010 *(p. 97)*.

Altes Museum e Lustgarten
A fachada do Velho Museu, provavelmente uma das mais atraentes dos museus neoclássicos da Europa, é notável por suas dezoito colunas jônicas que sustentam o pórtico. Construído em 1830, com projeto de Karl Friedrich Schinkel, foi na época um dos primeiros edifícios criados para funcionar como museu. Originalmente devia abrigar o acervo real de pinturas; hoje, guarda uma coleção de antiguidades. Diante do museu, na Museumsinsel, ficam os jardins projetados por Peter Joseph Lenné. Concebidos para servir como herbário do rei, são decorados com um vaso de granito de Gottlieb Christian Cantian, que pesa 70 toneladas, e uma fonte *(p. 114)*.

Zeughaus
Projetado por J.A. Nering como primeiro edifício barroco de Berlim, o antigo Arsenal Real da Prússia é hoje o Deutsches Historisches Museum *(pp. 14-5)*, e tem um acréscimo moderno do arquiteto I.M. Pei.

Top 10 Berlim

➤ *Veja mais sobre construções históricas na Unter den Linden nas* **pp.12-5**

A Neue Nationalgalerie no Kulturforum; Embaixadas dos Países Nórdicos

Construções Modernas

Sony Center
Uma das maiores edificações de Berlim é o espetacular Sony Center *(p. 16)*.

Neue Nationalgalerie
Este impressionante prédio baixo, com suas imensas janelas, foi construído em 1965-8 com projeto de Mies van der Rohe. Foi o primeiro edifício planejado pelo arquiteto pioneiro da Bauhaus depois de emigrar para os Estados Unidos. Ele usou aqui seus antigos desenhos para a sede da Bacardi em Havana, que haviam sido abandonados após a Revolução Cubana *(pp. 32 e 48)*.
◈ *Potsdamer Str. 50 • Mapa E4 • 10h-18h ter-qua, qui até 20h, 10h-18h sex, 11h-18h sáb e dom*

Bundeskanzleramt
Os berlinenses não gostam muito dos modernos escritórios do primeiro-ministro, embora este seja o único edifício do governo projetado por um arquiteto de Berlim. Axel Schultes criou um grande complexo de escritórios, alongado, ao norte do Reichstag, numa curva do Spree, e que chega a se estender sobre o rio. No centro do moderno edifício assenta-se um cubo branco brilhante com janelas redondas, que os berlinenses logo apelidaram de "máquina de lavar". Para os críticos, o design é pomposo demais, e os funcionários não gostaram de seus escritórios, muito pequenos. O interior é decorado com valiosas pinturas modernas. O escritório do primeiro-ministro, no 7º andar, tem vista do Reichstag. ◈ *Willy--Brandt-Str. 1 • Mapa J/K2 • Fechado ao público*

O moderno Bundeskanzleramt

Ludwig-Erhard-Haus

Ludwig-Erhard-Haus
Sede da Bolsa de Berlim, o Ludwig-Erhard-Haus foi projetado pelo arquiteto britânico Nicholas Grimshaw em 1994-8. Os locais o apelidaram de "tatu", pois os quinze arcos de metal imensos do edifício lembram um pouco a carapaça desse animal.
◈ *Fasanenstr. 85 • Mapa N4 • 8h-18h seg-sex*

O Kant-Dreieck, em Charlottenburg

Philharmonie e Kammermusiksaal
Estas duas modernas salas de concerto no Kulturforum foram projetadas por Hans Scharoun em 1961 e 1987, respectivamente – a de Música de Câmara foi concluída segundo os desenhos de Scharoun por seu aluno Edgar Wisniewski. As duas salas são famosas pela ótima acústica e por sua estrutura em forma de tenda *(pp. 32 e 56)*.

Hauptbahnhof
A maior estação de trens da Europa fica no local da histórica Lehrter Bahnhof. A notável estrutura de vidro e aço é um centro de varejo e de hospitalidade.
◐ *Hauptbahnhof • Mapa J2*

Quartiere 205-207 Friedrichstraße
As Galeries Lafayette e a Friedrichstadtpassagen ficam nestes três blocos de escritórios dos arquitetos Nouvel, Pei e Ungers *(p. 119)*.

Nordische Botschaften
Nenhum outro edifício de embaixada gerou tantos comentários como as cinco embaixadas dos países nórdicos: as suas persianas verdes abrem e fecham conforme a quantidade de luz. Exposições de arte acontecem regularmente. ◐ *Klingelhöferstr. • Mapa N6 • Galeria de arte 10h-19h seg-sex, 11h-16h sáb e dom*

DZ Bank na Pariser Platz
Este elegante edifício de Frank Owen Gehry combina a arquitetura moderna com a prussiana. A grande cúpula no interior é notável *(p. 8)*. ◐ *Pariser Platz 3 • Mapa K3 • Lobby 10h-18h seg-sex*

Kant-Dreieck
A vela de alumínio no alto da sede KapHag-Group, construída por Josef Paul Kleihues em 1992-5, tornou-se um símbolo da nova Berlim. Originalmente, a estrutura deveria ser um terço mais alta, mas o projeto foi vetado pela Câmara de Berlim.
◐ *Kantstr. 155 • Mapa N4*

Top 10 Berlim

→ *Veja mais sobre arquitetura na Potsdamer Platz nas* **pp. 16-9**

Checkpoint Charlie; Grafitti no Muro; Marlene Dietrich, em *Anjo azul*

Momentos da História

1 1685: Édito de Potsdam

A história de Berlim como capital cultural começou em 1685, quando o visionário Grande Eleitor anunciou no Édito de Potsdam que 20 mil huguenotes seriam trazidos a Berlim. Muitos eram ótimos artesãos e cientistas, que, tendo fugido da França católica por sua crença protestante, trouxeram uma nova era de supremacia cultural para a cidade provinciana.

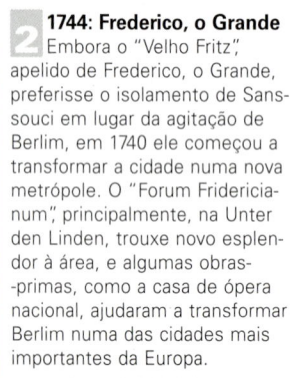

Estátua do Grande Eleitor

2 1744: Frederico, o Grande

Embora o "Velho Fritz", apelido de Frederico, o Grande, preferisse o isolamento de Sanssouci em lugar da agitação de Berlim, em 1740 ele começou a transformar a cidade numa nova metrópole. O "Forum Fridericianum", principalmente, na Unter den Linden, trouxe novo esplendor à área, e algumas obras-primas, como a casa de ópera nacional, ajudaram a transformar Berlim numa das cidades mais importantes da Europa.

Frederico tocando flauta no Sanssouci

3 Os Anos Dourados

Entre 1919 e 1933 Berlim floresceu culturalmente e se tornou uma metrópole importante. Cinema, teatro, espetáculos de cabaré e milhares de restaurantes e bares transformaram a cidade num centro internacional de entretenimento. Também nas áreas de belas-artes e arquitetura Berlim ditou novos padrões.

Maio de 1945: Berlim arrasada pela guerra

4 1945: Rendição

Assinada em 8 de maio de 1945, em Berlim-Karlshorst, a rendição incondicional da Alemanha marcou mais do que o fim da Segunda Guerra. A população anterior de 161 mil judeus havia desaparecido e os berlinenses chamavam sua cidade de "os campos de entulho do Império".

5 1953: Levante Operário na Alemanha Oriental

Em 17 de junho de 1953, operários da construção da Frankfurter Allee fizeram uma manifestação

Veja mais sobre fotos antigas de Berlim em
www.berlin.de/geschichte

1953: operários em friso na Frankfurter Allee

contra o aumento da cota média de produção. Tanques soviéticos sufocaram a rebelião, que em Berlim Ocidental foi interpretada como manifestação pela unificação alemã.

1961: Construção do Muro
A construção do Muro de Berlim, iniciada na noite de 12 de agosto de 1961, foi um evento traumático para muitos berlinenses. Várias famílias foram divididas pelo muro de concreto e mais de cem pessoas morreriam nos 30 anos seguintes, na fronteira que dividia o lado Oriental do Ocidental.

1963: "Sou Berlinense"
Nenhum político foi recebido com tanto entusiasmo em Berlim como o presidente americano John F. Kennedy. Em 17 de julho de 1963, diante de Rathaus Schöneberg, ele declarou à multidão: "Eu sou berlinense". Os berlinenses haviam perdoado os EUA por terem silenciado quando o Muro foi erguido. Kennedy confirmava que os Aliados defenderiam Berlim, como haviam feito no bloqueio de 1948-9, quando EUA e Grã-Bretanha levaram comida de avião para a "ilhada" Berlim Ocidental.

1968: O Final dos Anos 60
No final da década de 1960, os estudantes de Berlim Ocidental transformaram a Alemanha. Rudi Dutschke e outros propuseram mudanças políticas e uma reavaliação do passado nazista do país. O movimento terminou de modo prematuro com o assassinato de Dutschke em abril de 1968.

1989: A Queda do Muro
A queda do Muro de Berlim em novembro de 1989 anunciou um novo tempo. Pela primeira vez em 30 anos os berlinenses das duas metades da cidade dividida puderam visitar-se. A cidade celebrou reunindo-se na

Festa após a Queda do Muro de Berlim

Ku'damm e diante do Portão de Brandemburgo. Quando o Muro foi construído, Willy Brandt, então prefeito de Berlim Ocidental, prometera: "Berlim sobreviverá!". Ele estava certo.

1991: Berlim Torna-se a Capital da Alemanha
Em 1991, Berlim foi oficialmente declarada capital da Alemanha reunificada. As forças aliadas a deixaram em 1994, mas foi apenas quando o Bundestag, o parlamento alemão, mudou-se de Bonn para o local, em 19 de abril de 1999, que Berlim se tornou a "verdadeira" capital. Hoje os principais ministérios, o Bundesrat (a Câmara Alta) e os escritórios do primeiro-ministro e do presidente estão sediados em Berlim.

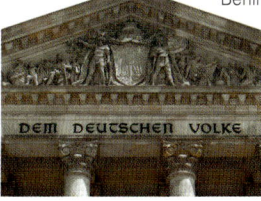

1991: Berlim torna-se a capital

Veja mais sobre berlinenses famosos nas **pp. 50-1**

St. Hedwigskathedrale; Interior do Berliner Dom; Altar da Marienkirche

Igrejas e Sinagogas

1 Berliner Dom
A catedral de Berlim, maior e mais luxuosa igreja da cidade, reabriu em 1993, após 40 anos de restauração. Projetada por Julius Raschdorf entre 1894 e 1905, reflete as aspirações de poder do Império. As escadarias imperiais, de mármore preto, são sinais da proximidade da residência citadina dos Hohenzollern, em frente à catedral. Membros desta dinastia governante estão enterrados na cripta. A nave principal, com uma cúpula de 85m de altura, é notável. A igreja tem um magnífico púlpito neobarroco do século XX e um gigantesco órgão Sauer (pp. 20-1). ⓢ *Am Lustgarten* • *Mapa K5* • *Abr-set: 9h-20h seg-sáb, 12h-20h dom; out-mar: 9h-19h seg-sáb, 12h-19h dom* • *(030) 20 26 91 19* • *Entrada paga*

2 St. Hedwigskathedrale
É a maior igreja católica de Berlim e foi erguida por Frederico, o Grande, em 1747-73 após sua conquista da Silésia (pp. 12-3).
ⓢ *Bebelplatz* • *Mapa K4* • *10h-17h seg-sáb, 13h-17h dom* • *(030) 203 48 10*

3 Marienkirche
As obras começaram em 1270 na Igreja de Santa Maria, que fica ao pé da Fernsehturm. Gótica e barroca, possui uma impressionante torre neogótica, acrescentada em 1790 por Carl Gotthard Langhans. A fonte (1437) e o afresco *Dança dos mortos* (1485) estão entre os tesouros mais antigos daqui. O púlpito barroco ornamentado é obra de Andreas Schlüter, de 1703. ⓢ *Karl-Liebknecht-Str. 8* • *Mapa J6* • *10h-18h seg-sáb, 12h-18h dom; missas 10h30 dom*

Interior da Nikolaikirche

Fonte na Marienkirche

4 Nikolaikirche
Edifício sagrado mais antigo de Berlim, a Igreja de São Nicolau foi construída em 1230, em Nikolaiviertel. A edificação atual, com as torres gêmeas de tijolo vermelho, data de 1300. É famoso seu portal na parede oeste da nave principal, criado por Andreas Schlüter. A obra é adornada com um relevo dourado de um ourives e sua mulher. A igreja foi reconstruída em 1987 e totalmente restaurada em 2009.
ⓢ *Nikolaikirchplatz* • *Mapa K6* • *10h-18h diariam*

Veja mais sobre a Neue Synagoge – Centrum Judaicum em www.cjudaicum.de

Top 10 Berlin

5 Kaiser-Wilhelm-Gedächtnis-Kirche
Marco de Berlim Ocidental, a Igreja Memorial do Kaiser Guilherme combina a arquitetura moderna com as ruínas da torre da igreja *(pp. 26-7)*.

6 Neue Synagoge
Maior sinagoga de Berlim, erguida originalmente entre 1859 e 1866, foi arrasada na Segunda Guerra Mundial e parcialmente reconstruída em 1988-95. Sua magnífica cúpula é visível de muito longe *(p.123)*.
◉ *Oranienburger Str. 29-30* • *Mapa G3, J4* • *(030) 88 02 83 00* • *Entrada paga*

Cúpula da Neue Synagoge

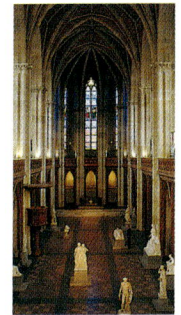

7 Friedrichswerder sche Kirche
Esta pequena igreja neogótica foi construída por Karl Friedrich Schinkel em 1824-30. De início, atendia às comunidades alemã e francesa de Friedrichswerder. Hoje, abriga o Museu Schinkel.
◉ *Werderscher Markt* • *10h-18h diariam*

A nave da Friedrichswerdersche Kirche

cebola. As missas ainda são rezadas em russo, segundo os rituais ortodoxos. ◉ *Hohenzollerndamm 166* • *Mapa B6* • *Apenas durante missas 10h e 18h sáb, 10h dom*

10 Französischer Dom
Com 66m de altura, esta torre barroca de 1701-5, é uma magnífica edificação ornamental para a igreja que atendia à comunidade huguenote sediada em Berlim.
◉ *Gendarmenmarkt 5* • *Mapa L4* • *12h-17h ter-dom* • *(030) 20 15 07*

8 Synagoge Rykestraße
Esta pequena sinagoga preserva o aspecto que tinha ao ser construída há mais de cem anos *(p. 141)*.

9 Christi-Auferstehungs-Kirche
Maior igreja ortodoxa russa de Berlim, a Igreja da Ascensão de Cristo é conhecida por suas cúpulas verdes em forma de

Veja mais sobre arquitetura histórica de Berlim nas **pp. 38-9**

Friso do Altar Pergamon, detalhe; Tapeçaria no Kunstgewerbemuseum

Museus

1. Pergamonmuseum
Este museu impressionante exibe muitos tesouros da antiguidade *(pp. 20-3)*.

2. Ägyptisches Museum
A peça de maior destaque deste Museu Egípcio, parte do Neues Museum, é o belo busto de Nefertiti, esposa de Akhenaton. Este busto de calcário, descoberto em 1912, foi copiado por todo o Egito Antigo. Vale a pena ver também a "Cabeça Verde de Berlim", um pequeno busto do século IV a.C. O museu possui ainda muitas múmias, sarcófagos, murais e esculturas.

Busto de Nefertiti

- Museumsinsel, Bodestr. 1 • Mapa K5
- 10h-18h diariam, qui até 20h
- (030) 266 424 242 • Entrada paga

3. Deutsches Historisches Museum
Maior museu de história da Alemanha, aproveita peças únicas, documentos e filmes para levar seus visitantes por uma viagem pela história da Alemanha, da Idade Média aos dias de hoje. Faz também exposições especiais sobre temas particulares *(pp. 12-5)*.

4. Museus Dahlem
Estes três museus são uma fantástica exploração de culturas europeias exóticas e históricas. O Museu de Etnologia é dedicado às culturas do Pacífico, das Américas do Norte e do Sul e África. O Museu de Artes Asiáticas tem coleções de peças da China, Japão, Índia e Sudeste Asiático. O Museu de Culturas Europeias explora a vida diária nos contextos culturais e históricos da Europa. Seu acervo será transferido para o Humboldt-Forum *(p. 89)*.

5. Jüdisches Museum
O Museu Judaico, instalado num edifício espetacular projetado por Daniel Libeskind, documenta a relação entre a Alemanha e os judeus ao longo dos séculos. Há exposições especiais sobre a influência dos judeus de Berlim na vida cultural da cidade e sobre a vida do filósofo do Iluminismo Moses Mendelssohn. Uma sala vazia homenageia a perda da cultura judaica. Tem ainda uma ótima programação de eventos especiais *(p. 103)*.

Museu Judaico

Veja mais sobre o Jüdisches Museum em **www.jmberlin.de**

Top 10 Berlim

6 Deutsches Technikmuseum
O fascinante Museu de Tecnologia, no local de uma antiga estação, exibe fascinantes mostras interativas sobre a história da tecnologia *(p. 103)*.

7 Kunstgewerbemuseum
Expõe peças de artesanato europeu abrangendo mais de cinco séculos. As mais valiosas são o tesouro dos guelfos de Braunschweig e o tesouro de prata do conselho de Lüneburg. Possui ainda valiosas peças italianas de cerâmica vitrificada, faiança da Renascença e vidro e cerâmica barrocos da Alemanha. São populares as mostras de porcelana e mobília neoclássica, arte Jugendstil e vasos Tiffany, além de inúmeras peças de design do século XX.
◊ Matthäikirchplatz • Mapa L1/2 • 10h-18h ter-sex, 11h-18h sáb e dom • (030) 266 42 42 42 • Entrada paga

Braquiossauro no Museu de História Natural

8 Museum für Naturkunde
Com mais de 30 milhões de artigos em sua coleção, o Museu de História Natural é um dos maiores do gênero. Um dos destaques é o maior esqueleto de dinossauro do mundo, um braquiossauro encontrado na Tanzânia em 1909. Há mais seis esqueletos de dinossauros aqui, além de fósseis de mexilhões, aves e mamíferos. Tudo isso leva o visitante de volta aos tempos da Pré-História. Também vale a pena visitar a sua exposição de meteoritos e minerais. ◊
Invalidenstr. 43 • Mapa F2 • 9h30-18h ter-sex, 10h-18h sáb e dom • (030) 20 93 85 91 • Entrada paga

9 Haus am Checkpoint Charlie
Museu no antigo posto de fronteira Aliado, trata de eventos relacionados ao Muro *(p. 103)*.

10 Musikinstrumenten-museum
Aqui você pode ouvir o som de 750 instrumentos musicais, como o cravo de Frederico, o Grande. Veja também um órgão de cinema mudo ainda operante (1º sáb do mês, 12h).
◊ Ben-Gurion-Str. 1 • Mapa L2 • (030) 254 810 • 9h-17h ter-sex, qui até 20h, 10h-17h sáb e dom • Entrada paga

Grupo Arlequim, c. 1740, Kunstgewerbemuseum

Veja mais sobre o Museum für Naturkunde em www.naturkundemuseum-berlin.de

A adoração dos pastores; Eros vitorioso; Hamburger Bahnhof

Galerias de arte

1 Gemäldegalerie
O melhor museu artístico de Berlim, o Gemäldegalerie tem como foco a arte europeia do século XIII ao XIX. Entre os destaques estão *A adoração dos pastores*, de Hugo van der Goes, e *Eros vitorioso*, de Caravaggio *(ambos acima)*, além de obras de Rembrandt, Dürer e Rubens *(pp. 34-5)*.

2 Neue Nationalgalerie
O acervo da Nova Galeria Nacional conta com arte alemã moderna e clássicos do século XX. Costuma realizar mostras temporárias espetaculares.
🛇 *Potsdamer Str. 50* • *Mapa E4* • *10h-18h ter-sex, 20h qui, 11h-18h sáb e dom* • *(030) 266 29 51* • *Entrada paga*

3 Alte Nationalgalerie
A Velha Galeria Nacional, construída por Friedrich August Stüler entre 1866 e 1876, hoje dispõe de um acervo de pinturas do século XIX (principalmente alemãs), que incluem obras de Adolf von Menzel, Wilhelm Leibl, Max Liebermann e Arnold Böcklin. A galeria possui também esculturas de Schadow, Rauch e Reinhold Begas *(pp. 20-1)*.
🛇 *Bodestr. 1-3* • *Mapa J5* • *10h-18h ter-dom, 20h qui* • *(030) 266 42 42 42* • *Entrada paga*

Mao, de Warhol, no Hamburger Bahnhof

4 Hamburger Bahnhof
A histórica Estação Hamburg abriga pinturas modernas, instalações e arte multimídia. Um dos destaques é o acervo Erich Marx, com obras de Joseph Beuys. Além de artistas famosos como Andy Warhol, Jeff Koons e Robert Rauschenberg, tem obras de Anselm Kiefer, Sandro Chiao e outros.
🛇 *Invalidenstr. 50-1* • *Mapa F2* • *10h-18h ter-sex, 20h qui, 11h-18h sáb e dom* • *(030) 266 42 42 42* • *Entrada paga*

A taça de vinho, de Jan Vermeer, na Gemäldegalerie

Veja mais sobre o Hamburger Bahnhof em www.hamburgerbahnhof.de

Cabeça de fauno, de Picasso (Berggruen)

Museum Berggruen
Heinz Berggruen, nascido em Berlim em 1914, emigrou mas voltou à cidade em 1996. Seu acervo, que inclui obras de Picasso de sua "fase azul", está instalado num edifício histórico de Stüler. ⓈSchlossstr. 1 • Mapa B3 • 10h-18h ter-dom • Entrada paga

Bauhaus-Archiv
Poucas escolas exerceram influência tão significativa na arquitetura e no design do século XX como a Bauhaus, fundada em 1919 por Walter Gropius. O museu exibe mobiliário, esboços, objetos do cotidiano e pinturas.
Ⓢ Klingelhöfer-str. 14 • Mapa N3 • 10h-17h qua-seg • (030) 254 00 20 • Entrada paga

Camera Work
Além de uma coleção fascinante de fotos vintage, esta galeria sedia exposições de fotógrafos contemporâneos, como Anton Corbijn e Nick Brandt. Ⓢ Kantstr. 149 • Mapa C4 • 11h-19h ter-sáb

Berlinische Galerie
Imensas coleções, sobretudo de pintores, fotógrafos, designers gráficos e arquitetos alemães, do leste europeu e russos do século XX, como Baselitz, Grosz e Kirchner. Ⓢ Alte Jakobstr. 124-8 • Mapa G4 • 10h-18h qua-seg • (030) 78 90 26 00 • Entrada paga

Bröhan-Museum
Um acervo de objetos art nouveau e art déco oriundos de toda a Europa está exposto neste pequeno museu, que tem também pinturas de artistas berlinenses.
Ⓢ Schlossstr. 1a • Mapa B3 • 10h-18h ter-dom • (030) 32 69 06 00 • Entrada paga (grátis 1ª qua do mês)

Sammlung Scharf-Gerstenberg
Essa galeria exibe raras obras de surrealistas e de seus antecessores, como Goya, Klee, Dalí, Max Ernst e Man Ray. Ⓢ Schlossstr. 70 • Mapa B3 • 10h-18h ter-dom • (030) 34 35 73 15 • Entrada paga

Vaso art déco, no Bröhan-Museum

Veja mais sobre galerias de arte no Kulturforum nas **pp. 32-5**

O filósofo G.W.F. Hegel; Os irmãos Grimm; O regente Von Karajan

Berlinenses Famosos

Marlene Dietrich
1 A célebre atriz de cinema (1901-92) nasceu em Schöneberg e começou a carreira em Berlim na década de 1920. O sucesso veio com o filme *O anjo azul* (1931). Ela está enterrada no cemitério Friedenau, em Steglitz, e seus pertences pessoais, expostos no Filmmuseum Berlin *(p. 18)*.

Albert Einstein
2 Em 1914, Albert Einstein (1879-1955) tornou-se diretor do Instituto de Física Kaiser Wilhelm. Ele recebeu o prêmio Nobel de Física em 1921 por seu estudo sobre o efeito fotoelétrico, apesar de hoje ser mais conhecido por sua Teoria da Relatividade, desenvolvida inicialmente em 1905. Einstein viveu e trabalhou principalmente em Potsdam, mas esteve sempre ligado a Berlim por suas palestras e aulas. Em 1933, o físico, que era judeu, emigrou da Alemanha para os Estados Unidos, onde residiu até sua morte.

Albert Einstein lecionou em Berlim

Bertolt Brecht
3 Nascido em Augsburg, na Baviera, Bertolt Brecht (1898-1956) criou algumas de suas melhores

O pequeno apartamento de Brecht

peças, como a *Ópera dos três vinténs*, num pequeno apartamento em Charlottenburg. No Terceiro Reich, emigrou para os Estados Unidos, mas voltou à Alemanha após a Segunda Guerra Mundial e fundou o Berliner Ensemble, em Berlim Oriental, em 1949. Até sua morte, viveu na Chausseestraße, em Berlim-Mitte, com a mulher, Helene Weigel. Seu apartamento foi transformado em museu.

Herbert von Karajan
4 O célebre regente austríaco (1908-89) foi titular da Filarmônica de Berlim de 1954 até 1989. Nesse período ajudou a criar a sonoridade única da orquestra, lendária até hoje. Herbert von Karajan era ao mesmo tempo respeitado e temido por seus músicos devido ao seu temperamento irascível. Os berlinenses ainda chamam a Philharmonie de "Circus Karajani".

5 Robert Koch

Com suas descobertas pioneiras, o destacado médico Robert Koch (1843-1910) lançou as bases que iriam configurar a moderna medicina. Diretor do Instituto de Doenças Infecciosas, Koch também lecionou e pesquisou no Charité Hospital. Em 1905, recebeu o Prêmio Nobel de Medicina por suas descobertas no campo da microbiologia.

Robert Koch

6 Theodor Fontane

O huguenote Fontane (1819-98) foi um dos mais importantes romancistas alemães do século XIX. Ele também trabalhou como jornalista por mais de vinte anos, escrevendo muitos de seus artigos e ensaios no Café Josty da Potsdamer Platz. Fontane é conhecido sobretudo por seus *Passeios na província de Brandemburgo*, nos quais descreve a mentalidade das pessoas, os locais históricos e as paisagens de Brandemburgo.

7 Käthe Kollwitz

A escultora e pintora Käthe Kollwitz (1867-1945) retratou os problemas sociais dos pobres, e sua obra constitui um poderoso e assustador documento do sofrimento humano. Kollwitz passou grande parte da vida numa moradia modesta, na praça que hoje leva seu nome, no bairro de Prenzlauer Berg. Um monumento lembra sua sensibilidade em captar a vida das famílias pobres de Berlim, sobrecarregadas com inúmeros filhos, e dos tipos marginalizados da sociedade. Sua *Pietà* hoje enfeita a Neue Wache *(p. 13)*.

8 Jacob e Wilhelm Grimm

Os irmãos Jacob (1785-1863) e Wilhelm (1786-1859) Grimm são bem conhecidos no mundo inteiro graças aos seus contos de fadas clássicos, como *Chapeuzinho vermelho* e *João e Maria*. Igualmente importante, no entanto, foi sua produção linguística, como a *Gramática alemã* e o *Dicionário de alemão*, que são obras de referência até hoje.

9 Georg Wilhelm Hegel

O influente filósofo Hegel (1770-1831) lecionou na Universidade Humboldt desde 1818 até sua morte.

Escultura de Kollwitz

10 Felix Mendelssohn Bartholdy

Este compositor de música erudita (1809-47), neto de Moses Mendelssohn, foi também regente da Staatskapelle (a orquestra do Estado), situada na casa de ópera da Unter den Linden. Seu túmulo pode ser encontrado em um dos cemitérios em frente ao Hallesches Tor, em Kreuzberg.

Felix Mendelssohn Bartholdy

Veja mais sobre momentos da história de Berlim nas pp. 42-3

Zum Nußbaum; Newton Bar; Mesas na calçada, no Zwiebelfisch

TOP 10 Kneipen (Pubs) e Bares

1 Green Door
Este clássico de Berlim nunca perde o estilo. A clientela jovem vem aqui tomar os melhores coquetéis que o dinheiro pode comprar na Alemanha, e o clima é sempre animado no bar minimalista estilo retrô e também ao longo das suas paredes verdes e curvas. Nos fins de semana, o lugar transborda de gente. Tem uma campainha na porta, mas a política de admissão é bem liberal, desde que você pareça sóbrio. Ⓢ *Winterfeldstr. 50* • *Mapa D4/5* • *18h-3h dom-qui, 19h-4h sex-sáb* • *(030) 215 25 15*

Interior do Green Door

2 Newton Bar
Este bar elegante é o melhor lugar para ver e ser visto em Berlim. O serviço é atencioso e o mais rápido da cidade, e no verão tem até uma parte do lado de fora, na calçada. Possui confortáveis poltronas de couro e as paredes são ornamentadas por fotos ampliadas de nus do célebre fotógrafo Helmut Newton, que aliás dá nome ao bar. Não deixe de provar os incríveis coquetéis caribenhos e latino-americanos. Ⓢ *Charlottenstr. 57* • *Mapa L4* • *10h-3h diariam* • *(030) 20 29 54 21*

Berliner Weiße

3 E & M Leydicke
Esta vinheria de estilo tradicional ainda faz muito sucesso com turistas, e também com grupos de estudantes. Vale a pena provar seu vinhos adocicados de morango e framboesa. Ⓢ *Mansteinstr. 4* • *Mapa E6* • *19h-1h diariam* • *(030) 216 29 73*

4 Beckett's Kopf
Um dos bares de coquetéis mais finos de Berlim, exibe um retrato do escritor Samuel Beckett em sua janela. O interior escuro é mantido graças às pesadas cortinas de veludo, como que para preservar o segredo das receitas. Entre os fantásticos drinques destacam-se o "Motherin-Law", com notas de frutas, e o "Prince of Wales", que, diz-se, era um dos favoritos do rei Eduardo VII. Ⓢ *Pappelallee 64* • *Mapa H1* • *8h-15h diariam* • *(0162) 237 94 18*

5 Victoria Bar
Este bar acolhedor, com seu ambiente discreto da década de 1960 e luz suave, é um ótimo lugar para relaxar e tomar um drinque. É um dos favoritos do pessoal chique voltado para as artes. Os coquetéis ficam a cargo do renomado barman Stefan Weber, e a música é um lounge sofisticado. Ⓢ *Potsdamer Str. 102* • *Mapa E5* • *18h30-4h sex-sáb, 18h30-3h dom-qui* • *(030) 25 75 99 77*

Veja mais sobre pubs em Berlim em **www.kneipen.de**

Green Door

Zum Nußbaum
Um dos poucos pubs tradicionais na histórica Nikolaiviertel que vale a pena conferir, o Nußbaum serve chope e comida berlinense tradicional.
⌾ *Am Nußbaum 3* • *Mapa K6*
• *12h-24h* • *(030) 242 30 95*

Zwiebelfisch
Um clássico da antiga cena de Charlottenburg, onde os últimos sobreviventes da geração estudantil rebelde de 1968 vêm relembrar os velhos tempos. Os artistas nas fotos das paredes são clientes antigos. No verão, tem mesas na calçada, na Savignyplatz. ⌾ *Savignyplatz 7-8* • *Mapa N3*
• *12h-6h diariam* • *(030) 312 73 63*

Café M
Se o som do rock no famoso Café M Kneipe em Schöneberg estiver alto demais, tente as mesas de fora. ⌾ *Goltzstr. 33* • *Mapa E5*
• *8h-até tarde diariam (a partir das 9h sáb, dom)* • *(030) 216 70 92*

Kumpelnest 3000
Local muito popular, num antigo bordel, com papel de parede estampado e tudo. Serve uma deliciosa caipirinha, além de outros coquetéis, e é um excelente local para observar pessoas. ⌾ *Lützowstr. 23* • *Mapa E5*
• *19h-5h diariam* • *(030) 261 69 18*

Weinbar Rutz
O melhor (e mais caro) bar e loja de vinhos de Berlim fica embaixo do restaurante premiado de mesmo nome *(p. 74)*. O estabelecimento oferece quase mil rótulos, e o sommelier Billy Wagner está sempre à disposição para aconselhar os clientes. O Weinbar Rutz também serve excelentes pratos.
⌾ *Chausseestr 8* • *Mapa F2* • *16h-23h ter-sáb* • *(030) 24 62 87 60*

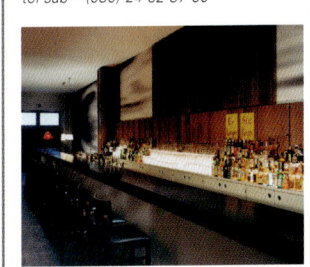

Victoria Bar

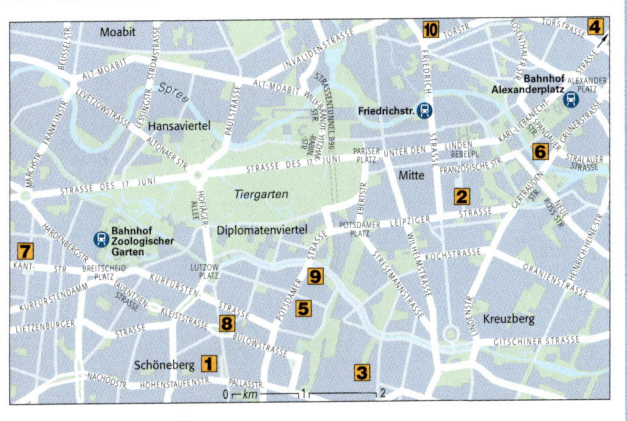

Veja mais sobre casas noturnas em Berlim nas pp. 54-5

Top 10 Berlim

Clärchen's Ballhaus; Spindler & Klatt; Felix

Bares e Casas Noturnas

1. Tresor Club
Primeira casa de tecno de Berlim, o Tresor Club abriu em 1991 em salas com abóbada, nos porões da antiga loja de departamentos Wertheim. Hoje, essa instituição fica numa antiga estação elétrica imensa, ocupando três andares e o +4 Bar, que tem vistas das ruínas da velha estação. O clube continua tocando as últimas tendências da música eletrônica com uma programação de músicos visitantes e DJs. ◉ *Köpenicker Straße 70 • Mapa H4 • a partir das 24h qua, sex e sáb • (030) 62 90 87 50*

40 Seconds

2. 40 Seconds
Esta elegante casa noturna, restaurante e bar é famosa pela vista impressionante que oferece da cidade. Com clientela principalmente de descolados na casa dos 20 e tantos ou 30 e poucos anos, o 40 Seconds tem menos atitude que outros lounges, mas sua comida leve e seus drinques são excelentes. ◉ *Potsdamer Str. 58 • Mapa E5 • a partir das 23h sex-sáb • (030) 890 64 20*

3. Weekend
Esta casa noturna na cobertura, com belas vistas dos arranha-céus da Alexanderplatz, é uma casa jovem, badalada, dedicada ao som house e ao electro pop, e frequentada por jovens na faixa dos 20 e poucos anos, antenados em música e moda. ◉ *Alexanderstr. 7 • Mapa H3 e J6 • a partir das 23h qui-sáb • (030) 24 63 16 76*

4. Felix
O Felix, no porão da Adlon, é a joia da coroa da noite de Berlim, e recebe a turma mais "por dentro" da cidade. É tão difícil entrar quanto conseguir um lugar tranquilo dentro desta casa dançante, mas ela oferece também noites especiais durante a semana com um jazz tranquilo. Em eventos internacionais em Berlim, é quase certo encontrar celebridades por aqui. ◉ *Behrenstr. 72 • Mapa F4 e K3 • Cozinha 18h-23h seg-sáb, clube a partir das 21h qui, 23h seg, sex e sáb*

5. Spindler & Klatt
Este espaço para eventos também é um lounge normal com restaurante, porém é mais famoso por seus eventos especiais, como noites dançantes e festas malucas. ◉ *Köpenicker Str. 16 • a partir das 20h (cozinha até 1h) seg-sáb • (030) 319 88 18 60*

6. Sage Club
Como uma das casas mais antigas e de maior sucesso da cidade, o Sage Club é uma boa

aposta para uma noite divertida. O interior tem estilo, e o sistema de som é de primeiríssima qualidade. Nos fins de semana, o local abriga os famosos eventos do Kit Kat Club, em que todo mundo fica nu.
✪ Brückenstraße 1 • Mapa H4
• a partir das 19h qui, a partir das 23h sáb e dom (Kit Kat Club) • (030) 278 98 30

Um mojito geladíssimo

Cookies
Depois de várias mudanças, o Cookies finalmente encontrou seu melhor endereço no porão do elegante Westin Grand Hotel, que agora é o lugar certo para os obstinados dos estilos house, tecno, hip-hop e indie. ✪ Westin Grand Hotel, Friedrichstr./ Unter den Linden
• Mapa F3 e K4
• Cozinha a partir das 19h ter e qui, clube 24h ter, qui e sáb
• (030) 27 49 29 40

Sophienclub
Uma das casas mais antigas de Berlim Oriental, o Sophienclub fica escondido junto ao complexo Hackesche Höfe *(p. 123)* e atrai fãs entusiasmados do rock alternativo e do pop, além de estu-

dantes. Sem dúvida é uma das casas noturnas mais animadas e mais lotadas da cidade. ✪ Sophienstr. 6 • Mapa G3 e J5 • a partir das 23h diariam • (030) 282 45 52

Clärchen's Ballhaus
O Ballhaus é o último sobrevivente dos "Tanzcafés" da década de 1920, onde a dança de salão ainda está na moda. Apesar do seu interior rústico e de seus muitos clientes de longa data, a maioria da classe trabalhadora, o Ballhaus também atrai pessoal mais jovem que gosta do ambiente exótico e de antigos sucessos.
✪ Auguststr. 24 • Mapa G2 • a partir das 12h diariam • (030) 282 92 95

Watergate
Localizado sobre o rio Spree, com linda vista do Warschauer Brücke, o Watergate, com sua incrível pista de dança de LED, é um dos clubes da moda em Berlim, com o que há de mais novo em house, tecno e drum'n'bass. ✪ Falckensteinstr. 49
• a partir das 24h qua, sex-sáb • (030) 61 28 03 95

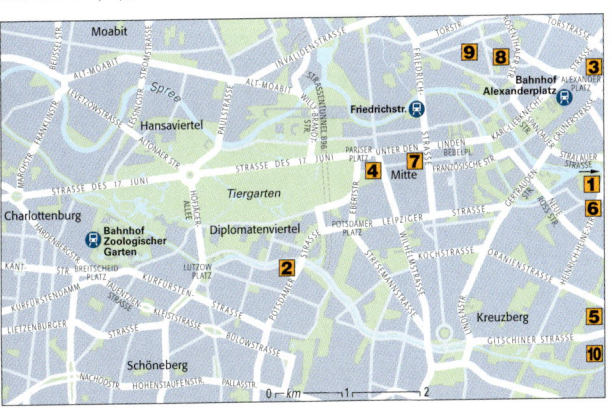

Watergate

→ *Veja mais sobre bares em Berlim nas* **pp. 52-3**

Deutsches Theater; Friedrichstadt-Palast; Espetáculo de teatro

Locais de Espetáculos

1. Staatsoper Unter den Linden
Tanto o grupo de teatro como a orquestra da venerável Ópera de Berlim têm ótima reputação. Em nenhum outro lugar se veem tantas estrelas da música erudita. Durante a reforma do local (pelo menos até 2015), os espetáculos serão no Schillertheater, na Bismarckstr. 110. ⓢ *(030) 20 35 45 55*

A Orquestra Filarmônica de Berlim

2. Philharmonie
O "templo" alemão da música erudita oferece performances memoráveis. A sala de concertos, projetada por Scharoun, tem uma acústica única, bastante apreciada tanto pelos artistas como pelo público. Os concertos da Filarmônica de Berlim são muito concorridos e os ingressos esgotam-se semanas antes *(pp. 32-5)*. ⓢ *Herbert-von-Karajan-Str. 1 • Mapa L2 • Bilheteria: 15h-18h seg-sex, 11h-14h sáb-dom • (030) 25 48 89 99*

3. Deutsche Oper
A mais moderna casa de ópera de Berlim, com seu elegante design retrô, foi construída em 1961 no local da antiga Deutsches Opernhaus, destruída durante a Segunda Guerra Mundial. As controvertidas 88 placas de concreto lavado, que o arquiteto Fritz Bornemann escolheu para a fachada, substituíram o anterior pórtico clássico com colunas, e segundo os críticos a solução careceu de refinamento artístico. Além de ópera, balé e concertos, tem uma extensa programação infantil. ⓢ *Bismarckstrasse 35 • Mapa B4/M2 • (030) 34 38 43 43*

4. Chamäleon-Varieté
A falta de recursos tecnológicos é mais do que compensada por humor e engenhosidade no pequeno palco alternativo do Chamäleon. Se você ficar em um assento na primeira fila, é provável que seja puxado até o palco. ⓢ *Rosenthaler Str. 40-1, Hackesche Höfe • Mapa J5 • 20h ter-sex, 19h e 22h15 sáb, 19h dom • (030) 40 00 59 30*

5. Bar jeder Vernunft
Este local, cujo nome significa "desprovido de juízo", é o teatro de comédia mais popular de Berlim. O cabaré oferece uma programação de canções humorísticas e, às vezes, também algumas românticas, além de *chansons*, revistas, cabaré, comédia e pastelão, tudo sob o teto de uma incrível tenda de espelhos da década de 1920. Muitos astros da cena de cabaré alemã e internacional podem ser vistos regularmente apresentando-se aqui, como Tim Fischer, Georgette Dee, as Pfister Sisters e Gayle Tufts, além de astros mais velhos como Otto Sander.

Veja mais sobre a Filarmônica de Berlim em
www.berliner-philharmoniker.de

Schaperstr. 24 (estacionamento Freie Volksbühne) • Mapa C5 • Bilheteria: 12h-19h seg-sáb, 15h-19h dom e feriados • (030) 883 15 82

Tenda de espelhos, no Bar jeder Vernunft

Deutsches Theater
Os espetáculos no Deutsches Theatre, um dos melhores locais de língua alemã, incluem principalmente clássicos na tradição de Max Reinhardt. Teatro experimental de dramaturgos jovens é apresentado no DT Baracke. ⌖ Schumannstr. 13 • Mapa J3
• 19h30 diariam • (030) 28 44 12 25

Theater des Westens
Além de produzir seus próprios espetáculos, como *La Cage aux Folles*, este teatro também recebe produções convidadas como *Blue Man Group* e *Tanz der Vampire*. ⌖ Kantstr. 12 • Mapa N4
• 19h30 ter-sex, 14h30 e 19h30 sáb e dom • (01805) 44 44

Theater des Westens

Friedrichstadt-Palast
As dançarinas de longas pernas do Friedrichstadt-Palast são tão populares hoje como na década de 1920, no seu antigo e legendário local, destruído na Segunda Guerra Mundial. Anunciado como "o maior show de variedades do mundo", o espetáculo atual ficou ainda mais divertido. ⌖ Friedrichstr. 107 • Mapa J4
• Bilheteria (030) 25 90 04 27

Hebbel am Ufer
O teatro Hebbel am Ufer atingiu status cult em Berlim, graças à sua programação moderna e variada de concertos, dança e canções. Artistas do mundo inteiro se apresentam aqui. ⌖ Hallesches Ufer 32 • Mapa F5
• Espetáculos diariam • (030) 259 00 40

Volksbühne
Frank Castorf transformou este antigo palco socialista num teatro, que ficou famoso por seus espetáculos de alto nível, às vezes também muito polêmicos. ⌖ Rosa-Luxemburg-Platz
• Mapa H2 • (030) 24 06 57 77

Veja mais sobre o Deutsches Theater em **www.deutschestheater.de**

Tom's Bar; Fachada do Connection; O Mann-o-Meter

TOP 10 Para Gays e Lésbicas

O Christopher Street Day, na Ku'damm

1 Christopher Street Day
Todo verão, a maior festa gay da Alemanha, o Christopher Street Day, transforma Berlim numa imensa festa de rua, com milhares de gays e lésbicas numa parada que vai de Kurfürstendamm pela Straße des 17. Juni até Siegessäule. À noite, a festa continua nos muitos clubes e Kneipen gays da cidade. ⓢ *Kurfürstendamm, Straße des 17. Juni* • *Mapa P3/4* • *4º fim de semana de junho*

2 Siegessäule
A revista gay mais antiga e de maior tiragem de Berlim deve seu nome à Coluna Vitória, um marco de Berlim. É mensal e traz todo tipo de informações úteis, um resumo dos principais eventos, pequenos anúncios e entrevistas ligadas à cena gay da cidade. ⓢ *Gratuita, em cafés e lojas gays*

Capas da Siegessäule

3 Mann-o-Meter
O mais conhecido centro de orientação para gays de Berlim oferece ajuda e aconselhamento de todo tipo. Além de apoio psicológico em relação a aids, sexo seguro e a se assumir, seus conselheiros ajudam a encontrar hospedagem e dão orientação legal e para relacionamentos problemáticos. O centro também é um ponto de partida para os visitantes que querem acesso ao meio gay de Berlim – e, importante, o café é também um bom ponto de encontro. ⓢ *Bülowstr. 106* • *Mapa E5* • *17h-22h ter-sex, 16h-20h sáb-dom* • *(030) 216 80 08*

4 SchwuZ
Alojado no belo prédio de uma antiga cervejaria em Neukölln, esse é um dos melhores locais para festas gay em Berlim, atraindo uma multidão jovem e animada para dançar, beber e paquerar. As festas costumam ser temáticas – detalhes podem ser encontrados em revistas como *Siegessäule* ou *Sergej*, ou na página do clube no Facebook. ⓢ *Rollbergstr. 26* • *Mapa F5* • *a partir das 23h qua, sex-sáb* • *(030) 629 08 80* • *Entrada paga*

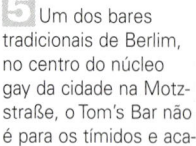

5 Tom's Bar
Um dos bares tradicionais de Berlim, no centro do núcleo gay da cidade na Motzstraße, o Tom's Bar não é para os tímidos e aca-

➤ *Veja a programação completa de eventos gays na cidade em* **www.patroc.de/berlin**

nhados; o estabelecimento é bem conhecido como lugar de paquera. Embaixo do Kneipe (bem escuro e sombrio) há um darkroom.
◈ Motzstr. 19 • Mapa D5 • a partir das 22h diariam • (030) 213 45 70

Interior da livraria Prinz-Eisenherz

Prinz-Eisenherz-
-Buchhandlung
A mais antiga livraria abertamente gay da Alemanha tem toda a gama de publicações alemãs e internacionais sobre gays e lésbicas. Os atendentes são muito bem informados e podem ajudá-lo com títulos raros ou fora de catálogo. A livraria promove também eventos literários.
◈ Lietzenburger Str. 9A • Mapa N3 • 10h-20h seg-sáb • (030) 313 99 36

Connection
O Connection pode não ser a melhor, mas com certeza é uma das mais populares discotecas gay de Berlim. É aqui que se reúnem tarde da noite gays principalmente do mundo do espetáculo, para dançar house e tecno.

No porão do clube há um labirinto de darkrooms. ◈ Fuggerstr. 33 • Mapa D5 • a partir das 23h sex, sáb, 20h qui • (030) 218 14 32 • Entrada paga

Café Berio
Favorito de longa data da cena gay de Berlim, o estabelecimento é um café à moda antiga que virou totalmente gay. No verão, seu terraço é ótimo para tomar o café da manhã e observar pessoas. ◈ Maaßenstr. 7 • Mapa E5 • 8h-1h sex-sáb, 9h-24h dom-qui • (030) 216 19 46

Schwules Museum
Este pequeno museu gay fica em Kreuzberg. Ele documenta, por meio de exposições temporárias, os altos e baixos da vida gay e lésbica desde o século XIX. Ao lado do museu há um arquivo, uma pequena biblioteca e um local para eventos culturais. ◈ Lützowstr. 73 • Mapa E4 • 14h-18h seg, qua-sex, dom, 14h-19h sáb • (030) 69 59 90 50 • Entrada paga

SO36
Local para dançar, famoso e escandaloso, é bem popular há vários anos. Nas noites de domingo promove a legendária noite "Café Fatal", que toca velhos sucessos alemães e música dançante. ◈ Oranienstr. 190 • Mapa H5 • Veja a programação e os horários no site do bar na internet • www.so36.de • (030) 61 40 13 06

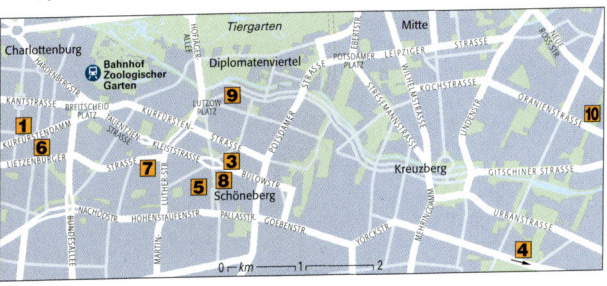

Veja mais sobre o Schwules Museum em **www.schwulesmuseum.de**

Interior do Quartier 206; Galeries Lafayette; Winterfeldtplatz

TOP 10 Lojas e Mercados

1 Kaufhaus des Westens (KaDeWe)

Seja o que for que você procura, vai encontrar aqui, no maior templo de consumo da Europa. Espalhada em oito andares, a venerável KaDeWe (loja de departamentos do Ocidente) oferece mais de 3 milhões de produtos. No seu andar gourmet, você pode escolher entre 1.800 queijos, 1.400 pães e doces e 2 mil variedades de frios. As próprias vitrines e pátios internos já são um espetáculo por si sós *(ver também p. 170)*. ⓢ *Tauentzienstr. 21-4 • Mapa D4, P5 • (030) 212 10 • 10h-20h seg-qui, 10h-21h sex, 9h30-20h sáb*

A KaDeWe

2 Galeries Lafayette

Loja de departamentos francesa especializada em roupas clássicas para mulheres e homens e moda jovem no andar superior. Tem produtos franceses na sua seção de alimentos *(p. 119)*.

3 Antik- und Flohmarkt Straße des 17 Juni

A maior feira de arte e antiguidades de Berlim especializou-se em móveis e adereços antigos, cutelaria e porcelana, livros, pinturas, roupas e joalheria. Os comerciantes são profissionais e pedem altos preços, mas você tem a certeza de comprar algo esplêndido. Com seus artistas de rua, o mercado é um programa de fim de semana, para olhar sem compromisso, passear e ver gente. ⓢ *Straße des 17 Juni • Mapa M4 • 10h-17h sáb e dom*

4 Department Store Quartier 206

Esta loja de moda é uma das mais exclusivas da cidade. Aqui, o homem que frequenta lugares sofisticados pode comprar gravatas Gucci ou DKNY, enquanto a mulher prova peças de Versace ou Calvin Klein em três andares na Friedrichstadtpassagen *(p. 119)*. ⓢ *Friedrichstr. 71 • Mapa L4 • (030) 20 94 62 40 • 10h30-19h30 seg-sex, 10h-18h sáb*

5 Stilwerk

Estilo é a marca registrada deste shopping center da moda que abastece o público elegante de Charlottenburg. Especializado

O famoso cone de vidro da Lafayette

Veja mais sobre a Kaufhaus des Westens em www.kadewe.de

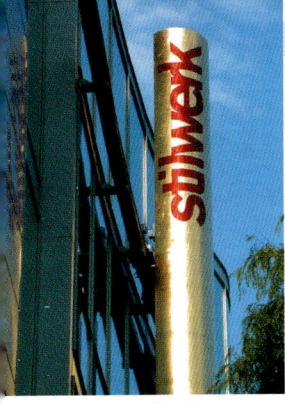

Fachada do shopping Stilwerk

em mobília de design, luminárias e acessórios – basicamente, coisas boas e caras *(p. 85)*. ◎ *Kantstr. 17 • Mapa C4 • (030) 31 51 50 • 10h-20h seg-sex, 10h-18h sáb*

Gipsformerei Staatliche Museen

Se você quer ter uma estátua de Schinkel na sua casa ou uma elegante escultura prussiana dos jardins do palácio, aqui encontrará reproduções em gesso em todos os tamanhos.
◎ *Sophie-Charlotten-Str. 17-8*
• *Mapa A3 • (030) 326 76 90*
• *9h-16h seg-sex, qua até 18h*

Königliche Porzellan--Manufaktur (KPM)

O esplendor e a glória da Prússia expressos na sua tradicional porcelana KPM, para você enfeitar sua mesa. Além dos elegantes jogos de jantar em porcelana, também vende estatuetas e acessórios feitos na fábrica de Berlim. ◎ *Wegelystr. 1 • Mapa M4 • (030) 39 00 90 • 10h-18h seg-sáb*

Markt am Winterfeldtplatz

A feira semanal de alimentos e roupa mais moderna e atraente de Berlim, localizada no bairro de Schöneberg. Este é um bom ponto de encontro para as manhãs de sábado *(p. 107)*.

Türkenmarkt am Maybachufer

O maior mercado turco de Berlim atrai visitantes com seus aromas e pratos das *Mil e uma noites*. É praxe pechinchar preços aqui *(p. 107)*. ◎ *Maybachufer • Mapa H5 • 12h-18h30 ter e sex*

Berliner Antik-und Flohmarkt

Um grande número de barracas de antiguidades e suvenires se espalha ao longo do Kupfergraben, em frente ao Bodemuseum. A maioria tem preços bastante altos, mas você pode encontrar às vezes boas ofertas.
◎ *Am Kupfergraben 1 • Mapa J4 • (030) 208 26 45 • 11h-18h qua-seg*

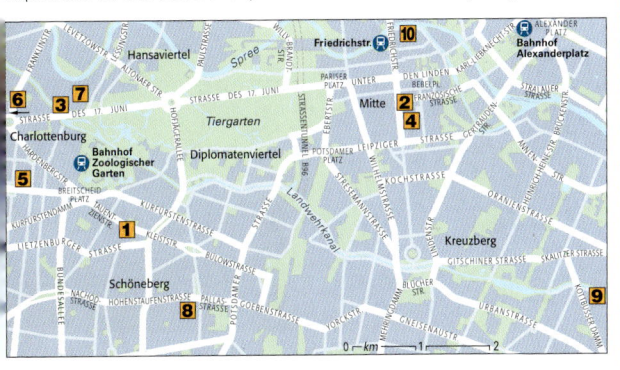

Top 10 Berlim

Popkomm; Desfile do Christopher Street Day; Maratona de Berlim

TOP 10 Festivais e Feiras

1 Berliner Filmfestspiele
O Berlinale é o único grande festival de cinema da Alemanha, que reúne artistas nacionais e hollywoodianos. Até 1999, o tradicional evento acontecia em torno do cinema Zoo-Palast; hoje, atrai milhares de cinéfilos para a área do Potsdamer Platz. ⓢ *Filmhaus Potsdamer Platz • Mapa L2 • 2ª e 3ª semana de fev • www.berlinale.de*

O cinema Zoo-Palast durante o Berlinale

2 Internationale Funkausstellung (IFA)
O que há de novo na tecnologia do entretenimento e em brinquedos high-tech está aqui na IFA (International Broadcasting Exhibition), no ICC. ⓢ *Messe Berlin, ICC • Mapa A5 • (030) 303 80 • Todo ano em ago ou início de set • Entrada paga*

3 Popkomm
Uma das maiores feiras de música e entretenimento da Europa, a Popkomm coincide com a semana de música de Berlim, atraindo artistas de destaque e milhares de fãs para seus shows, palestras e festas no Flughafen Tempelhof e em outros locais. ⓢ *Vários locais • Set*

4 Christopher Street Parade
Esta parada gay celebra estilos de vida alternativos. Até 500 mil gays e lésbicas do mundo todo dançam, bebem e celebram nas ruas do centro de Berlim (p. 58). ⓢ *Kurfürstendamm e Straße des 17. Juni • Mapa P3/4 • (030) 23 62 86 32 • 3º ou 4º fim de semana de jun*

5 Festival das Luzes
Por dez dias, dezenas de marcos da cidade são iluminados de maneiras espetaculares. É a meca dos fotógrafos e dos apreciadores de ilusões de óptica. ⓢ *Vários locais • out • www.festival-of-lights.de*

6 Lange Nacht der Museen
Por uma noite, uma entrada dá acesso a todos os museus da cidade até bem depois da meia-noite. Várias instituições também

IFA e Grüne Woche, no Messe

Karneval der Kulturen

fazem eventos especiais, e artistas de rua entretêm o público, que em geral aguarda em longas filas.
⊗ *Museus de Berlim* • *(030) 24 74 98 88* • *últ fim de semana de mar e ago* • *Entrada paga* • *www.lange-nacht-der-museen.de*

Grüne Woche
Maior festa gourmet do mundo, a Semana Verde é uma feira agrícola com ênfase na gastronomia. Só aqui você consegue fazer uma viagem culinária ao redor do mundo num espaço tão reduzido.
⊗ *Messe Berlim, ICC* • *Mapa A5* • *(030) 303 80* • *2ª quinzena de jan* • *Entrada paga*

Fashion Week
Designers de moda e talentos locais apresentam suas novas coleções. ⊗ *Vários locais* • *Jan e jul* • *www.fashion-week-berlin.com/en/* • *Entrada paga*

Karneval der Kulturen
Três dias de festa multicultural no animado bairro de Kreuzberg, com um colorido desfile de carnaval. ⊗ *Kreuzberg* • *Mapa G/H5/6* • *Dom de Pentecostes*

Internationale Tourismusbörse (ITB)
Maior feira de turismo do mundo, com informação atualizada ao grande público, em estandes com design primoroso. À noite, shows a cargo de muitos dos países expositores. ⊗ *Messe Berlin* • *Mapa A5* • *(030) 303 80* • *Mar* • *Entrada paga*

Eventos Esportivos

1. Maratona de Berlim
A mais exuberante maratona do mundo atrai milhares de corredores. ⊗ *Straße des 17. Juni* • *3º ou 4º dom de set*

2. Skate by Night
Patinadores do mundo todo se reúnem nessa parada noturna. ⊗ *Straße des 17. Juni* • *Jun-ago: dom à noite*

3. Sechstagerennen
A Corrida de Seis Dias é um dos eventos mais importantes do ciclismo. ⊗ *Velodrom* • *2ª quinzea de jan*

4. Tempelhofer Park
O antigo aeroporto foi transformado no maior espaço de esportes de Berlim. ⊗ *Mapa F6* • *www.tempelhofer-park.de*

5. Berliner Neujahrslauf
A Corrida de Ano-Novo é para aqueles que estão em boa forma e não temem o frio. ⊗ *Brandenburger Tor* • *Mapa K3* • *1º de jan*

6. Internationales Stadionfest (ISTAF)
Maior evento de atletismo da Alemanha. ⊗ *Olympiastadion* • *Verão*

7. DFB-Pokalfinale
A segunda mais importante final do futebol alemão é jogada aqui desde 1985. ⊗ *Olympiastadion*

8. Deutsches Traberderby
O derby das corridas de trote profissionais. ⊗ *Trabrennbahn Mariendorf* • *1ª semana de ago*

9. Berlin Triathlon
Amadores podem se inscrever on-line para este evento. ⊗ *Treptower Park* • *início de jun* • *http://triathlon-service.de*

10. Berliner Motorradtage
O encontro internacional de motociclistas é um evento muito barulhento. ⊗ *Kurfürstendamm* • *fim de mar*

Top 10 Berlim

→ *Veja mais sobre feiras e exposições de negócios em* **www.messe-berlin.de**

Filmpark Babelsberg; Patinação em Berlim; Deutsches Technikmuseum

Atrações para Crianças

1. Deutsches Technikmuseum
O museu de tecnologia é um imenso playground, ótimo para aprender brincando. No local, há locomotivas e moinhos para as crianças se divertirem, além do Science Center Spectrum, onde a garotada mais velha pode fazer experimentos de física e tecnologia *(p. 103)*.

2. Labyrinth Kindermuseum
O Museu das Crianças, em Berlim, é particularmente adequado para crianças em idade pré-escolar e nas primeiras séries. Três ou quatro exposições temáticas por ano abordam assuntos de modo entretido e próprio para crianças – por exemplo a "Pots and Pans Orchestra". Todas as exposições são interativas, permitindo que as crianças participem dos experimentos e ganhem independência por meio de suas experiências lúdicas. ◎ *Osloer Str. 12* • *13h-18h sex-sáb; 11h-18h dom* • *(030) 800 931 150* • *Entrada paga*

3. Grips-Theater
Este famoso teatro para crianças e jovens de Berlim vem mostrando o espetáculo musical *Linie 1* desde 1986. A peça, adequada para crianças mais velhas e adolescentes, trata da vida agitada de uma grande cidade, usando como metáfora a linha U-Bahn que vai de Kreuzberg ao Ku'damm. A peça é em alemão. ◎ *Altonaer Str. 22* • *Mapa D3* • *Ligue antes para saber horários* • *(030) 39 74 74 77* • *Entrada paga*

4. Museum für Naturkunde
O museu de história natural de Berlim tem o maior esqueleto de dinossauro em exposição do mundo. As coleções são muito bem apresentadas *(p. 47)*.

5. Zoologischer Garten
Se você veio passear em Berlim com crianças, não deixe de conhecer o zoológico. Os destaques são a casa dos macacos (com filhotes de gorila e chimpanzés) e uma fazendinha, onde as crianças podem tocar e alimentar filhotes de diversas espécies de animais *(pp. 36-7)*.

A casa da girafa no zoológico

6. Filmpark Babelsberg
Tomadas empolgantes, uma filmagem com um submarino, uma cidade numa ilha e um vilarejo do Velho Oeste são algumas das atrações deste parque do cinema – que agrada também a adultos. O tour pelos antigos estúdios da UFA-Film permite conhecer os bastidores de filmagem: as crianças provam figurinos e maquiagem e admiram o "Sandman", personagem da tevê conhecido das crianças da Ale-

manha Oriental desde 1959. Todo mundo aqui encontra adereços e personagens de filmes alemães de sucesso. Um show de dublês tem perseguições de carro, cenas de luta e espetáculos pirotécnicos como aqueles vistos em filmes como *Bastardos inglórios* e *Operação Valquíria*, todos rodados Babelsberg. ❧ *Großbeerenstr., Potsdam • Fim mar-início nov: 10h-18h diariam; fechado seg em abr e set • (0331) 721 27 50 • Entrada paga*

O Sandman, no Filmpark Babelsberg

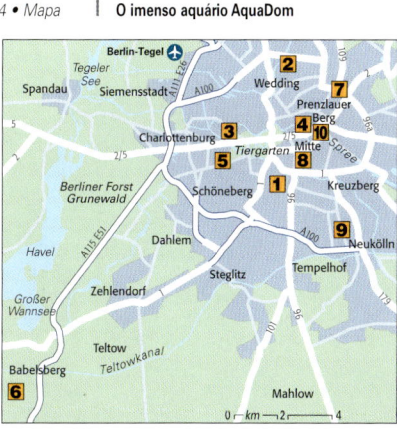

Zeiss-Großplanetarium
Estrelas, planetas e nebulosas artificiais levam você até galáxias distantes sob a abóbada prateada do Planetarium *(p. 142)*.

Legoland
Este é o primeiro Legoland do mundo em área coberta. Além das atrações do parque (para crianças menores de oito anos), milhares de peças de LEGO podem ser transformadas em réplicas de atrações de Berlim. Tem ainda um cinema 4D e um café. ❧ *Potsdamer Str. 4 • Mapa L2 • 10h-19h diariam (últ admissão 17h) • Entrada paga • (030) 301 04 00*

Puppentheatermuseum
Este pequeno e excelente museu de bonecos permite às crianças montarem suas próprias peças e sentirem como é dirigir um teatro de bonecos. ❧ *Karl-Marx Str. 135 • Mapa H6 • 9h-15h30 seg-sex, 11h-16h dom • (030) 687 81 32 • Entrada paga*

AquaDom e Sea Life Berlin
No centro Sea Life, os visitantes fazem uma viagem pelo rio Spree e pelo lago Wannsee até as profundezas do oceano. O labirinto de espelhos e os horários de alimentação dos peixes alegram ainda mais o programa. A maior atração está no final da jornada – um passeio de elevador pelo centro do AquaDom – o maior aquário cilíndrico do mundo, com mais de 1.500 peixes tropicais. ❧ *Spandauer Str. 3 • Mapa K5 • 10h-19h diariam (últ admissão 18h) • (01805) 66 69 01 01 • www.sealife.de/berlin • Entrada paga*

O imenso aquário AquaDom

Veja mais sobre esportes e lazer em Berlim nas **pp. 68-9**

Neuer See; Landwehrkanal; Barco de lazer no Wannsee

Lagos, Rios e Canais

1. Großer Wannsee
Há muito tempo o Wannsee é um dos destinos prediletos dos berlinenses, e vale a pena visitar Strandbad Wannsee, a maior praia interior da Europa. Ela atrai 40 mil visitantes por dia, que vêm tomar banho de sol nesta linda praia artificial e nadar no lago. É também um excelente lugar para observar pessoas, e no verão você ainda verá iates, windsurfers e jet-skis. No meio do lago fica a Pfaueninsel (Ilha dos Pavões), acessível de barco.
🚇 *Am Großen Wannsee*

2. Teufelssee
As águas verde-escuro do "lago do Diabo" podem intimidar um pouco, mas este é um dos lagos mais limpos de Berlim, e também um dos lugares mais tranquilos – nudistas, gays e gente que adora cães vêm aqui compartilhar a tranquilidade das suas margens cobertas de bambus, no meio dos bosques de Grunewald. 🚇 *Teufelsberg, Grunewald*

3. Großer Müggelsee
Este é o maior lago de Berlim, com 766ha, situado no extremo sudeste da cidade, e chega a ter até 8 metros de profundidade. Os berlinenses o apelidaram de "grande banheira" – uma boa descrição, porque milhares de berlinenses se reúnem aqui no calor do verão para um mergulho refrescante. Você pode também remar, velejar ou surfar no lago (p. 146).

4. Schlachtensee
Depois de Wannsee, o Schlachtensee é o segundo lago mais popular de Berlim. É um lago pequeno, alongado, que atrai principalmente jovens. Para evitar a multidão que vai tomar banho de sol no gramado junto à estação S-Bahn Schlachtensee, siga o caminho junto à margem para a direita. Ali você encontra vários espaços verdes pequenos e mais recolhidos, ideais para um banho de sol mais tranquilo. Os dias de semana são perfeitos aqui. 🚇 *Am Schlachtensee*

5. Rio Spree
Um dos muitos apelidos de Berlim é "Atenas do Spree", por causa da sua herança cultural e do rio sinuoso. Ele tem 398km de extensão, dos quais 46km correm por Berlim. Suas margens são ótimas para descansar e para atividades de lazer como passeios guiados de barco, passar uma noite romântica a bordo de um cruzeiro ou fazer caminhadas junto ao rio. 🚇 *Mitte, Tiergarten*
• Mapa J/K 1-6

Passeio de barco pelo rio Spree

Veja mais sobre cruzeiros turísticos em www.sternundkreis.de

Lietzensee

A população boêmia de Charlottenburg considera este o seu "lago local". Não é próprio para nadar, mas os prados que o circundam são ótimos para tomar sol e tirar uma soneca. Muita gente vem também passear com seu cachorro à sombra da beira do lago. Ao anoitecer, os poucos cafés no lado leste oferecem uma linda vista da Funkturm iluminada. ◎ *Am Kaiserdamm • Mapa A4*

Casa flutuante, no Landwehrkanal

Krumme Lanke

Embora muitos acreditem que o Krumme Lanke não seja limpo o suficiente para um mergulho, alguns têm mudado de ideia. De fato, parece mais limpo (e também mais frio) do que o Schlachtensee. ◎ *Am Fischerhüttenweg*

Landwehrkanal

Construído entre 1845 e 1850, este é o canal artificial mais antigo de Berlim. Ele liga o Alto e o Baixo Spree, correndo de leste para oeste pela parte oeste do centro. Vale a pena fazer um passeio de barco pelo canal para ver algumas das pontes mais bonitas de Berlim. Em alguns pontos, é possível deitar nas margens gramadas do canal no meio da cidade, por exemplo na Paul-Lincke-Ufer, em Kreuzberg. ◎ *Lützowplatz • Mapa M/N5*

Sino de barco

Tegeler See

O lago mais ao norte de Berlim fica numa elegante área residencial. Uma caminhada particularmente atraente é pegar a Greenwich Promenade, de Tegeler Hafen (porto) até Schwarzer Weg. Um pequeno caminho meio escondido ao longo do rio leva daqui até o outro lado do lago e a uma península, onde fica a Villa Borsig, construída em 1905 para uma família de industriais. Hoje é de uma fundação e fica fechada ao público. Se você continuar para o sul pela Schwarzer Weg, chegará até a piscina Tegeler See. ◎ *Alt-Tegel*

Neuer See

Os visitantes se surpreendem ao descobrir este tranquilo Novo Lago no meio da cidade, bem escondido na ponta oeste do grande parque Großer Tiergarten. Às margens do lago fica o Café am Neuen See *(p. 101)*. Uma sugestão é caminhar ou passear de barco em volta do lago durante a tarde. ◎ *Großer Tiergarten • Mapa M3*

Veja mais sobre parques e jardins em Berlim nas **pp. 70-1**

Patinação no Tiergarten; Trabrennbahn Mariendorf; Squash na Sport Oase

Esportes e Lazer

1. Olympiastadion

O Estádio Olímpico merece uma visita, mesmo que não haja nenhum evento esportivo em andamento. O edifício gigantesco, construído por Werner Mach para as Olimpíadas de 1936 reflete o estilo arquitetônico típico do período nazista. Duas estátuas de Arno Breker ladeiam a entrada principal. Em frente ao estádio para 75 mil pessoas ficam o Maifeld, inspirado pela arquitetura da Roma Antiga, e um campanário de onde se apreciam vistas magníficas de Berlim. O estádio foi reformado e parcialmente coberto em 2000-4. O time de futebol de Berlim, da divisão principal, Hertha BSC, realiza seus jogos aqui. Uma exposição conta a história do estádio *(p. 84)*.

Jogo futebol no Olympiastadion

2. Galopprennbahn Hoppegarten

Corridas de cavalos ocorrem no cenário histórico do tradicional Union Club, de 1867, que segundo alguns tem a pista mais atraente entre Moscou e Paris. No público, apostadores e fãs de corridas de cavalo se misturam às classes altas da cidade. *Goetheallee 1, Dahlwitz-Hoppegarten • Abr-out: corridas 14h determinados sáb e dom • (03342) 389 30 • www.hoppegarten.com*

3. Trabrennbahn Mariendorf

Emocionantes corridas de trote, como o derby anual para a "Fita Azul", são realizadas no Trabrennbahn, em Mariendorf. *Mariendorfer Damm 222 • corridas 18h seg e sex, 13h dom • (030) 740 12 12*

4. Velodrom

Esta arena futurista e cor de prata é o ponto focal dos ciclistas de Berlim. Todo ano, em janeiro, acontece aqui a legendária Sechstagerennen (Corrida de Seis Dias). *Paul-Heyse-Str. 26 • horários variam conforme o evento • (030) 44 30 45*

5. Ciclismo

A Berliner Mauerweg (trilha que acompanha o traçado do muro de Berlim) e outras ciclovias na capital e em Potsdam são ideais para passeios de bicicleta. Além disso, bairros berlinenses como Scheunenviertel ou Dahlem são ótimos para pedalar. Há muitos locais para alugar bicicletas; procure na Alexanderplatz e na estação Friedrichstraße *(p. 162)*.

Veja mais sobre o Hertha BSC em **www.herthabsc.de**

A piscina coberta do Neukölln

Stadtbad Neukölln
Nadar nesta luxuosa casa de banhos do século XIX, construída em estilo art nouveau, constitui uma experiência incrível. ◊ *Ganghoferstr. 3 • 12h-22h30 seg, 6h30-22h30 ter-sex, 9h-22h30 sáb e dom • Fechado no verão • (030) 682 49 80 • Entrada paga*

Sport Oase
Este elegante centro de badminton e squash fica na antiga cervejaria Schultheiss. Possui quatro salas, com 23 quadras em diversos níveis, além de um bar. ◊ *Stromstr. 11-17 • Mapa D3 • 9h-22h45 seg-qui, 9h-22h sex, 10h-20h sáb, 10h-21h dom • (030) 390 66 20*

Fitness First
Esta academia exclusiva para mulheres, localizada no centro ocidental da cidade, garante um ambiente relaxado e alegre para se exercitar em equipamentos-padrão e também oferece diversas aulas especializadas. A equipe de funcionários e instrutores é muito atenciosa. ◊ *Tauentzienstr. 13a • Mapa P5 • 7h-23h seg-sex, 10h-23h ter e qui, 10h-20h sáb, dom • (030) 263 9196 • Entrada paga*

Patinação no Tiergarten
As trilhas na metade norte do parque Großer Tiergarten, e também em volta da Straße des 17 Juni, são excelentes para a prática da patinação inline, longe do trânsito. Patinar nas agitadas ruas do centro – embora habitual – é oficialmente proibido. ◊ *Tiergarten • Mapa M5/6*

Aspria
A melhor academia de saúde e bem-estar de Berlim oferece de tudo, desde uma grande piscina e sauna a um salão de beleza, um restaurante com ênfase na saúde, massagens e uma área para relaxar na cobertura. ◊ *Karlsruher Str. 20 • 6h-23h seg-sex, 8h-22h sáb e dom • (030) 890 688 80 • Entrada paga*

Ioga na Aspria

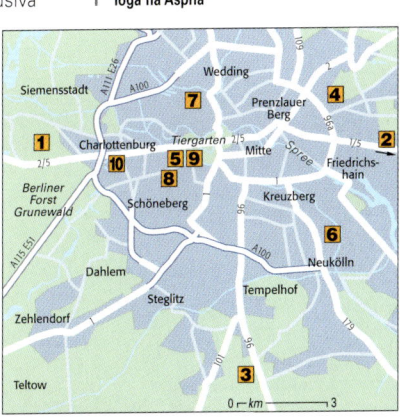

Veja mais sobre parques e jardins em Berlim nas **pp. 70-1**

Britzer Schloss e Parque; Neuer See Tiergarten; Schlosspark Charlottenburg

Parques e Jardins

1 Großer Tiergarten
O Tiergarten – pulmão verde de Berlim – é o parque mais famoso da cidade. São 203ha, bem no centro da cidade. O projeto original, de 1833-40, é de Peter Joseph Lenné. Concebido como área de caça para o Eleitor na segunda metade do século XIX, o parque tornou-se uma área de recreação aberta aos berlinenses. Hoje, é frequentado por pessoas a fim de pedalar, correr, tomar sol e fazer piquenique, especialmente famílias nos fins de semana.
◈ Tiergarten • Mapa M5/6

2 Schlosspark Charlottenburg
O "Parque do Palácio" é uma das áreas verdes mais atraentes e bem cuidadas da Alemanha. Logo atrás do Schloss Charlottenburg há um pequeno mas magnífico jardim barroco, e depois dele estende-se um grande parque, que remonta ao início do século XIX. Ele foi projetado no estilo inglês, com um lago artificial e jardins à beira do rio, pequenos edifícios e idílicos recantos com plantas às margens de tanques e cursos d'água. É um parque ideal para passear, e também muito procurado por quem quer tomar um pouco de sol (pp. 28-31).
◈ Schloss Charlottenburg, Spandauer Damm • Mapa A/B3 • do amanhecer ao anoitecer diariam

Estátua de Luise, em Pfaueninsel

3 Grunewald e Teufelsberg
Grunewald, ou "Floresta Verde", como eram chamados originalmente os bosques públicos no sudoeste de Berlim, é a área verde da cidade com menor número de edificações. Certas partes de Grunewald são muito calmas e isoladas, e há até javalis no meio da mata – o que pode ser um incômodo para pessoas que têm jardins no bairro vizinho de Zehlendorf. Grunewald é excelente para caminhar e andar a cavalo. ◈ Grunewald

4 Pfaueninsel
A "Ilha dos Pavões", situada no meio do lago Wannsee e com acesso apenas de barco, é talvez o local mais romântico de Berlim. No século XIX, a ilha funcionou como ninho de amor para o rei Frederico Guilherme II. Sua charmosa réplica de um palácio estava de acordo com o gosto da época. Hoje, dezenas de pavões vivem na área em volta dessa construção (p. 89).

5 Botanischer Garten
Os jardins botânicos, do século XIX, são um paraíso de flores e plantas no sudoeste da cidade. A ampla área, com quinze estufas, foi construída no final do século XIX em volta de montes pouco íngremes e lagos pitorescos. Na Grande Casa das Palmeiras, de Alfred Koerner, podem-se

Veja mais sobre o Botanischer Garten em www.botanischer-garten-berlin.de

apreciar bambus-gigantes do Sudeste Asiático que alcançam quase 26m de altura. O museu introduz os visitantes no mundo da microbiologia. ⓢ *Unter den Eichen 5-10 (jardim), Königin-Luise-Str. 6 (museu e jardim)* • *9h-anoitecer diariam (jardim); 10h-18h diariam (museu)* • *(030) 83 85 01 00* • *Entrada paga*

Hibisco no Botanischer Garten

Viktoriapark and Kreuzberg

O velho parque municipal, projetado em 1888-94 como área de lazer, é hoje um dos espaços verdes mais populares de Berlim. Os gramados em volta do Kreuzberg, que chegam a 30m, são ótimos para um banho de sol. No alto da montanha há um monumento às guerras prussianas de libertação *(p. 105)*.

Volkspark Friedrichshain

O parque mais antigo de Berlim (1840) é uma paisagem artificial de lagos, pradarias e mais dois montes de entulho com bosques, um deles chamado jocosamente de Monte Klamott ("Monte Entulho"). Tem ainda uma fonte com estátuas de personagens de contos de fadas *(p. 146)*.

Tierpark Berlin

Este segundo zoológico, maior, fica no parque do palácio de Friedrichsfelde. Cerca de 860 espécies de animais vivem aqui; não deixe de ver os elefantes *(p. 147)*.

Treptower Park

Este jardim do século XIX, às margens do rio Spree, é famoso pelo seu Memorial Soviético, situado junto aos túmulos de 5 mil soldados do Exército Vermelho *(p. 146)*.

Britzer Schloss e Parque

O Palácio em Britz, que data de 1706, foi reformulado com mobília histórica trazida do Gründerzeit (depois de 1871). Fica situado no meio de um lindo parque. ⓢ *Alt-Britz 73* • *11h-18h ter-dom (palácio), 9h-anoitecer diariam (jardim)* • *(030) 60 97 92 30* • *Entrada paga*

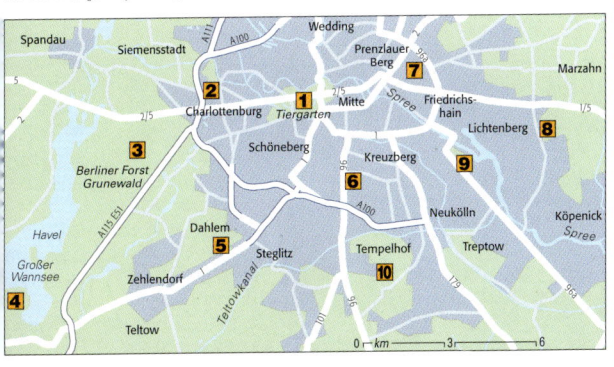

Veja mais sobre lazer junto à água nas **pp. 66-7**

Brandenburger Hof; Interior do Kempinski Hotel Bristol Berlin; Lobby do Regent Berlin

Hotéis Famosos

Interior do famoso Hotel Adlon

1 Hotel Adlon Berlin
Uma reconstrução do histórico Adlon, o melhor hotel de Berlim é também um dos mais requintados da Europa. Muito frequentado por celebridades e políticos do mundo todo, ele oferece *day spa* e três suítes presidenciais. Mesmo não se hospedando no local, é possível tomar chá ou café em seu magnífico lobby. ⓢ *Unter den Linden 77* • *Mapa K3* • *(030) 226 10* • *www.hotel-adlon.de* • *€€€€€*

2 Regent Berlin
Atrás da fachada ultramoderna deste hotel há um edifício do final do século XIX com tapetes grossos, lustres reluzentes e um papel de parede de extremo bom gosto. Conforto padrão internacional e serviço discreto são garantidos. ⓢ *Charlottenstr. 49* • *Mapa K4* • *(030) 203 38* • *www.theregentberlin.com* • *€€€€€*

3 Grand Hyatt
O minimalismo japonês foi o estilo adotado neste moderno edifício na Potsdamer Platz. Os quartos espaçosos estão voltados para a Marlene-Dietrich-Platz, mas se você achar isso comum demais, poderá apreciar as fantásticas vistas da cidade inteira a partir do Olympus Wellness-Club do hotel. ⓢ *Marlene-Dietrich-Platz 2* • *Mapa F4* • *(030) 25 53 12 34* • *www.berlin.grand.hyatt.com* • *€€€€€*

4 Schlosshotel im Grunewald
Um hotel pequeno e caro, situado numa parte tranquila do Grunewald, a certa distância do centro. É popular entre artistas de cinema e celebridades que querem fugir do assédio. Karl Lagerfeld assina o interior – e por meros €1.500 você pode alugar sua suíte permanente. ⓢ *Brahmsstr. 10* • *(030) 89 58 40* • *www.schlosshotelberlin.com* • *€€€€€*

5 Kempinski Hotel Bristol Berlin
Grande dama dos hotéis de Berlim Ocidental, o magnífico Kempinski já mostra sinais da idade, mas ainda mantém seu charme cosmopolita; não há hotel melhor na cidade. Os quartos possuem uma elegância atemporal, e o lobby e o bar têm painéis de madeira escura. No Kempinski-Grill você saboreia uma taça de Sekt bem acima da Ku'damm, enquanto observa os mortais menos afortunados. Um lugar onde você é de fato muito bem tratado (p. 179).

Porteiro do Regent

Veja mais sobre o serviço de reservas pela internet em **www.hotels.com**

Hackescher Markt
Um dos melhores hotéis de Berlim, o charmoso Hackescher Markt fica no conhecido bairro de Mitte. O serviço é padrão quatro-estrelas, mas os preços são moderados. O melhor de tudo é a localização central do hotel, numa das áreas mais movimentadas de Berlim: a apenas alguns passos do Hackesche Höfe e de Scheunenviertel.
◎ *Große Präsidentenstr. 8* • *Mapa J5* • *(030) 28 00 30* • *http://classik-hotel collection.com* • €€-€€€

Ritz-Carlton Berlin
O Ritz-Carlton Berlin, perto da Potsdamer Platz, é um hotel muito luxuoso escondido atrás de uma fachada moderna que lembra o Rockefeller Center de Nova York. O lobby possui colunas de mármore e muito dourado, criando um ambiente fantástico para o Curtain Club e a brasserie Desbrosses. Os quartos têm decoração suntuosa, com desenhos neoclássicos prussianos – há até telescópios para apreciar a cidade. ◎ *Potsdamer Platz 3* • *Mapa F4* • *(030) 33 77 77* • *www.ritzcarlton.com* • €€€€€

Ritz-Carlton Berlin

Sofitel Berlin Gendarmenmarkt
Hotel tranquilo e elegante, com lindas vistas da histórica praça, o relativamente pequeno Sofitel tem muito estilo e oferece ótimo serviço. Todos os quartos são de primeira classe, decorados com elegância *(p. 179)*.

Savoy Hotel
Greta Garbo costumava ficar no Savoy, e o estilo de dias de outrora preenche o ambiente. Muitos artistas de cinema são clientes do hotel, que tem bons motivos para se orgulhar de seu serviço. O Savoy é famoso por seu Times Bar. ◎ *Fasanenstr. 9-10* • *Mapa N4* • *(030) 31 10 30* • *www.hotel-savoy.com* • €€€

Brandenburger Hof
Hotel elegante instalado num solar do século XIX. O saguão tem mobília tradicional e os quartos seguem o estilo Bauhaus. O restaurante Quadriga, com estrelas Michelin, é especializado em comida francesa. ◎ *Eislebener Str. 14* • *Mapa P4* • *(030) 21 40 50* • *www.brandenburger-hof.com* • €€€€€

Veja mais sobre categorias de preço na **p. 173**

Bocca di Bacco; Mesas ao ar livre no Lutter & Wegner; O popular Vau

Onde Comer

1 Vau
O melhor da cozinha internacional e austríaca é servido por Kolja Kleeberg no Vau. O restaurante tem belo design e ganhou uma merecida estrela Michelin.
◊ *Jägerstr. 54-55* • *Mapa L4*
• 12h-14h30, 19h-22h30 seg-sáb
• (030) 202 97 30 • €€€-€€€€

2 Vox
A refinada comida deste elegante restaurante de hotel é uma moderna fusão de pratos asiáticos e internacionais, com ênfase em clássicos japoneses (sushi) e comida franco-italiana. No verão, reserve uma das mesas ao ar livre. Abre no café da manhã. ◊ *Marlene-Dietrich-Platz 2*
• *Mapa F4* • 6h30-10h30, 18h30-24h diariam; também 12h-14h30 seg-sex
• (030) 25 53 17 72 • €€€€

3 Hugos
Com sua estrela Michelin, o Hugos é o mais agradável restaurante gourmet de Berlim, com serviço impecável e magníficas vistas da cidade. Painéis de madeira e estofados de couro dão o tom, e a cozinha internacional revela o toque leve do chef alemão Thomas Kammeier. A carta de vinhos é excepcional, e há salas íntimas para quem preferir.
◊ *Budapester Str. 2* • *Mapa N5* • 18h-22h30 ter-sáb
• (030) 26 02 12 63 • €€€€

4 Bocca di Bacco
O restaurante italiano mais descolado de Berlim oferece peixe fresco e criativos pratos de carne, como a *Bresaola di Cavallo* (carne de cavalo com salada e nozes). ◊ *Friedrichstr. 167-8* • *Mapa K4* • 12h-24h seg-sáb, 19h-24h dom
• (030) 20 67 28 28 • €€€-€€€€

5 Borchardt Restaurant
Gente de peso, inclusive ministros alemães, vem comer aqui. O salão histórico é mobiliado em estilo Guilhermino (caracterizado por altas colunas, mosaicos nas paredes e piso cerâmico) – um ambiente incrível para a comida francesa moderna que é servida. Sem reserva, porém, nem celebridades conseguem mesa. ◊ *Französische Str. 47*
• *Mapa K4* • 11h30-24h diariam
• (030) 81 88 62 62 • €€€€

6 Weinbar Rutz
Este local em ascensão na cena gourmet de Berlim trabalhou sem pressa até ganhar sua primeira e merecida estrela Michelin, com ótimos pratos de peixe e carnes saborosas, baseados em receitas locais, com um toque criativo. É acolhedor e informal, e sua carta de vinhos tem mais de mil opções. ◊ *Chausseestr. 8*
• *Mapa F2* • *a partir das 18h30 ter-sáb (vinheria a partir das 16h)* • (030) 24 62 87 60
• €€€€-€€€€€

Interior do Hugos

A gorjeta é opcional, mesmo que esteja na conta "Serviço não incluído".

Restaurante Facil, no topo do Madison Hotel

Fischers Fritz

Este restaurante de alto nível é um dos quatro de Berlim com duas estrelas do guia Michelin. O chef Christian Lohse prepara alguns dos mais espetaculares pratos de frutos do mar do país. ⓧ *Hotel Regent Berlin, Charlottenstr. 49* • *Mapa K4* • *12h-14h, 18h30-22h30 diariam* • *(030) 20 33 63 63* • *€€€€-€€€€€*

Facil

Este restaurante com estrela Michelin, num oásis de verde no alto do Madison Hotel, destaca-se pela elegância sutil. O chef Michael Kempf cria pratos mediterrâneos com estilo e sotaque francês. ⓧ *Potsdamer Str. 3* • *Mapa L2* • *12h-15h, 19h-23h seg-sex* • *(030) 590 5 12 34* • *€€€€-€€€€€*

Lutter & Wegner Gendarmenmarkt

Neste edifício antigo, antes ocupado pelo Berliner Sektkellerei (onde se diz que foi inventado o espumante, ou *sekt*), a estrela é a cozinha austríaca. Tem o melhor *Wiener schnitzel* da cidade, com a clássica salada de batatas, e preços moderados. No verão, coloca mesas ao ar livre. ⓧ *Charlottenstr. 56* • *Mapa L4* • *11h-15h diariam* • *(030) 202 95 40* • *€€€*

Das Speisezimmer

No pátio de uma velha fábrica de locomotivas, este restaurante despretensioso é de uma celebridade da TV, a chef Sarah Wiener. A filosofia é "fresco e local", e a cozinha leve, por bom preço, tem influências da Áustria e da Itália. ⓧ *Chausseestr. 8, 2º pátio* • *Mapa F2* • *12h-23h seg-sex, 18h-23h sáb* • *(030) 814 529 430* • *não aceita cartões* • *€€-€€€*

O restaurante Vox

Veja mais sobre restaurantes em Berlim nas **pp. 87, 93, 101, 109 e 121**

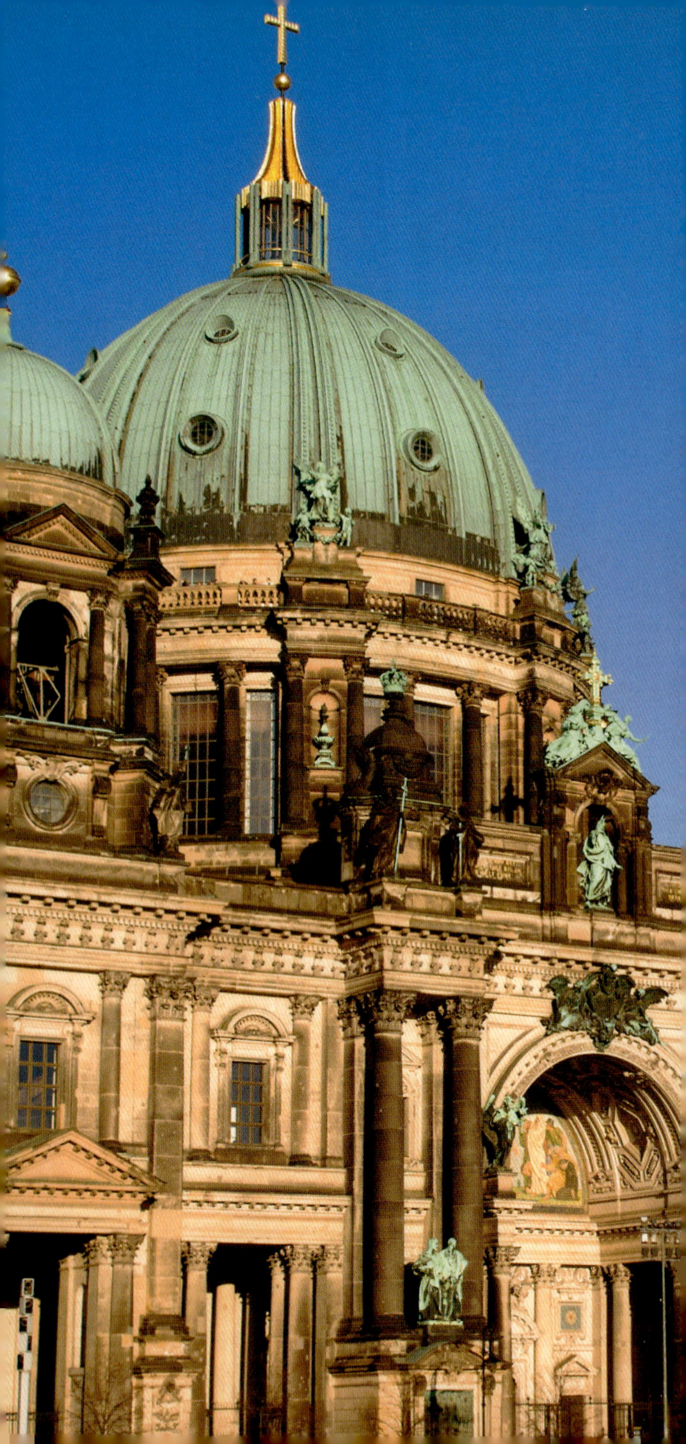

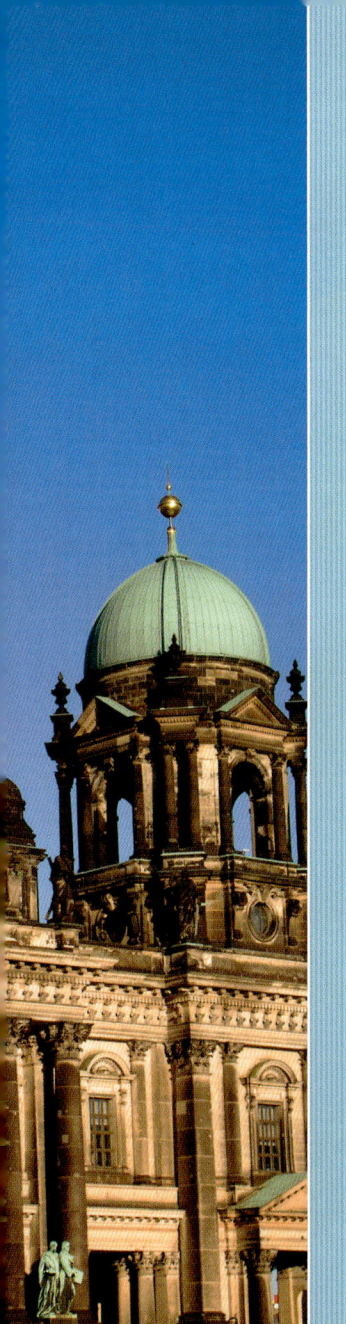

ÁREA POR ÁREA

Charlottenburg e
Spandau
78-87

Grunewald e Dahlem
88-93

Tiergarten e
Distrito Federal
96-101

Kreuzberg e
Schöneberg
102-9

Centro de Berlim:
Unter den Linden
112-21

Centro de Berlim:
Scheunenviertel
122-9

Centro de Berlim:
Área da
Alexanderplatz
130-7

Prenzlauer Berg
138-43

Sudeste de Berlim
144-9

Potsdam e
Sanssouci
152-7

TOP 10 BERLIM

Na Savignyplatz; Portão da Charlottenburg; Na Breitscheidplatz

Charlottenburg e Spandau

ENCLAVE SOFISTICADO DA ALTA BURGUESIA, *Charlottenburg* era o único bairro de Berlim que não tinha contato com o Muro. As ruas históricas junto à Ku'damm contêm pequenos cafés, restaurantes, galerias de arte e butiques, instalados em sólidas residências do início do século XX. Essas ruas e a orgulhosa prefeitura de Charlottenburg lembram que esse bairro já foi a cidade mais rica da Prússia, e que só foi incorporada a Berlim em 1920. Spandau, por sua vez, é comparativamente rural, uma parte de Berlim com uma atmosfera especial. O centro histórico medieval de Spandau e a cidadela fazem com que esse bairro localizado do outro lado do Spree e do Havel pareça uma pequena cidade independente.

Águia prussiana em Spandau

Destaques

1. Kurfürstendamm
2. Schloss Charlottenburg
3. Zoologischer Garten
4. Zitadelle Spandau
5. Centro Histórico de Spandau
6. Savignyplatz
7. Fasanenstraße
8. Funkturm e Messegelände
9. Museum für Fotografie
10. Käthe-Kollwitz-Museum

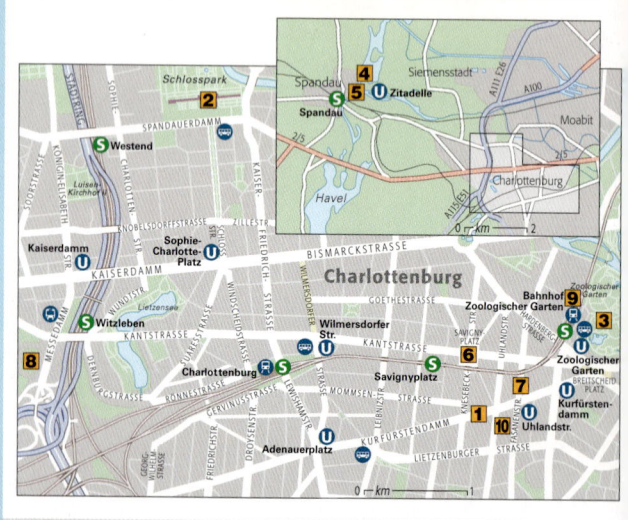

Nas páginas anteriores, a Berliner Dom (Catedral de Berlim), na Museumsinsel

Área por Área – Charlottenburg e Spandau

1. Kurfürstendamm
Este famoso bulevar de Berlim, orgulho de Charlottenburg, se tornou uma avenida movimentada com lojas de design *(pp. 24-5)*.

2. Schloss Charlottenburg
Os jardins barrocos e de estilo inglês desta residência de verão dos Hohenzollern são ideais para um passeio *(pp. 28-31)*. ꙮ *Spandauer Damm • Mapa A/B3 • veja horários na p. 28 • (030) 32 09 11 • Entrada paga*

Nikolaikirche, no centro histórico de Spandau

3. Zoologischer Garten
Este é o mais importante e antigo jardim zoológico da Alemanha, associado a um aquário espetacular *(pp. 36-7)*.

4. Zitadelle Spandau
Única fortaleza sobrevivente em Berlim, a cidadela, na confluência dos rios Havel e Spree, está estrategicamente bem situada. A fortaleza com fosso, em forma de estrela, construída em 1560 por Francesco Chiaramella da Gandino, segue o modelo de edificações similares na Itália. Seus quatro poderosos bastiões nos cantos, com os nomes Brandenburg, König (rei), Königin (rainha) e Kronprinz (príncipe herdeiro), são notáveis. Já havia uma fortaleza neste mesmo local no século XII, da qual sobrevive o Juliusturm – um forte que serviu como prisão no século XIX. Na época, usava-se em Berlim a expressão "para o Julio", ao mandar criminosos para a prisão. Mais tarde, os tesouros de guerra imperiais eram mantidos aqui – as reparações pagas pela França ao Império Alemão após sua derrota na guerra Franco-Prussiana de 1870-1. O bastião Königin abriga um museu da história municipal.
ꙮ *Am Juliusturm • 10h-17h diariam • (030) 354 94 40 • Entrada paga*

Zitadelle Spandau

5. Centro Histórico de Spandau
Ao andar pelo centro histórico de Spandau, é fácil esquecer que você ainda está em Berlim. As ruas estreitas e os recantos em volta da Nikolaikirche são cheios de casas do fim da Idade Média, indicação de que Spandau foi fundada em 1197 e é portanto mais velha que Berlim. A Casa Gótica, a mais antiga de Berlim, do século XVI, fica aqui, na Breite Straße 32. ꙮ *Breite Straße, Spandau*

Spandau e Berlim

Para quem é de Berlim Ocidental, os de Spandau são gente de outro tipo, provinciana e rústica, e não berlinenses "de fato". Mas os de Spandau podem argumentar que sua cidade é 60 anos mais antiga do que Berlim, e se orgulham de sua história independente. Esta desconfiança mútua não decorre apenas da localização geográfica de Spandau, isolada do resto da cidade pelos rios Havel e Spree. Deve-se também à incorporação de Spandau, em 1920. Ainda hoje, quem mora em Spandau diz que está indo "para Berlim", embora o centro da cidade fique apenas algumas paradas adiante pelo U-Bahn.

➔ *Veja mais sobre Spandau em*
http://visitberlin.de/en/article/spandau

Placa na Savignyplatz; Literaturhaus Fasanenstraße; Villa Grisebach

Savignyplatz

Uma das praças mais atraentes de Berlim fica bem no centro de Charlottenburg. A Savignyplatz, que leva o nome de um jurista alemão do século XIX, é responsável pela fama de Charlottenburg como bairro de artistas e intelectuais e como moderna área de gastronomia e diversão. A praça conta com dois espaços verdes, de ambos os lados da Kantstraße. Ela foi construída na década de 1920, como parte de um esforço para criar parques no centro da cidade. Com seus pequenos caminhos, bancos e pérgolas, é ideal para descansar. Abriga diversos restaurantes, cafés com mesas na calçada e lojas, especialmente na Grolman, Knesebeck e Carmerstraße, ruas que cruzam a praça. Muitos boêmios perdem o rumo aqui depois de uma noitada, e por isso a área é chamada também de "Savignydreieck" (o Triângulo da Savigny). Ao norte da Savignyplatz ficam algumas das ruas mais atraentes de Charlottenburg – como Knesebeck, Schlüter e Goethestraße. Esta área ainda tem o clima agitado de Charlottenburg, com várias livrarias, cafés e lojas especializadas, que ficam sempre cheios, especialmente aos sábados. Ao sul da praça, os arcos com azulejos vermelhos da S-Bahn também atraem visitantes com suas lojas, cafés e bares, principalmente a Savignypassage perto da Bleibtreustraße e o pequeno corredor entre a Grolman e a Uhlandstraße, do lado oposto da praça. ◎ *An der Kantstraße* • *Mapa N3*

Sacadas na Savignyplatz

Fasanenstraße

Esta rua chique é a mais atraente e moderna dos arredores da Ku'damm. Aqui ficam lojas de grife, galerias e restaurantes, um paraíso de compras para aqueles que encaram a Kurfürstendamm como um mero núcleo varejista para as massas. O ponto em que se juntam a Fasanenstraße e a Ku'damm é um dos mais agitados de Berlim. Um dos locais mais conhecidos é o Kempinski

Estátua na Savignyplatz

A Casa Judaica, em Fasanenstraße

Kempinski Hotel Bristol, Fasanenstraße

Hotel Bristol Berlin *(p. 72)*, no extremo norte da Fasanenstraße. O antigo banco, em frente, combina muito bem um edifício histórico com uma estrutura moderna. Ao lado fica a Jüdisches Gemeindehaus (Casa da Comunidade Judaica, *p. 84*) e um pouco depois, na junção com a Kantstraße, vemos a Kant-Dreieck *(p. 41)*. A Berliner Börse (Bolsa de Berlim), sediada na moderna Ludwig-Erhard-Haus *(p. 40)*, fica logo acima, na esquina da Hardenbergstraße. O extremo sul da rua é ocupado por residências, algumas delas um pouco pomposas demais, e abriga ainda a Literaturhaus, a Villa Grisebach, um dos leilões de arte mais antigos de Berlim, e o Käthe-Kollwitz-Museum *(p. 83)*. Aqui também estão instaladas algumas lojas de moda de alto nível e restaurantes acolhedores. Na ponta sul, a rua leva à pitoresca Fasanenplatz, onde moravam muitos artistas antes de 1933.

Charlottenburg • Mapa N/P4

Lojas na Fasanenstraße

Um Dia em Charlottenburg

Manhã

Comece seu passeio por Charlottenburg na Breitscheidplatz e siga pela **Kurfürstendamm** *(pp. 24-5)* no sentido oeste. Vire à esquerda na **Fasanenstraße** para visitar o **Käthe-Kollwitz-Museum** *(p. 83)* e a **Literaturhaus**. Você pode parar para um lanche no meio da manhã no **Café Wintergarten** *(p. 86)*, na Literaturhaus, antes de retomar a Fasanenstraße no sentido norte. À sua esquerda você verá o **Kempinski Hotel Bristol Berlin**, e à direita a Jüdisches Gemeindehaus e a Ludwig-Erhard-Haus. Em frente, no sentido diagonal, do outro lado da Kantstraße, fica o **Theater des Westens** *(p. 57)*. Continue pela Kantstraße no lado esquerdo dela, até chegar ao shopping center **Stilwerk** *(p. 60-1)*, um lugar de onde ninguém nunca saiu sem ter comprado alguma coisa!

Tarde

Continue para oeste pela Kantstraße até a **Savignyplatz**. A noroeste da praça, no nº 51 da Grolmanstraße, o pequenino restaurante **Ashoka** é um grande lugar para o almoço. Depois, conheça as pequenas ruas à volta da Savignyplatz, como Carmer-, Knesebeck- e Mommsenstraße. Vasculhe as lojinhas de varejo em busca de suvenires inusuais e visite o **Café Savigny** *(p. 86)*, bom lugar para uma torta de frutas com creme batido e uma xícara de café. No início da noite, vá ao **Eiffel** *(p. 87)*, onde encontrará boa variedade de pratos mediterrâneos e berlinenses.

Área por Área – Charlottenburg e Spandau

Veja mais sobre a Ku'damm em www.kurfuerstendamm.de

Ehrenhalle, em Messegelände

Funkturm e Messegelände

Com 150m de altura, a torre de TV Funkturm lembra a Torre Eiffel de Paris, e é um dos marcos de Berlim, que pode ser avistado de muito longe. Construída em 1924 segundo projeto de Heinrich Straumer, servia de antena e torre de controle do tráfego aéreo. A plataforma de observação, a 125m, oferece vistas magníficas da cidade, e o restaurante, a 55m, fica voltado para a parte mais antiga do complexo, o centro de exposições e os pavilhões em volta. O imenso edifício a leste é o Salão de Honra, projeto de Richard Ermisch, de 1936, no estilo arquitetônico colossal característico do fascismo.

Do lado oposto ergue-se o edifício prateado do ICC, o International Congress Centrum, construído em 1975-9 por Ralf Schüler e Ursulina Schüler-Witte. Ele já foi considerado um dos centros de conferência mais avançados do mundo, mas caiu em desuso e pode ser demolido. O City-Cube, complexo com essa mesmas funções, foi aberto nas cercanias em 2014. Nessa área também se situa o maior espaço de exposições de Berlim (160 mil m²), que abriga a Grüne Woche (a semana verde, feira agrícola), a Internationale Tourismusbörse (ITB, feira internacional de turismo) e a Internationale Funkausstellung (IFA, feira internacional de TV). *Messedamm 22 • Mapa A4/5 • 10h-20h seg, 10h-23h ter-dom (torre) • (030) 303 80 • Entrada paga*

Museum für Fotografie

Helmut Newton (1931-2004), fotógrafo de fama mundial, final-

A História de Charlottenburg

O magnífico Charlottenburger Rathaus (prefeitura), na Otto-Suhr-Allee, é um lembrete da época em que esse bairro de 200 mil pessoas era uma cidade independente. Charlottenburg, que tem o nome do palácio homônimo, surgiu em 1705 a partir do assentamento medieval de Lietzow. No final do século XIX, Charlottenburg – então a cidade mais rica da Prússia – teve uma ascensão meteórica, após a construção das colônias de casas de Westend e Kurfürstendamm. Graças aos seus numerosos teatros, à ópera e à Universidade Técnica, o bairro se desenvolveu muito e acabou se transformando na parte oeste de Berlim durante a década de 1920.

A Funkturm de Berlim

mente voltou para sua cidade natal. Este museu reúne uma coleção de vários objetos pessoais do artista e também promove mostras temporárias que apresentam suas primeiras fotos de moda e de nus, bem como fotografias de famosos, ricos e bonitos registradas desde 1947. ◊ *Jebensstr. 2 • Mapa C4 • 10h-18h ter-dom (20h qui) • (030) 266 42 42 42 • Entrada paga*

Käthe-Kollwitz-Museum
Este museu é dedicado à artista berlinense Käthe Kollwitz (1897-1945), que documentou a vida miserável dos trabalhadores na Berlim da década de 1920, em gravuras, desenhos e esboços. Depois de perder um filho e um neto na Primeira Guerra Mundial, ela se concentrou nos temas da maternidade e da guerra. O museu tem cerca de 200 obras suas, incluindo vários autorretratos. ◊ *Fasanenstr. 24 • Mapa P4 • 11h-18h diariam • (030) 882 52 10 • Entrada paga*

Mãe e filho, de Käthe Kollwitz

Um Dia em Spandau

Manhã

Comece pegando o U-Bahn (metrô). Do centro da cidade, tome um trem U2 no sentido Ruhleben, e na estação Bismarckstraße faça baldeação para um trem U7 sentido Rathaus Spandau. Dez minutos depois você estará no **Centro Histórico de Spandau** *(p. 79)*, onde poderá visitar a Breite Straße e a Nikolaikirche.

Antes de voltar a Charlottenburg, visite a **Zitadelle Spandau** *(p. 79)*. Lá, no **Zitadellenschänke**, você pode fazer um lanche. Para voltar, use de novo o U-Bahn, mas, dessa vez, desça na estação Wilmersdorfer Straße, uma das poucas áreas exclusivas para pedestres de Berlim – ótima para quem gosta de comprar e de procurar ofertas.

Tarde

Da Wilmersdorfer Straße, uma caminhada de vinte minutos pela Kaiserdamm no sentido oeste irá levá-lo até a **Funkturm** e a **Messegelände**, onde fica o "Ehrenhalle". Almoce no **Funkturm-Restaurant**, e aprecie as magníficas vistas. Vale a pena visitar a Haus des Rundfunks (Casa da Radiodifusão) e o **Georg-Kolbe-Museum** *(p. 84)*, que ficam perto. Depois, se ainda sobrar algum tempo e disposição, você pode pegar o S-Bahn e seguir até o **Olympiastadion** *(p. 68)*. À noite, o melhor é voltar para Charlottenburg e a Savignyplatz, pegando o S75 a partir do S-Olympia-stadion. A sugestão é apreciar a famosa cozinha francônia no restaurante **Florian** *(p. 87)*.

Veja mais sobre o Käthe-Kollwitz-Museum em **www.kaethe-kollwitz.de**

Deutsche Oper; Denkmal Benno Ohnesorg; Theater des Westens

TOP 10 O Melhor de Tudo

1 Olympiastadion
Estádio construído para as Olimpíadas de 1936, excelente exemplo de arquitetura fascista *(p. 68)*. ⓢ *Olympischer Platz* • Meados mar-out: 9h-19h diariam (20h jun-meados set); nov-meados mar: 10h-16h diariam) • (030) 25 00 23 22

2 Georg-Kolbe-Museum
As esculturas de Georg Kolbe (1877-1947) expostas em sua casa e ateliê. ⓢ *Sensburger Allee 25* • 10h-18h ter-dom • (030) 304 21 44 • Entrada paga

3 Le-Corbusier-Haus
O bloco de apartamentos onde morou o arquiteto suíço Corbusier foi erguido para a feira de negócios Interbau de 1957. Projetado para aliviar a escassez de moradias após a Segunda Guerra Mundial, é bem inovador para a época. ⓢ *Flatowallee 16*

4 Jüdisches Gemeindehaus
A casa da comunidade judaica de Berlim fica no local da sinagoga de Charlottenburg. Sofreu danos na "Reichskristallnacht" de novembro de 1938, e foi quase destruída na Segunda Guerra Mundial. Restou o portal. ⓢ *Fasanenstr. 79-80* • Mapa P4 • 9h-17h seg-qui, 9h-15h sex • (030) 88 02 82 06

5 Theater des Westens
Em um atraente edifício de 1895-96, este teatro musical é tido como um dos melhores do país *(p. 57)*. ⓢ *Kantstr. 12* • Mapa N4 • Ligue para horários • 0180 544 44

6 Deutsche Oper
A Ópera Alemã, inaugurada em 1961, especializou-se em clássicos italianos e alemães *(p. 56)*. ⓢ *Bismarckstr. 34-37* • Mapa B4 • (030) 34 38 43 43 • Entrada paga

7 Denkmal Benno Ohnesorg
Escultura de Alfred Hrdlicka, de 1971, em homenagem ao estudante Benno Ohnesorg, que morreu baleado aqui durante uma manifestação em 2 de abril de 1967. ⓢ *Bismarckstr.* • Mapa B4

8 Technische Universität
A Universidade Técnica de Berlim foi fundada em 1879.
ⓢ *Straße des 17. Juni* • Mapa C4
• 8h-20h seg-sex • (030) 31 40

9 Universität der Künste
A Escola de Arte é uma das melhores universidades alemãs para belas-artes, arquitetura e design. ⓢ *Hardenbergstr. 32-33* • Mapa N4 • 8h-18h seg-sex • (030) 318 50

10 Erotik-Museum
Erotismo histórico e atual.
ⓢ *Kantstr. 5* • Mapa N4 • 9h-24h diariam (a partir das 11h dom) • (030) 886 06 66
• Entrada paga (somente maiores de 18)

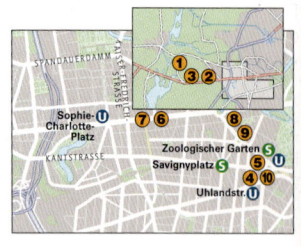

Olympiastadion: www.olympiastadion-berlin.de

Stilwerk; Butter Lindner; Tee Gschwendner

TOP 10 Lojas, Mercados e Feiras

1 Stilwerk
Shopping center especializado em mobília residencial com design de qualidade *(pp. 60-1)*.
• Kantstr. 17 • Mapa C4 • (030) 31 51 50

2 Lojas de Grife na Ku'damm
Esta avenida arborizada abriga lojas das principais grifes europeias, como Giorgio Armani (nº 54) e Dolce & Gabbana (nº 86).

3 Peek & Cloppenburg
São cinco andares de roupa para homens, mulheres e crianças, numa das lojas de departamentos mais populares de Berlim. • Tauentzienstr. 19 • Mapa P5 • 10h-20h seg-sáb • (030) 21 29 00

4 Hallhuber
Esta imensa loja de roupas de alto padrão oferece marcas de grife para homens e mulheres (DKNY, Paul Smith e outras), além de sua própria grife mais barata. • Tauentzienstr. 18a • Mapa P4 • (030) 21 91 32 49

5 Bücherbogen
A principal livraria de Berlim para livros de arte e fotografia fica aninhada nos três arcos sob o viaduto da S-Bahn. • Savignyplatz • Mapa N3 • (030) 31 86 95 11

6 Jil Sander
Butique chique, que vende peças simples e elegantes, de grife, para homens e mulheres.
• Kurfürstendamm 185 • Mapa P4 • (030) 886 70 20

7 Butter Lindner
Tradicional loja de Berlim, especializada em comida e doces caseiros. Possui muitas filiais, mas uma das mais atraentes é esta, de Charlottenburg.
• Knesebeckstr. 92 • Mapa P3
• 8h-18h seg-sex, 8h-13h30 sáb
• (030) 313 53 75

8 Hellmann Menswear
Moda para homens com os melhores tecidos, incluindo a própria coleção de Hellmann e roupas de grifes famosas.
• Kurfürstendamm 53 • Mapa P3
• 10h-19h seg-sex, 10h-18h sáb
• (030) 882 25 65

9 Tee Gschwendner
Esta pequena loja é um paraíso para quem gosta de chá, e no andar superior você pode provar novos sabores no salão de chá. • Kurfürstendamm 217 • Mapa P4 • 10h-19h seg-sex, 10h-16h sáb • (030) 881 91 81

10 TITUS Berlin Zoopreme
Esta loja multimarcas traz as últimas tendências do mundo da moda. • Meinekestr. 2 • Mapa P4 • 10h-20h seg-sáb • (030) 32 59 32 39

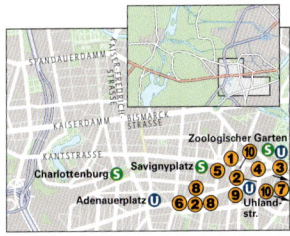

Veja mais sobre compras na **p. 170**

Área por Área – Charlottenburg e Spandau

Café Wintergarten; Berliner Kaffeerösterei; Café Filmbühne am Steinplatz

TOP 10 Cafés

1. Café Wintergarten im Literaturhaus
Um dos cafés mais bonitos de Berlim, situado no jardim de inverno de uma velha mansão. No verão, os clientes ficam no jardim da Literaturhaus.
◊ Fasanenstr. 23 • Mapa P4
• 9h-24h diariam • (030) 882 54 14

2. Café Savigny
Café para gays e lésbicas, com interior tradicional do século XIX e ambiente tranquilo; experimente as deliciosas tortas doces. ◊ Grolmanstr. 53-4 • Mapa N3
• 9h-24h diariam • (030) 32 89 06 61

3. Einstein Coffeeshop
Talvez o mais popular desta rede chique de lojas. Um café reformado, com os clientes ricos e bonitos de Charlottenburg.
◊ Kurfürstendamm 50a (junto à Ku'damm)
• Mapa P4 • 8h-1h diariam • (030) 26 39 19 18

4. Berliner Kaffeerösterei
Esta acolhedora mistura de café-bar com café tradicional serve cafés do mundo inteiro, café da manhã e doces.
◊ Uhlandstraße 173 • Mapa C5
• 9h-20h seg-sáb, 10h-19h dom
• (030) 88 67 79 20

5. Café Filmbühne am Steinplatz
Outros cafés podem vender doces melhores, mas o forte daqui é a atmosfera criada pelos estudantes. ◊ Hardenbergstr. 12 • Mapa N3
• 9h-24h diariam • (030) 312 65 89

6. Café Hardenberg
É o café preferido dos estudantes, com ótimo ambiente e bom preço. ◊ Hardenbergstr. 10
• Mapa N3 • 9h-13h diariam • (030) 312 26 44 • não aceita cartões

7. Balzac Coffee
Esta rede alemã de cafés gourmet oferece, além da bebida, lanches. ◊ Knesebeckstraße 1–2
• Mapa N3 • 7h-20h seg-sex, 8h-20h sáb, 8h-19h dom • não aceita cartões

8. Der Kuchenladen
Saboreie torta de limão, bolo crème brûlée ou outras delícias caseiras neste pequeno café.
◊ Kantstr. 138 • Mapa N3 • 10h-18h30 diariam • (030) 31 01 84 24 • Não aceita cartões

9. Café Kleine Orangerie
Pequeno café no jardim no Palácio Charlottenburg.
◊ Spandauer Damm 20 • Mapa A3
• 10h-18h ter-dom • (030) 322 20 21

10. Schwarzes Café
Rock café alternativo, com café da manhã o dia todo.
◊ Kantstr. 148 • Mapa N4 • Aberto 24h
• (030) 313 80 38

Todos os restaurantes aceitam cartões de crédito e servem pratos vegetarianos, exceto quando há indicação do contrário.

Categorias de Preço	
Refeição para uma pessoa com três pratos e meia garrafa de vinho, impostos e serviço.	€ até €20
	€€ €20-€30
	€€€ €30-€45
	€€€€ €45-€60
	€€€€€ acima de €60

O restaurante italiano Ana e Bruno; o Kuchi, na Kantstrasse

TOP 10 Onde Comer

1 Francucci's
Pouco conhecido, este popular restaurante toscano oferece excelentes pizzas, massas caseiras e pratos de peixe e carne criativos. ✆ Kurfürstendamm 90 • Mapa B5 • 12h-24h diariam • (030) 323 33 18 • €€€

2 Alt-Luxemburg
Desde 1982, o chef Karl Wannemacher faz deliciosos clássicos franceses e alemães aqui. ✆ Windscheidstr. 31 • Mapa P1 • 17h-24h seg-sáb • (030) 323 87 30 • €€€€

3 Eiffel
Restaurante francês grande mas charmoso, serve pratos típicos de Berlim e mediterrâneos em mesas ao ar livre. ✆ Kurfürstendamm 105 • Mapa P1 • 9h-1h diariam • (030) 891 13 05 • €€

4 Lubitsch
Um restaurante pequeno e elegante, que serve comida regional fresca. ✆ Bleibtreustr. 47 • Mapa N/P3 • 10h-24h seg-sáb, 18h-24h dom • (030) 882 37 56 • €€

5 Florian
Moderno, reduto de fãs de cinema; especializado em comida do sul da Alemanha. ✆ Grolmanstr. 52 • Mapa N3 • 18h-3h diariam • (030) 313 91 84 • €€

6 First Floor
Um premiado restaurante gourmet que serve comida alemã e francesa. ✆ Budapester Str. 45 • Mapa N5 • 12h-15h, 18h30-23h ter-sáb • (030) 25 02 10 20 • €€€€

7 Quadriga
O famoso chefe finlandês Sauli Kemppainen, um dos fundadores da nova cozinha nórdica, comanda este restaurante agraciado com estrelas do guia Michelin. No menu, carne de rena, caviar e salmão norueguês. ✆ Eislebener Str. 14 • Mapa P5 • 7h-22h30 ter-sáb • (030) 214 050 • €€€€€

8 Marjellchen
Este delicioso restaurante serve pratos substanciosos da Prússia Oriental, da Pomerânia e da Silésia. ✆ Mommsenstr. 9 • Mapa P3 • 17h-24h diariam • (030) 883 26 76 • €€

9 Kuchi
Graças ao requintado sushi e a pratos quentes asiáticos variados, o minimalista Kuchi tem clientela fiel e está entre os melhores sushi-bares da cidade. ✆ Kantstr. 30 • Mapa M3 • 12h-23h diariam • (030) 31 50 78 16 • Não aceita cartões • €€

10 Ana e Bruno
Acolhedor e extremamente elegante, o Ana e Bruno é um dos melhores italianos de Berlim. ✆ Sophie-Charlotten-Str. 101 • Mapa A3 • 17h-24h diariam • (030) 325 71 10 • €€€

Veja mais sobre restaurantes em Berlim nas pp. 74-5

Área por Área – Charlottenburg e Spandau

Pier no Wannsee; Ruínas do castelo em Pfaueninsel; Jacobsbrunnen Pfaueninsel

Grunewald e Dahlem

O VERDEJANTE SUL DE BERLIM é pontuado por numerosos lagos, rios, pequenos castelos, propriedades particulares e mansões residenciais, estradas arborizadas e cafés. Os distritos de Grunewald e Dahlem têm um charme provinciano que sempre atraiu berlinenses ilustres, que constroem casas na região. Há várias atrações no sudoeste de Berlim: os turistas podem fazer longas caminhadas pela floresta de Grunewald, ou passear de barco pelo pitoresco lago até Pfaueninsel, uma ilha com românticas ruínas de um castelo – e um dos destinos preferidos dos moradores locais. Junto ao Wannsee fica a maior praia de interior da Europa, um balneário onde até 40 mil visitantes por dia vêm se divertir, jogar, mergulhar na água e tomar sol nas suas bonitas praias brancas. Também vale a pena visitar o complexo de museus em Dahlem, com suas notáveis coleções de etnografia e arte. Já o Alliiertenmuseum e a Haus der Wannsee-Konferenz relembram um período mais sombrio da história de Berlim.

Um pavão em Pfaueninsel

Destaques

1. Museus Dahlem
2. Pfaueninsel
3. Schloss Klein-Glienicke
4. Gedenkstätte Haus der Wannsee-Konferenz
5. Strandbad Wannsee
6. Alliiertenmuseum
7. Mexikoplatz
8. Grunewald Villas
9. Jagdschloss Grunewald
10. Museumsdorf Düppel

Museus Dahlem

Este complexo com três museus, dedicados a culturas e povos estrangeiros, contêm um dos melhores acervos etnoculturais da Alemanha. O Museu Etnológico guarda cerca de 1 milhão de peças do mundo todo, que incluem cabanas de madeira em tamanho natural e barcos das populações do Sul do Pacífico, além da grande coleção de cerâmica e esculturas em pedra dos maias, astecas e incas. Entre os destaques do Museu de Arte Asiática estão pinturas japonesas, porcelana chinesa, pinturas budistas em cavernas e esculturas indianas antigas. O Museu de Culturas Europeias reúne um amplo acervo de objetos etnográfica e culturalmente importantes de todo o continente. ◊ *Lansstr. 8 (O Museu de Culturas Europeias fica na Arnimallee 25)* • *10h-18h ter-sex, 11h-18h sáb e dom* • *(030) 266 42 42 42* • *Entrada paga*

Peça exposta em um Museu Dahlem

Pfaueninsel

Os visitantes se encantam imediatamente com as ruínas do palácio romântico e com os pavões que passeiam por aqui. A Ilha Wannsee, que só pode ser acessada de barco, é um dos pontos mais charmosos para passear em Berlim *(p. 70)*.
◊ *Pfaueninselchaussee* • *10h-anoitecer diariam* • *(030) 80 58 68 30* • *Entrada paga (castelo)*

Grifo no Schloss Klein-Glienicke

Schloss Klein-Glienicke

Um dos mais bonitos palácios Hohenzollern em Berlim, este castelo romântico e seu grande parque foram construídos por Schinkel em 1824-60 como residência de verão do príncipe Carl da Prússia. Os jardins, projetados por Peter Joseph Lenné, escondem vários segredos – como os dois pavilhões, "Große" e "Kleine Neugierde" (grande e pequena curiosidade), uma casa num jardim e uma casa de chá, um cassino sobre a água (antigo apartamento de hóspedes) e a Orangerie (estufa). ◊ *Königstr. 36* • *Abr-out: 10h-18h ter-dom; nov-mar: 10h-17h sáb e dom* • *(0331) 969 42 00* • *Entrada paga*

Gedenkstätte Haus der Wannsee-Konferenz

É difícil acreditar que algo tão horrendo como o holocausto tenha sido planejado nesta bela mansão num ponto pitoresco do Wannsee. Construído em 1914-5 por Paul Baumgarten no estilo de um palacete neobarroco para o empresário Ernst Marlier, foi aqui que a elite nazista, da qual fazia parte Adolf Eichmann, reuniu-se em 20 de janeiro de 1942 para discutir os detalhes do extermínio em massa de judeus. Uma exposição no memorial documenta tanto a conferência como suas consequências, assim como a história da mansão.
◊ *Am Großen Wannsee 56-8* • *10h-18h diariam* • *(030) 805 00 10* • *Entrada gratuita*

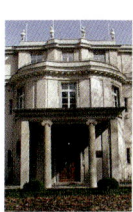

A neobarroca Gedenkstätte Haus

Haus der Wannsee-Konferenz: www.ghwk.de

Área por Área – Grunewald e Dahlem

Prússia e Antiguidade

A partir de 1821, o paisagista Peter Joseph Lenné e o arquiteto Karl Friedrich Schinkel tentaram transformar a área rural de Potsdam e seus bosques e lagos numa "ilha paradisíaca". Sua concepção se baseava nas ideias clássicas de um conjunto harmonioso entre arquitetura e paisagem, segundo a visão idealizada da antiguidade que predominava no período neoclássico. O estilo arquitetônico dos palácios prussianos remonta, portanto, aos modelos grego e romano e à Renascença italiana.

Mansão no nº 23 da Toni-Lessler-Straße

Strandbad Wannsee

5 A maior ilha interior da Europa é um lugar surpreendentemente pitoresco à beira de uma grande cidade, e atrai até 40 mil visitantes por dia. O balneário na praia do lago foi construído em 1929-30 como área de lazer para operários dos bairros vizinhos *(p. 66)*. ◈ *Wannseebadeweg 25 • Ligue para informar-se sobre os horários: (030) 803 54 50 • Entrada paga*

Alliiertenmuseum

6 Os visitantes passeiam por este museu relembrando os 50 e tantos anos de parceria entre os Aliados e Berlim Ocidental. O museu, sediado num antigo quartel dos EUA, usa uniformes, documentos, armas e equipamento militar para contar a história de Berlim no pós-guerra, embora não apenas do ponto de vista militar.
◈ *Clayallee 135 • 10h-18h diariam exceto qua • (030) 818 19 90 • Entrada gratuita*

Mexikoplatz

7 A idílica Mexikoplatz, no bairro de Zehlendorf, região sul, é uma das praças mais envolventes e de arquitetura mais fascinante de Berlim. Os dois espaços verdes circulares no centro são flanqueados por elegantes blocos de apartamentos art nouveau semicirculares, e diante deles fica a última estação S-Bahn em estilo art déco de Berlim. Os edifícios amarelos são cobertos por telhados verdes, e no verão as sacadas ficam cheias de plantas e flores. Algumas das mansões mais magníficas de Berlim ficam na Argentinische e na Lindenthaler Allee. Muitas celebridades moram na área em volta da praça. ◈ *Mexikoplatz*

Grunewald Villas

8 Algumas das mansões mais atraentes de Berlim, construídas no século XIX, ficam nas ruas em volta da estação S-Bahn de Grunewald. Vale a pena ver principalmente as casas dos nºˢ 15 e 11 da Winklerstraße, esta última construída por Hermann Muthesius no estilo de uma mansão rural inglesa. A Villa Maren, no nº 12 vizinho, é um belo exemplo de estilo neorrenascentista. Também vale a pena dar uma olhada nas mansões da Toni-Lessler-Straße e da Furtwänglerstraße.
◈ *Am Großen Wannsee*

Mansão no nº 11 da Winklerstraße

Veja mais sobre o Alliiertenmuseum em www.alliiertenmuseum.de

Jagdschloss Grunewald

Jagdschloss Grunewald

9 Este pequeno palácio de fachada branca é o mais antigo de Grunewald. Foi construído em 1542 e servia de pavilhão de caça para os eleitores. A edificação, uma mistura dos estilos renascentista e barroco, abriga valiosas obras de Lucas Cranach, o Velho, e retratos de membros ilustres da família Hohenzollern, feitos nos séculos XVI-XIX. *Hüttenweg 100, Grunewaldsee • abr-out: 10h-18h ter-dom; nov-mar: somente visitas guiadas, 11h, 13h e 15h sáb-dom • (030) 813 35 97 • Entrada paga*

Museumsdorf Düppel

10 Este museu ao ar livre em Düppel é um lembrete de que Berlim era formada por uma série de vilas, e um dos seus assentamentos mais antigos remonta ao século XIII. Este museu vivo é animado por atores que, trajados a caráter, representam cenas da vida diária da Idade Média. Há fascinantes demonstrações ao vivo de ofícios antigos como o de padeiro, ceramista e cesteiro. Cultivam-se plantas, como na época medieval, em função de sua utilização prática. *Clauertstr. 11 • Abr-out: 15h-19h qui, 10h-17h dom • (030) 802 66 71 • Entrada paga*

Museumsdorf Düppel

Um Dia no Sul

Manhã

Comece seu passeio matinal pelos bairros do sul de Berlim pegando o trem S-Bahn (linha S1) até **Mexikoplatz**. Aqui você pode admirar as belas mansões e a bonita praça arborizada antes de entrar no **Café Krone** na Argentinische Allee para um café da manhã tardio. Em seguida, continue a pé ou de ônibus (nº 118) em direção ao sul, até chegar ao museu ao ar livre **Museumsdorf Düppel**. Daqui, volte de ônibus pela Argentinische Allee até o **Alliiertenmuseum**. Do museu você pode passear pela Königin-Luise-Straße e pelas pitorescas ruas dos arredores até a cervejaria ao ar livre **Luise** *(p. 93)*, perto da Universidade Livre, onde talvez queira almoçar.

Tarde

Inicie a caminhada da tarde pelos **Museus Dahlem** *(p. 89)*. Depois de desfrutar desta etapa cultural, continue de metrô U-Bahn (U3, Dahlem-Dorf) até o Krumme Lanke, e daqui, a pé, até a estação S-Bahn Mexikoplatz. O trem S-Bahn irá levá-lo até a estação Wannsee S-Bahn, de onde você tem acesso a todas as atrações do sudoeste de Berlim. Se fizer bom tempo, visite o **Strandbad Wannsee** ou a **Gedenkstätte Haus der Wannsee-Konferenz** *(p. 89)* e depois admire o parque e o **Schloss Klein-Glienicke** *(p. 89)*. Depois da caminhada, nada como um café com bolo, ou um jantar no **Restaurant Remise im Schloss Glienicke** *(p. 93)*. A melhor opção para voltar é pegar o trem S-Bahn em Wannsee.

Área por Área – Grunewald e Dahlem

Veja mais sobre o Museumsdorf Düppel em **www.dueppel.de**

Onkel-Tom-Siedlung; St.-Annen-Kirche; Fachada da Universidade Livre

O Melhor de Tudo

1. Museu ao Ar Livre Domäne Dahlem
Aprenda sobre técnicas de agricultura orgânica nesta histórica fazenda. ⌖ *Königin-Luise-Str. 49* • *10h-18h seg, qua-dom* • *(030) 666 30 00* • *Entrada paga*

2. Grunewaldturm
Torre vermelha neogótica de tijolo, erguida em 1897 como memorial ao kaiser Guilherme I. ⌖ *Havelchaussee*

3. Onkel-Tom-Siedlung
Este núcleo estilo "Cabana do Pai Tomás", de 1926-32, projeto de Bruno Taut e outros, pretendia ser um conjunto habitacional moderno para operários, diferente de seus velhos blocos de cômodos. ⌖ *Argentinische Allee*

4. Universidade Livre
O campus da maior universidade de Berlim, fundada em 1948 para rivalizar com a Universidade Humboldt de Berlim Oriental, cobre grande área de Dahlem. Vale a pena ver o Henry-Ford-Bau da década de 1950 e a Biblioteca de Filologia, projetada por sir Norman Foster. ⌖ *Habelschwerdter Allee 45* • *Biblioteca: 9h-22h seg-sex (até 17h sáb e dom)*

5. Teufelsberg
Tanto a montanha quanto o lago, o verde-escuro Teufelssee, são destinos populares para os locais, para empinar pipa e andar de bicicleta. Muitos ficam nus para nadar no lago e tomar sol.

6. St.-Peter-und-Paul-Kirche
Esta charmosa igreja de pedra, construída em 1834-7 por F.A. Stüler, lembra as igrejas russas ortodoxas e é usada para casamentos. ⌖ *Nikolskoer Weg 17* • *11h-16h diariam* • *(030) 805 21 00*

7. Blockhaus Nikolskoe
Esta *dacha* em estilo russo, de 1819, foi presente do rei Frederico Guilherme III à filha Charlotte e seu genro, futuro czar Nicolau I. ⌖ *Nikolskoer Weg 15* • *10h30-18h diariam (até 22h no verão)* • *(030) 805 29 14*

8. Heinrich von Kleist's Tomb
O dramaturgo alemão Kleist e sua companheira Henriette Vogel suicidaram-se aqui em 1811 e estão enterrados juntos (perto da passarela da S-Bahn). ⌖ *Bismarckstr. 3, Am Kleinen Wannsee*

9. St.-Annen-Kirche
Esta igreja gótica do século XIV tem murais muito interessantes, que retratam cenas da vida de Santa Ana, e também figuras de santos do Gótico Tardio e um púlpito barroco. ⌖ *Königin-Luise-Str./Pacelliallee*

10. Liebermann-Villa
A casa do pintor berlinense Max Liebermann fica às margens do lago Wannsee e é cercada por um lindo jardim. Hoje, o local abriga um museu com obras do artista. ⌖ *Colomierstr. 3* • *Verão: 10h-18h qua-seg (até 19h qui); inverno: 11h-17h qua-seg*

Placa do Fortshaus Paulsborn; Refeição ao ar livre na Blockhaus Nikolskoe

Categorias de Preço	
Refeição para uma pessoa com três pratos e meia garrafa de vinho, impostos e serviço.	€ até €20
	€€ €20-€30
	€€€ €30-€45
	€€€€ €45-€60
	€€€€€ acima de €60

Onde Comer

Haus Sanssouci
Com fantástica vista para o Wannsee, este restaurante em estilo casa de campo serve sobretudo comida alemã, mas também promove noites com cardápios especiais. Possui três quartos de hóspedes. Ⓢ *Am Großen Wannsee 60* • 11h30-23h ter-dom • (030) 805 30 34 • €€-€€€

Forsthaus Paulsborn
Este restaurante rústico junto ao Jagdschloss Grunewald ocupa um antigo alojamento de caça. Ⓢ *Hüttenweg 90* • verão: 11h-23h ter-dom; inverno: 12h-19h ter-dom (21h sex e sáb) • (030) 818 19 10 • €€€

Wirtshaus Schildhorn
Nouvelle cuisine em Grunewald. No verão, você pode comer seu *bratwurst* ao ar livre, num local pitoresco à beira do rio Havel. Ⓢ *Havelchaussee/Straße am Schildhorn 4a* • verão: 12h-24h diariam; inverno: 12h-22h sáb e dom • (030) 30 88 35 00 • €€

Blockhaus Nikolskoe
Comida alemã, numa histórica cabana de troncos imitando uma *dacha* russa. Ⓢ *Nikolskoer Weg 15* • a partir de 10h30 diariam • (030) 805 29 14 • não aceita cartões • €€

Wirtshaus zur Pfaueninsel
Local pequeno, que serve comida alemã típica ao ar livre. Ponto ideal para fazer um lanche antes de visitar Pfaueninsel. Ⓢ *Pfaueninselchaussee 100* • verão: 10h-20h diariam; inverno: 10h-18h qua-seg • (030) 805 22 25 • €€

Alter Krug Dahlem
Relaxe nesta grande cervejaria ao ar livre com bancos de balanço e churrasqueira. Ⓢ *Königin-Luise-Str. 52* • 10h-24h diariam • (030) 832 70 00 • €€-€€€

Luise
Uma das melhores cervejarias ao ar livre de Berlim, no campus da Universidade Livre, sempre lotada e com bom ambiente. Vale a pena provar suas saladas e sanduíches deliciosos. Ⓢ *Königin-Luise-Str. 40* • 10h-1h diariam • (030) 841 8880 • €€

Grunewaldturm- -Restaurant
Este restaurante é um ótimo lugar para relaxar depois de uma caminhada, com vistas do Wannsee. Ⓢ *Havelchaussee 61* • 10h-19h diariam • (030) 4172 0001 • €€

Restaurant Remise im Schloss Glienicke
Este restaurante oferece cozinha sofisticada e uma ótima paisagem; serve pratos leves de peixe e saladas no verão, caça e assados no inverno. Ⓢ *Königstr. 36* • Mar-jan: 11h-até tarde diariam • (030) 805 40 00 • €€€

Chalet Suisse
Hospitalidade suíça e ambiente aconchegante são a ordem do dia no Chalet Suisse. Cozinha suíça local e refinada, caracterizada claramente no cardápio. Ⓢ *Clayallee 99* • 12h-24h diariam • (030) 832 63 62 • €€€

Nas páginas seguintes, **interior da cúpula do Reichstag**

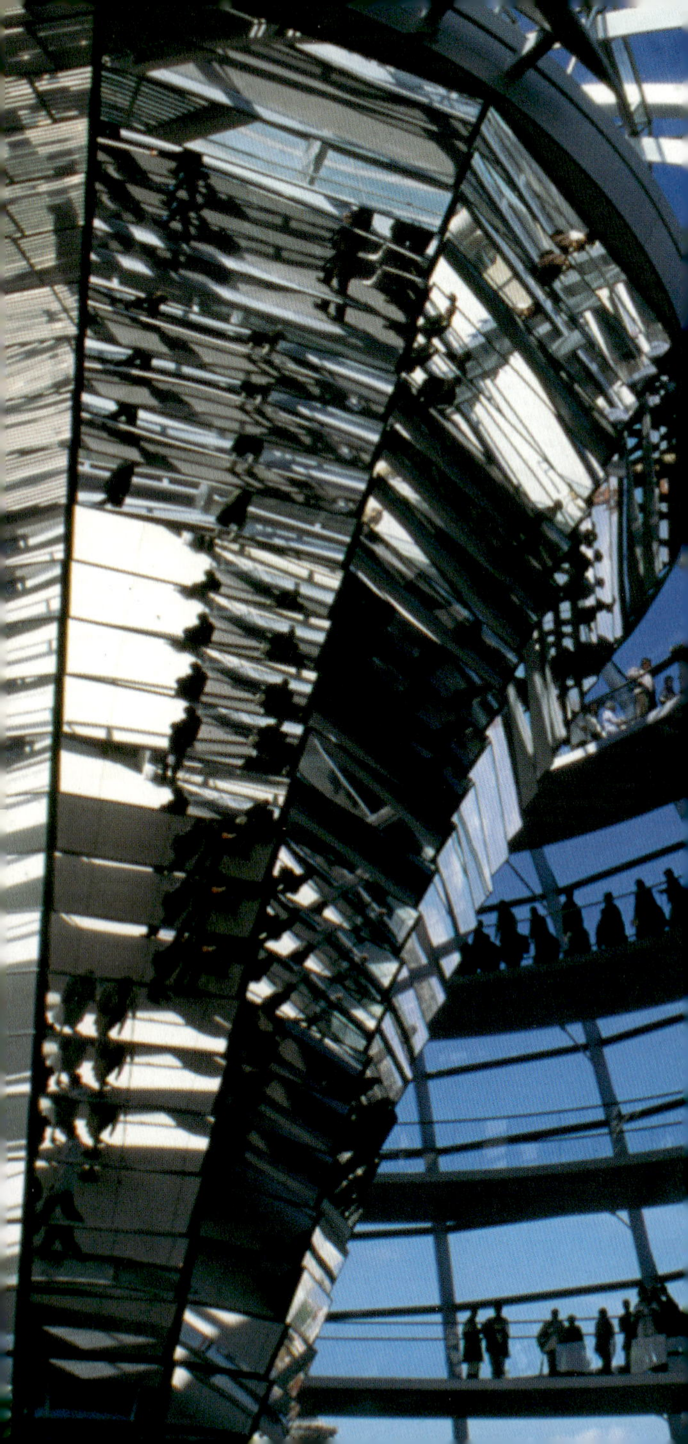

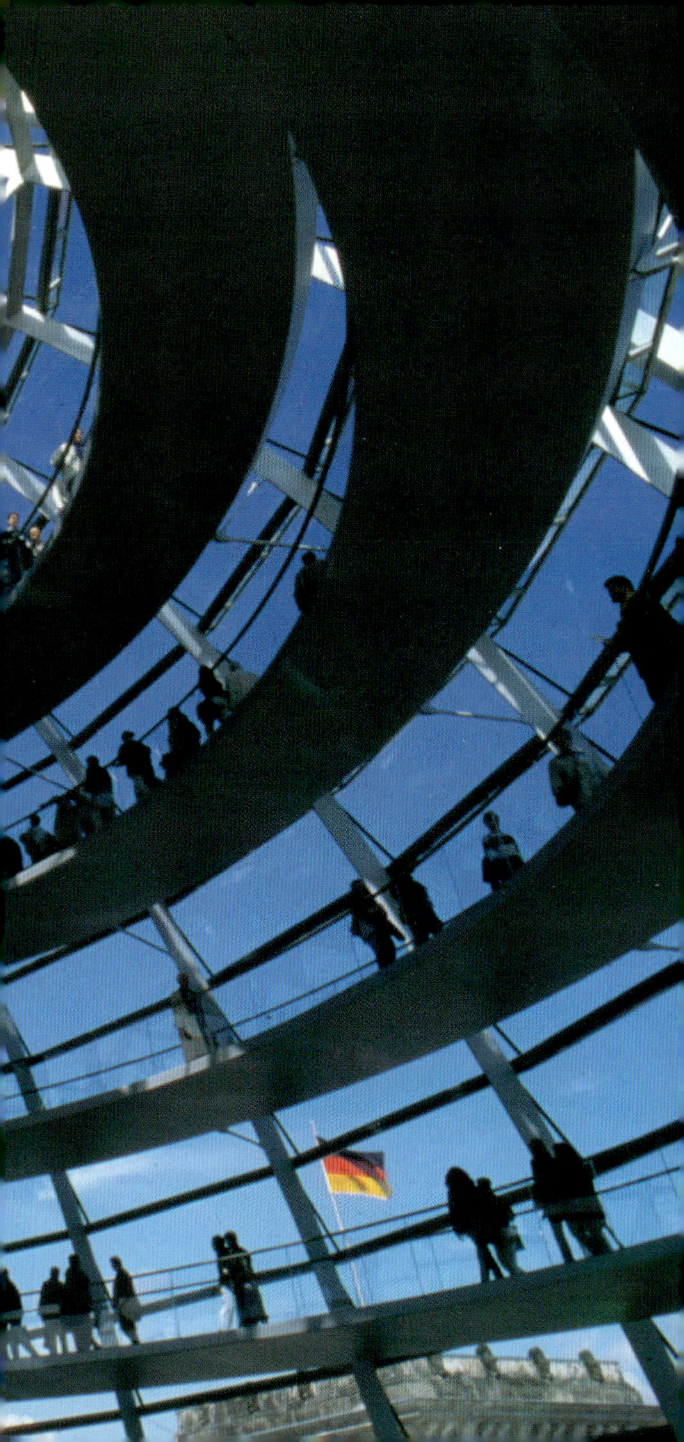

Haus der Kulturen der Welt; Tiergarten; Shell-Haus

Tiergarten e Distrito Federal

EM 1999, O CENTRO VERDE *de Berlim tornou-se o distrito governamental. Em volta do Tiergarten, maior e mais popular dos parques de Berlim, erguem-se o Reichstag, o Bundeskanzleramt e a Schloss Bellevue, sede do presidente da República Federal da Alemanha. O próprio Tiergarten é um ótimo lugar para passear e andar de bicicleta, e tem ainda o Neuer See, o rio Spree e o zoológico da cidade. No verão, seus gramados são usados para jogar futebol e fazer churrascos.*

Destaques

1. Reichstag
2. Kulturforum
3. Großer Tiergarten
4. Siegessäule
5. Diplomatenviertel
6. Hamburger Bahnhof
7. Sowjetisches Ehrenmal
8. Gedenkstätte Deutscher Widerstand
9. Hansa-Viertel
10. Villa Von der Heydt

O Reichstag reformado

Área por Área – Tiergarten e Distrito Federal

1. Reichstag
Mais do que qualquer outro marco de Berlim, o Reichstag – sede do parlamento alemão – tornou-se o símbolo da história alemã *(pp. 10-1)*.

2. Kulturforum
Este complexo único de edifícios abriga os melhores museus e salas de concerto de Berlim ocidental *(pp. 32-5)*.

3. Großer Tiergarten
O Großer Tiergarten é o maior parque de Berlim, com uma área de 200ha, entre as partes oriental e ocidental da cidade. Antiga área de caça do Eleitor, foi redesenhado na década de 1830 como parque por Peter Joseph Lenné. No final do século XIX, foi criado o Siegesallee na parte leste do parque, com mais de 500m de extensão, ocupado por estátuas de monarcas e políticos. Após a Segunda Guerra Mundial, a população esfomeada e morrendo de frio derrubou quase todas as árvores para conseguir lenha e usou os gramados para cultivar alimentos. Graças ao reflorestamento promovido a partir da década de 1950, o Tiergarten virou hoje o espaço verde favorito e o pulmão da cidade. ◈ *Tiergarten • Mapa M5/6*

4. Siegessäule
No meio do Tiergarten ergue-se a grande Coluna Vitória, com 62m de altura, construída para celebrar a vitória prussiana contra a Dinamarca na guerra de 1864. Após a vitória sobre a Áustria, em 1866, e sobre a França, em 1871, a estrutura foi coroada por uma estátua dourada da deusa Vitória pesando 35t. A plataforma de observação, 285 degraus acima, oferece magníficas vistas *(p. 39)*. ◈ *Großer Stern • Mapa M6 • Entrada paga*

Estátua na Siegessäule

5. Diplomatenviertel
No fim do século XIX foi criada esta área exclusiva para as embaixadas. Seu limite ainda é demarcado por dois pomposos edifícios fascistas (as embaixadas da Itália e do Japão, de 1938 e 1943, respectivamente). A maioria das construções foi destruída na Segunda Guerra Mundial e, até a reunificação da Alemanha, as demais ficaram praticamente abandonadas. Após a sede do governo retornar de Bonn a Berlim, em 1999, o "quarteirão dos diplomatas" ganhou nova vida e, graças à sua arquitetura diferenciada, tornou-se uma das regiões mais interessantes da cidade. Vale a pena ver sobretudo as embaixadas da Áustria e da Índia, situadas na Tiergartenstraße, assim como as embaixadas dos países nórdicos e do México, que ficam na Klingelhöferstraße *(p. 41)*. ◈ *Entre a Stauffenbergstr. e a Lichtensteinallee, e também ao longo da Tiergartenstr. • Mapa E4*

Fachada superior da Embaixada do Japão; Embaixada da Áustria

Veja mais sobre arquitetura moderna nas **pp. 40-1**

Peter Joseph Lenné

Lenné (1789-1866), considerado o mais importante arquiteto paisagista da Alemanha, nasceu numa família de jardineiros de Bonn. Ele estudou em Paris e trabalhou como aprendiz nos Jardins Reais de Potsdam, em 1816. Lá conheceu Schinkel e, juntos, os dois homens passaram a projetar os parques de Berlim e Potsdam no estilo harmonioso da época.

Entrada principal do Bendlerblock

6 Hamburger Bahnhof

A antiga estação de trem de Hamburgo, hoje o "Museu dos Dias Atuais", tem uma seção mista de pinturas contemporâneas e das mais recentes obras de arte e instalações multimídia. Um dos destaques é a coleção particular de Erich Marx, que inclui obras de Beuys e outros. Além de vários nomes consagrados como Andy Warhol, Jeff Koons e Robert Rauschenberg, tem ainda obras de Anselm Kiefer e Sandro Chiao. ⓢ *Invalidenstr. 50-1 • Mapa F2 • 10h-18h ter-sex (20h qui), 11h-18h sáb e dom • Entrada paga*

7 Sowjetisches Ehrenmal

O gigantesco memorial soviético perto do Portão de Brandemburgo foi inaugurado em 7 de novembro de 1945, aniversário da Revolução Russa. É flanqueado por dois tanques, supostamente os dois primeiros a entrarem em Berlim. O memorial homenageia os 300 mil soldados do Exército Vermelho que morreram na Segunda Guerra Mundial no esforço para libertar Berlim. Ainda hoje é repetida a falsa história de que a grande coluna foi construída com blocos de mármore da Chancelaria de Hitler. A coluna, projetada por Nicolai Sergijevski, é coroada por uma imensa estátua de bronze de Lev Kerbel. Depois do memorial, estão enterrados 2.500 soldados russos. ⓢ *Straße des 17. Juni • Mapa K2*

Sowjetisches Ehrenmal

8 Gedenkstätte Deutscher Widerstand

O complexo criado na década de 1930, hoje conhecido como Bendlerblock, fica depois do antigo Ministério Prussiano da Guerra. Durante a Segunda Guerra Mundial serviu como quartel-general do Exército. Foi aqui que um grupo de oficiais planejou assassinar Adolf Hitler. Quando a tentativa falhou, em 20 de julho de 1944, Claus Schenk, conde de Stauffenberg, e os demais envolvidos ficaram presos no Bendlerblock, e muitos deles foram fuzilados no pátio durante a noite. Um memorial, criado por Richard Scheibe em 1953, lembra esses eventos. No andar superior há uma pequena exposição documentando a resistência alemã ao regime nazista. Hoje o Bendlerblock foi incorporado à seção berlinense do Ministério Federal da Defesa. ⓢ *Stauffenbergstr. 13-4 • Mapa E4 • 9h-18h seg-qua e sex, 9h-20h qui, 10h-18h sáb e dom • (030) 26 99 50 00*

Memorial Lortzing, no Tiergarten

Hansa-Viertel

Situada a oeste do Schloss Belveue, Hansa foi construída para a exposição de arquitetura Interbau, em 1957. Bombardeios na Segunda Guerra Mundial arrasaram Tiergarten, e 36 complexos residenciais foram construídos no parque, com projeto de arquitetos de renome, como Walter Gropius (Händelallee 3-9), Alvar Aalto (Klopstockstr. 30-2) e Oscar Niemeyer (Altonaer Str. 4-14).
Tiergarten, Hanseatenweg • Mapa D3

Villa Von der Heydt

Esta *villa* é um dos poucos exemplos sobreviventes do Neoclassicismo tardio, estilo arquitetônico típico das mansões de Tiergarten. Foi construída em 1860-1, segundo projeto de Hermann Ende e G.A. Linke, numa das mais elegantes áreas residenciais da época. Desde 1980 é a sede da Fundação do Patrimônio Prussiano. *Von-der-Heydt-Str. 18 • Mapa E4*

A mansão Von der Heydt

Passeio de Um Dia

Manhã

Comece o passeio pelo Tiergarten no **Reichstag** *(pp. 10-1)*. A partir deste ponto, explore o distrito federal começando pelo Bundeskanzleramt (escritório do primeiro-ministro, na diagonal em frente).

Pare no restaurante **Käfer** *(p. 101)*, no Reichstag, para um café da manhã. Seguindo a John-Foster-Dulles-Allee você passará pelo Carrilhão e pela Haus der Kulturen der Welt, a caminho do **Großer Tiergarten** *(p. 97)*. Continue por um dos caminhos pelo interior do parque, bem em frente ao velho Kongresshalle, até chegar à Straße des 17. Juni. Virando à direita, você segue direto para a **Siegessäule** *(p. 97)*. Daqui, pegue a Fasanerieallee no sentido sudoeste até chegar ao **Café am Neuen See** *(p. 101)*, onde poderá almoçar.

Tarde

Faça um passeio pelo **Bairro das Embaixadas** *(p. 97)*. Do Neuer See, siga alguns passos pela Lichtensteinallee e pegue a Thomas-Dehler-Straße no sentido leste para chegar à Klingelhöferstraße e às embaixadas nórdicas. Na Tiergartenstraße você passará, entre outras, pelas embaixadas do Japão, Itália, Índia e Áustria. Daqui você pode continuar no sentido sul pela Klingelhöferstraße, fazendo uma pequena parada no **Café Einstein** *(p. 101)*. Depois, seguindo pela Lützowufer você chega ao complexo **Kulturforum** *(pp. 32-5)*, passando pela Potsdamer Brücke. Uma boa opção para jantar é o **Vox** *(p. 74)*.

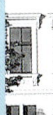

Área por Área – Tiergarten e Distrito Federal

Neuer See; O Löwenbrücke; Embaixada da Estônia e da Grécia (ruínas)

Tesouros Ocultos

Neuer See
Cintilando num tom misterioso de verde-esmeralda, o maior lago de Tiergarten é perfeito para remar. Depois, reponha as energias no Café am Neuen See. ❧ *Estação S-Bahn Tiergarten • Mapa M5*

Löwenbrücke
A Ponte do Leão, que cruza um pequeno riacho perto do Neuer See, fica "suspensa" pelas esculturas de quatro leões. Este local idílico é o ponto de encontro favorito dos gays de Berlim. ❧ *Großer Weg • Mapa M5*

Lortzing-Denkmal
Existem 70 estátuas de filósofos, poetas e estadistas no Tiergarten. A estátua do compositor Lortzing, situada em uma das extremidades do Neuer See, é uma das mais bonitas.
❧ *Östlicher Großer Weg • Mapa M5*

Casas Flutuantes
Ancoradas nas margens do Spree ficam algumas das poucas casas flutuantes que restaram em Berlim – um paraíso idílico no meio da cidade. ❧ *Straße des 17. Juni, Tiergartenufer • Mapa M3*

Carrilhão
O *carillon*, consagrado em 1987, é o maior de seu tipo na Europa. Os 68 sinos são tocados diariamente às 12h e às 18h na torre negra de 42m de altura.
❧ *John-Foster-Dulles-Allee (Haus der Kulturen der Welt) • Mapa E3 • Concertos ao ar livre: 15h dom mai-set*

Englischer Garten
O jardim em estilo inglês perto do Schloss Bellevue é o local ideal para passear ou saborear uma bebida quente no Teehaus.
❧ *An der Klopstockstr. • Mapa M5*

Embaixada da Estônia
Numa rua tranquila perto das ruínas da Embaixada da Grécia, este edifício é típico do bairro das embaixadas. ❧ *Hildebrandstr. 5 • Mapa E4*

Locks
As duas eclusas do canal (com bares ao ar livre), atrás do zoo, levam os visitantes pelo represado Landwehrkanal e são locais populares para descansar. ❧ *No zoológico, estação S-Bahn Tiergarten • Mapa M5*

Luz a gás em Tiergarten
As 80 históricas luminárias a gás de Tiergarten permitem um passeio noturno romântico. ❧ *Na estação S-Bahn Tiergarten • Mapa M5*

Landwehrkanal
As margens gramadas do Landwehrkanal são ótimas para relaxar. ❧ *Corneliusstr. • Mapa M/N5/6*

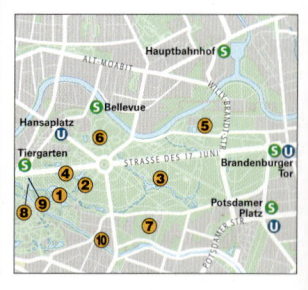

Café am Neuen See; Café Einstein

Categorias de Preço

Refeição para uma pessoa com três pratos e meia garrafa de vinho, impostos e serviço.	€ até €20
	€€ €20-€30
	€€€ €30-€45
	€€€€ €45-€60
	€€€€€ acima de €60

Onde Comer

1 Café am Neuen See
Restaurante, café e cervejaria ao ar livre, localizado na praia do lago. O "café da manhã italiano" é ótimo. ◎ *Tiergarten, Neuer See, Lichtensteinallee 2 • Mapa M5 • Mar-out: 9h-23h diariam; nov-fev: 10h-20h sáb e dom • (030) 254 49 30 • €€*

2 Schleusenkrug
Este café junto a uma eclusa, com um jardim para tomar cerveja, fica cheio de estudantes. ◎ *Tiergarten-Schleuse • Mapa M5 • 10h-1h diariam (até 19h inverno) • (030) 313 99 09 • não aceita cartões • €*

3 Café Einstein
Numa mansão do astro do cinema Henny Porten, é o mais moderno no estilo vienense. ◎ *Kurfürstenstr. 58 • Mapa E5 • 8h-1h diariam • (030) 26 39 19 18 • €€€*

4 Käfer im Reichstag
Restaurante ambicioso, mais famoso por sua vista do que pela comida. ◎ *Platz der Republik • Mapa K2 • 9h-24h • (030) 22 62 99 35 • €€€€*

5 Lochner
Restaurante com ótima comida alemã tradicional. ◎ *Lützowplatz 5 • Mapa E4 • a partir das 18h ter-dom • (030) 23 00 52 20 • €€€€*

6 Lutter & Wegner Potsdamer Platz
Filial do restaurante Lutter & Wegner *(p. 75)* com ótimos pratos da cozinha de Berlim e austro-francesa, no histórico cenário da década de 1920 do Grand Hotel Esplanade. ◎ *Bellevuestr. 1 • Mapa F4 • 11h-1h • (030) 26 39 03 72 • €€€*

7 Lorenz Adlon Esszimmer
O menu deste restaurante com estrelas do guia Michelin, dentro do Adlon Hotel, traz excelente culinária europeia. ◎ *Unter den Linden 77 • Mapa K3 • 7h-22h30 ter-sáb • (030) 22 61 19 60 • €€€€€*

8 Brasserie Desbrosses
Restaurante francês histórico e atraente. Tem frutos do mar excelentes. ◎ *Potsdamer Platz 3 • Mapa F4 • 6h30-23h diariam • (030) 337 77 63 41 • €€€€*

9 Paris-Moskau
Restaurante clássico que serve comida sazonal, com ênfase nos pratos de caça e em frutos do mar. ◎ *Alt-Moabit 141 • Mapa J1 • 18h-24h diariam • (030) 394 20 81 • €€€*

10 Focaccia, Pasta & Pizza
Pequeno restaurante italiano com a melhor pizza da cidade. ◎ *Alt-Moabit 51 • Mapa C3 • 12h-18h seg-sex • (0176) 26 12 38 23 • Não aceita cartões • €*

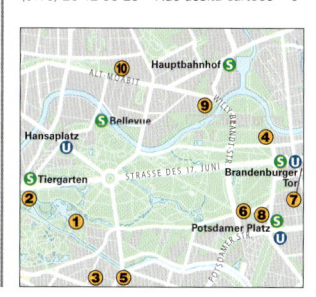

> Todos os restaurantes aceitam cartões de crédito e servem pratos vegetarianos, exceto quando há indicação do contrário.

Área por Área – Tiergarten e Distrito Federal

Martin-Gropius-Bau; Portal em Schöneberg; Shield, Jüdisches Museum

Kreuzberg e Schöneberg

ANTES DA QUEDA DO MURO, *Kreuzberg* era o distrito mais ilustre de Berlim e ainda se caracteriza como a área mais colorida da cidade. Nos edifícios de apartamentos históricos renovados vivem famílias, médicos, advogados, artistas e estudantes. Pessoas do mundo todo migraram para este distrito, tornando-o uma região interessante, diversificada e cada vez mais valorizada. O bairro vizinho de Schöneberg é bem mais tranquilo; esta parte da cidade não é tão experimental quanto Kreuzberg, nem tão elegante quanto Charlottenburg – aqui Berlim é apreciada simplesmente por seus habitantes.

A Winterfeldtplatz tem vários barzinhos atraentes, e na área em volta da Nollendorfplatz ruas inteiras foram tomadas e transformadas pela cena gay de Berlim, com suas lojas, bares e casas noturnas.

Estátua na Mehringplatz

Destaques

1. Deutsches Technikmuseum
2. Jüdisches Museum
3. Checkpoint Charlie
4. Topographie des Terrors
5. Anhalter Bahnhof
6. Oranienstraße
7. Nollendorfplatz
8. Viktoriapark
9. Martin-Gropius-Bau
10. Riehmers Hofgarten

Deutsches Technikmuseum

A história da tecnologia e dos ofícios é o tema deste fascinante museu, que fica numa antiga estação de trem. Ele mostra o desenvolvimento da aviação por meio de 40 aeronaves, inclusive um Junkers Ju 52 e um "bombardeiro de uvas-passas", avião usado para lançar alimentos em Berlim. Velhos barcos e locomotivas a vapor lembram os dias da Revolução Industrial. ◎ *Trebbiner Str. 9 • Mapa F5 • 9h-17h30 ter-sex, 10h-18h sáb, dom • (030) 90 25 40 • Entrada paga (grátis para crianças após as 15h)*

Jüdisches Museum

O Museu Judaico tem uma arquitetura única, e é um dos museus mais fascinantes de Berlim. Suas coleções dão uma visão geral de quase mil anos de história cultural alemã-judaica; há uma exposição especial mostrando como era o cotidiano judaico em Berlim a partir do final do século XIX *(p. 46)*. ◎ *Lindenstr. 9-14 • Mapa G5 • 10h-22h seg, 10h-20h ter-dom • (030) 25 99 33 00 • Entrada paga*

Checkpoint Charlie

A Haus am Checkpoint Charlie, perto do antigo posto de fronteira das forças aliadas, abriga uma exposição sobre a história do Muro e os diferentes meios que as pessoas usavam para tentar escapar de Berlim

Antiga placa do Checkpoint Charlie

Oriental para o lado ocidental, de balões de ar quente até carros com fundo falso. Do antigo posto de controle restou apenas uma réplica. ◎ *Friedrichstr. 43-5 • Mapa G4 • 9h-22h diariam • (030) 253 72 50 • Entrada paga*

Topographie des Terrors

Depois de 1934, três terríveis instituições nazistas foram sediadas nesta área: o serviço de segurança (Sicherheitsdienst, SD) ficava na Wilhelmstraße, 102, no Prinz-Albrecht-Palais; a escola de artes e ofícios na Prinz-Albrecht-Straße, 8, era a sede da Gestapo; e Heinrich Himmler, chefe da SS, morava ao lado no nº 9, no Hotel Prinz Albrecht. Após a Segunda Guerra Mundial, os edifícios foram demolidos, exceto os porões onde entre 1933-45 os prisioneiros haviam sido interrogados e torturados. Um surpreendente centro de documentação, projetado pela arquiteta berlinense Ursula Wilms, foi inaugurado em maio de 2010. ◎ *Niederkirchnerstr. 8 • Mapa F4 • 10h-18h diariam (20h mai-set) • (030)*

Deutsches Technikmuseum; Mostra sobre o nazismo, Topographie des Terrors

Veja mais sobre o Deutsches Technikmuseum em **www.sdtb.de**

Área por Área – Kreuzberg e Schöneberg

Placa na Nollendorfplatz; Fachada do Metropol; Anhalter Bahnhof, ruínas

Anhalter Bahnhof

5 Restaram apenas alguns fragmentos desta estação de trem, que um dia já foi a maior da Europa. A estrutura gigante foi construída em 1880 por Franz Schwechten como vitrine da cidade: a ideia era que os visitantes oficiais ficassem impressionados com o esplendor da capital germânica logo em sua chegada ao Império. Em 1943, a estação foi muito danificada por bombas e, na década de 1960, acabou sendo demolida. A área deserta em frente à fachada destinava-se a ser um parque; hoje o Tempodrom fica aqui, e abriga concertos e shows de cabaré. *Askanischer Platz 6-7 • Mapa F5*

Oranienstraße

6 A Oranienstraße é o coração de Kreuzberg. É a rua mais agitada, colorida e extravagante do bairro, onde lojas de roupa e barzinhos disputam espaço com pontos de venda de *doner kebab* e quitandas turcas. Todos os aspectos da vida e da política de Kreuzberg estão centrados em torno desta rua. *Entre Lindenstr. e Skalitzer Str. • Mapa H5*

Banca de flores no Winterfeldtmarkt

Nollendorfplatz

7 A Nollendorfplatz e a vizinha Winterfeldtplatz ficam no centro de Schöneberg. A primeira dessas praças sempre foi um núcleo gay em Berlim, e uma placa na estação U-Bahn Nollendorfplatz homenageia os cerca de 5 mil homossexuais mortos em campos de concentração nazistas. Hoje a cena gay se concentra mais nas ruas ao redor da praça. Antes da Segunda Guerra Mundial, a Nollendorfplatz era também um núcleo de entretenimento. O Metropol-Theater, hoje uma discoteca, era então dirigido pelo inovador diretor Erwin Piscator. E ao lado morava o escritor Christopher Isherwood, cujo romance foi a base do famoso musical "Cabaré". *Mapa E5*

A Berlim Turca

Na década de 1960, milhares de turcos *gastarbeiter* ("trabalhadores convidados") vieram a Berlim preencher a escassez de mão de obra. Hoje a comunidade turca tem 176 mil pessoas, e são principalmente os mais jovens que deixam sua marca na vida da cidade. Restaram poucos "trabalhadores convidados"; a maioria dos berlinenses turcos são hoje donos de seus negócios e se consideram verdadeiros berlinenses. A taxa de naturalização ainda é baixa, e muitos alemães de Berlim não têm contato com a comunidade turca. A taxa de desemprego entre os turcos jovens é muito alta, em torno de 40%.

Veja mais sobre o Tempodrom em **www.tempodrom.de**

Memorial de Schinkel, no Viktoriapark

Viktoriapark
Este parque foi criado como espaço de lazer para os trabalhadores de Kreuzberg em 1888-94, segundo um projeto de Hermann Mächtig. Tem uma cachoeira artificial, e o memorial neogótico de Schinkel no alto do Kreuzberg, com 66m de altura, comemora a vitória prussiana nas Guerras de Libertação contra Napoleão.
Ⓢ *Kreuzbergstr.* • *Mapa F6*

Martin-Gropius-Bau
O antigo museu de artes e ofícios, ricamente ornamentado, é um dos centros de exposições mais atraentes de Berlim.
Ⓢ *Niederkirchnerstr. 7* • *Mapa F4*
• *Exposições e horários variam, mas em geral de 10h-19h qua-seg* • *(030) 25 48 60*
• *Entrada paga*

Riehmers Hofgarten
Mais de 20 edifícios compõem esta propriedade, antigo bairro de oficiais no Gründerzeit (após a fundação do Império Alemão em 1871). Restaurado na década de 1970, tem um agradável hotel com restaurante. Ⓢ *Yorckstr. 83-86* • *Mapa F6*

Riehmers Hofgarten

Um Dia em Kreuzberg

Manhã
Comece pelas ruínas de **Anhalter Bahnhof**, com acesso pela S-Bahn. Daqui siga pela Stresemannstraße no sentido noroeste até o **Martin-Gropius-Bau**. Passe algumas horas aqui neste impressionante edifício e depois faça uma pausa no café do museu. Mais tarde, visite a exposição vizinha **Topographie des Terrors** *(p. 103)* para conhecer mais sobre o sombrio passado nazista desta área. Caminhe pela Niederkirchnerstraße, passando por um trecho original do Muro de Berlim, até a Wilhelmstraße. Vire à esquerda na Zimmerstrasse e visite uma das galerias de arte moderna da rua. Continue pela Friedrichstrasse e visite o **Checkpoint Charlie** e o Museu do Muro no antigo posto de fronteira *(p.103)*.

Tarde
Você pode comprar um saboroso almoço no **Sale e Tabacchi** *(p. 109)*, na Rudi-Dutschke-Straße. Continue no sentido leste e chegará ao coração de Kreuzberg. Faça um desvio para o sul na Lindenstraße até o **Jüdisches Museum** *(p. 103)* ou siga pela **Oranienstraße**. Pegue o U-Bahn U6 da estação U-Bahn Hallesches Tor até a Platz der Luftbrücke. O **Viktoriapark**, perto daqui, é um bom lugar para descansar, mas se preferir fazer compras você pode ir até à Bergmannstraße. No final dessa rua, vire ao norte na Baerwaldstraße e siga até Carl-Herz-Ufer, onde poderá terminar o dia com um delicioso jantar no **Altes Zollhaus** *(p. 109)*.

Área por Área – Kreuzberg e Schöneberg

O site www.kreuzberg24.net contém informações úteis sobre as instalações locais.

Rathaus Schöneberg; Oberbaumbrücke; Mariannenplatz

O Melhor de Tudo

1. Rathaus Schöneberg
Foi desta prefeitura que em 1963 o presidente dos EUA, John F. Kennedy, fez a famosa declaração "Sou berlinense" e expressou seu compromisso com a liberdade de Berlim Ocidental. *John-F-Kennedy-Platz*

2. Mehringplatz
Antes a praça mais bonita de Kreuzberg, Mehringplatz foi destruída na Segunda Guerra e hoje é rodeada por modernos edifícios residenciais. *Mapa G5*

3. Tempelhofer Park
Tempelhof, construído em 1939 por Ernst Sagebiel e na época o maior aeroporto do país, sobrevive como maior edificação fascista da Europa. Fechado em 2008, hoje abriga um estádio, um parque e escritórios. Pode-se fazer uma visita guiada no antigo terminal. *Platz der Luftbrücke • Mapa G6 • (030) 901 66 15 00*

4. Mariannenplatz
O destaque desta praça é o edifício neogótico da Bethanien. Antigo hospital, hoje é um estúdio para artistas experimentalistas. *Mapa H5*

5. Oberbaumbrücke
Pedestres e ciclistas podem atravessar para o outro lado do rio Spree, de Kreuzberg para Friedrichshain, nesta ponte de tijolo vermelho, uma das mais lindas de Berlim, de 1894-1966. *Warschauer/Skalitzer Str.*

6. Altes Mosse-Palais
Uma das editoras mais importantes de Berlim ficava nesta casa art nouveau de esquina, no antigo bairro dos jornais. *Kochstr. • Mapa G4*

7. Friedhöfe Hallesches Tor
Muitas celebridades estão enterradas nesses quatro cemitérios, como o compositor Felix Mendelssohn Bartholdy e o escritor E.T.A. Hoffmann, cuja obra inspirou Offenbach a escrever *Os contos de Hoffmann*. *Mehringdamm • Mapa G5*

8. Gasometer Schöneberg
Antes um imenso gasômetro, este marco de Schöneberg foi desativado na década de 1990 e transformado num mirante. *Torgauer Str. 12-5 • Mapa E6*

9. Kottbusser Tor
O aspecto mais triste de Kreuzberg: a miséria social oculta nos edifícios dos anos 1970, no núcleo turco do bairro. *Mapa H5*

10. Kammergericht
De 1947 a 1990, a magnífica suprema corte, de 1909-13, foi usada como Conselho Aliado. *Potsdamer Str. 186 • Mapa E6*

Banca, Winterfeldtmarkt; Marheineke-Markthalle; Grober Unfug Comics

Lojas, Mercados e Feiras

1 Winterfeldtmarkt
O maior e mais bonito mercado de Berlim vende frutas e legumes frescos, assim como outros produtos do mundo todo, como roupas e itens New Age.
◎ *Winterfeldtplatz • Mapa E5*
• 8h-16h sáb, 8h-13h qua

2 Türkenmarkt am Maybachufer
Este é o mercado mais exótico de Berlim. Aqui, tanto berlinenses quanto turcos compram seu pão ázimo e queijo de cabra fresco. ◎ *Maybachufer • Mapa H5*
• 11h-18h30 ter e sex

3 Molotow
Em sua loja, o estilista berlinense Ute Hentschel vende roupas de classe sob medida. ◎ *Gneisenaustr. 112 • Mapa G6 • (030) 693 08 18*

4 Oranienplatz e Oranienstraße
A principal praça de Kreuzberg e sua rua comercial mais agitada concentram lojas alternativas.
◎ *Oranienstr. esquina Oranienplatz*
• Mapa G5

5 Hot & Cold
Pequenos enfeites são vendidos nessa charmosa loja de design escandinava. ◎ *Winterfeldtstr. 46 • Mapa E5 • (030) 23 63 44 30*

6 Depot 2
Pequena butique que vende streetwear atual e moda hip-hop de uma marca local. ◎ *Oranienstr. 9*
• Mapa H5 • (030) 611 46 55

7 High-Lite
Quer se destacar no meio da galera alternativa de Kreuzberg? Aqui é o lugar para comprar óculos escuros, piercings e outros itens. ◎ *Bergmannstr. 99*
• Mapa F/G6 • (030) 691 27 44

8 Ararat
Uma das papelarias mais atuais e de maior variedade de Berlim, a Ararat tem, além de presentes curiosos, muitas peças de design à venda.
◎ *Bergmannstr. 99a • Mapa F/G6*
• (030) 693 50 80

9 Marheineke-Markthalle
Este é um dos últimos mercados cobertos que restam em Berlim. Tem coloridas lojas de frutas, legumes e verduras, grande variedade de produtos orgânicos e diversas lanchonetes. ◎ *Marheinekeplatz • Mapa G6*
• 8h-10h seg-sex, 8h-18h sáb

10 Grober Unfug Comics
Histórias em quadrinhos de todas as épocas e em vários idiomas, com ênfase nos mangás, são encontradas na Grober Unfug, cujo nome significa "lixo completo". ◎ *Zossener Str. 33*
• Mapa G6 • (030) 69 40 14 90

Área por Área – Kreuzberg e Schöneberg

Bar Mister Hu; Vox Bar; Orla do rio no Ankerklause

Pubs, Bares e Discotecas

1 Ankerklause
Lugar não refinado, popular, atrai uma clientela variada no fim de noite. ⓘ *Kottbusser Damm 104 • Mapa H5 • (030) 693 56 49*

2 Yorckschlösschen
Um pub-restaurante com o clima da Velha Berlim. Jazz ao vivo nos fins de semana. ⓘ *Yorckstr. 15 • Mapa F6 • (030) 215 80 70*

3 Mister Hu
Graças aos magníficos coquetéis, é um dos bares mais populares do bairro. ⓘ *Goltzstr. 39 • Mapa E5 • (030) 217 21 11*

4 Van Loon
Faça um lanche rodeado de artefatos náuticos nesta velha balsa ancorada no Urbanhafen. No verão, você pode sentar nas margens verdes e tomar sua cerveja. ⓘ *Carl-Herz-Ufer 5-7 • Mapa G5 • (030) 692 62 93*

5 Vox Bar
Bar de hotel elegante mas casual, com jazz ao vivo à noite. Serviço atencioso, ótimos coquetéis e a maior seleção de uísques da cidade. ⓘ *Grand Hyatt Hotel, Marlene-Dietrich-Platz 2 • Mapa F4 • (030) 25 53 17 72*

6 Rauschgold
Este é um bar extremamente popular, melhor no fim da noite e muito lotado nos fins de semana. Karaokê, noites temáticas e clientela variada. ⓘ *Mehringdamm 62 • Mapa F6 • (030) 78 95 26 68*

7 Golgatha
Local popular entre estudantes, esta clássica cervejaria ao ar livre em Kreuzberg atrai uma clientela mais velha e tem uma pista de dança pequena e intimista. ⓘ *Dudenstr. 48-64 (Viktoriapark) • Mapa F6 • (030) 785 24 53*

8 SO36
Um clássico de Kreuzberg, o SO36 é uma casa noturna superalternativa e animadíssima. A clientela é uma boa mistura de héteros e gays.
ⓘ *Oranienstraße 190 • Mapa H5 • (030) 61 40 13 06*

9 Würgeengel
Os drinques no "Anjo da Morte" não são letais de verdade, mas o pessoal do bar e a maioria da clientela parecem saídos de um filme de Buñuel. ⓘ *Dresdener Str. 122 • Mapa H5 • (030) 615 55 60*

10 Max & Moritz
Taverna tradicional de Berlim com toques art nouveau, que funciona como salão de tango aos domingos. O bar abre às 17h; as aulas começam às 20h. ⓘ *Oranienstraße 162 • Mapa H5 • (030) 69 51 59 11*

Gorgonzola Club; Placa na fachada do Sale e Tabacchi

Categorias de Preço

Refeição para uma	€	até €20
pessoa com três	€€	€20-€30
pratos e meia garrafa	€€€	€30-€45
de vinho, impostos	€€€€	€45-€60
e serviço.	€€€€€	acima de €60

Onde Comer

1 Altes Zollhaus
Cozinha internacional e alemã, num antigo posto de controle de fronteira às margens do Landwehrkanal. As especialidades são o *Brandenburger Landente aus dem Rohr* – assado de pato – e pratos com cogumelos silvestres, na estação. ◊ *Carl-Herz-Ufer 30* • *Mapa G5* • *a partir das 18h ter-sáb* • *(030) 692 33 00* • *€€€*

2 Entrecôte
Desde que Madonna fez uma refeição aqui, o antes discreto Entrecôte ficou na moda. ◊ *Schützenstraße 5* • *Mapa G4* • *12h-24h seg-sex, 18h-24h sáb, 18h-23h dom* • *(030) 20 16 54 96* • *€€€*

3 Osteria Nº 1
Aprecie pizzas exclusivas e excelentes massas neste agitado restaurante italiano. Tente a vinheria ao lado, mais tarde. ◊ *Kreuzbergstr. 71* • *Mapa F6* • *(030) 786 91 62* • *€€*

4 Viasko
Este restaurante com um jardim usa produtos frescos locais para compor seu criativo menu. ◊ *Erkelenzdamm 49* • *Mapa H5* • *a partir de 17h (12h no verão) seg-sex, a partir de 11h sáb e dom* • *(030) 88 49 97 85* • *€€*

5 Sale e Tabacchi
Restaurante italiano com interior elegante, popular entre o pessoal da mídia. No verão, reserve mesa no pátio central. ◊ *Rudi-Dutschke-Str. 18* • *Mapa G4* • *10h-23h30 diariam* • *(030) 252 11 55* • *€€€*

6 Defne
Restaurante intimista, serve comida turca moderna. ◊ *Planufer. 92c* • *Mapa H5* • *a partir de 16h diariam* • *(030) 81 79 71 11* • *não aceita cartão* • *€€*

7 Le Cochon Bourgeois
Cozinha francesa de alto nível a preço moderado, atrai boêmios locais e outros clientes. ◊ *Fichtestr. 24* • *Mapa H6* • *a partir das 18h ter-sáb* • *(030) 693 01 01* • *€€€*

8 Henne
Esta antiga instituição de Berlim serve apenas três pratos, mas preparados com perfeição. O frango assado é delicioso. ◊ *Leuschnerdamm 25* • *Mapa H5* • *a partir de 18h ter-sáb, 17h dom* • *(030) 614 77 30* • *€€*

9 Hartmanns Restaurant
Ótimo acréscimo à cena gourmet de Berlim, serve cozinha alemã tradicional com toque atual. ◊ *Fichtestraße 31* • *Mapa H6* • *18h-24h ter-sáb* • *(030) 61 20 10 03* • *€€€*

10 Gorgonzola Club
Rústico restaurante italiano, produz os clássicos de sempre. Fica junto ao Würgeengel bar *(p. 108)*. ◊ *Dresdener Str. 121* • *Mapa H5* • *a partir das 18h diariam* • *(030) 615 64 73* • *€€*

Nas páginas seguintes, **o Gendarmenmarkt à noite**

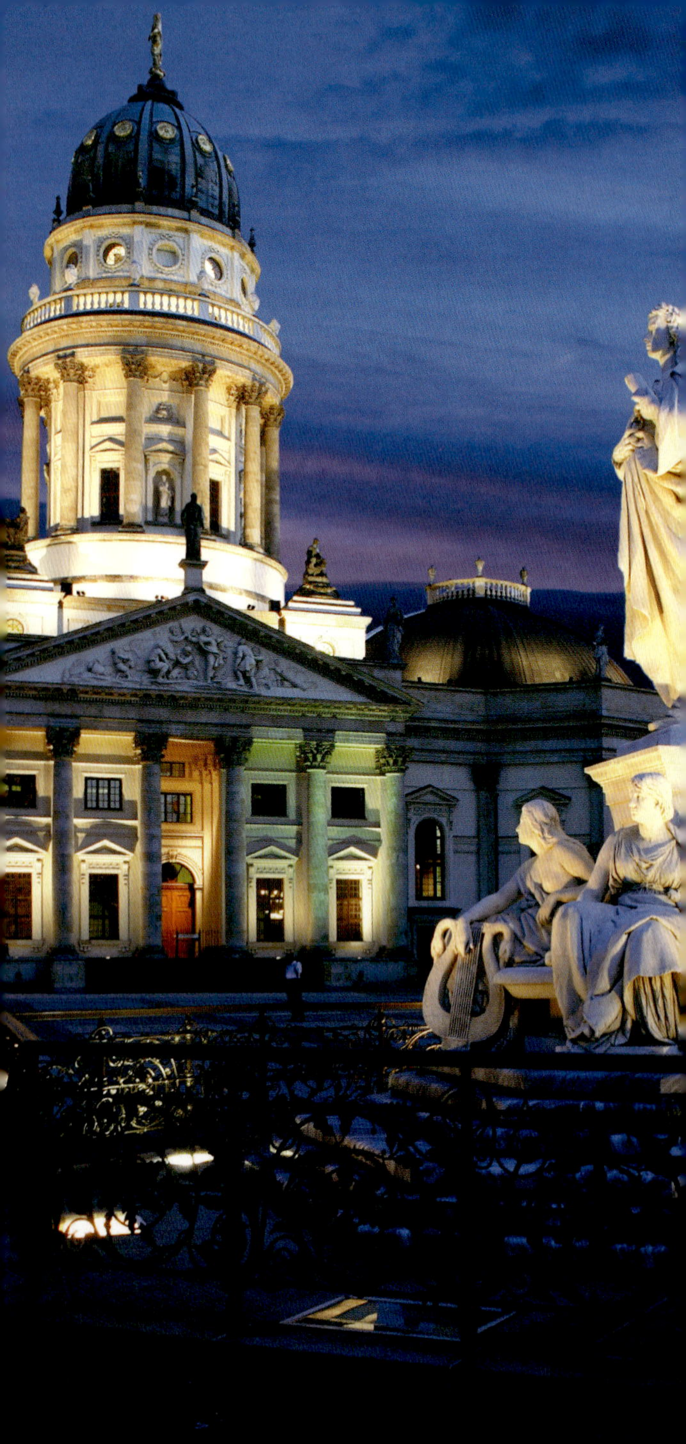

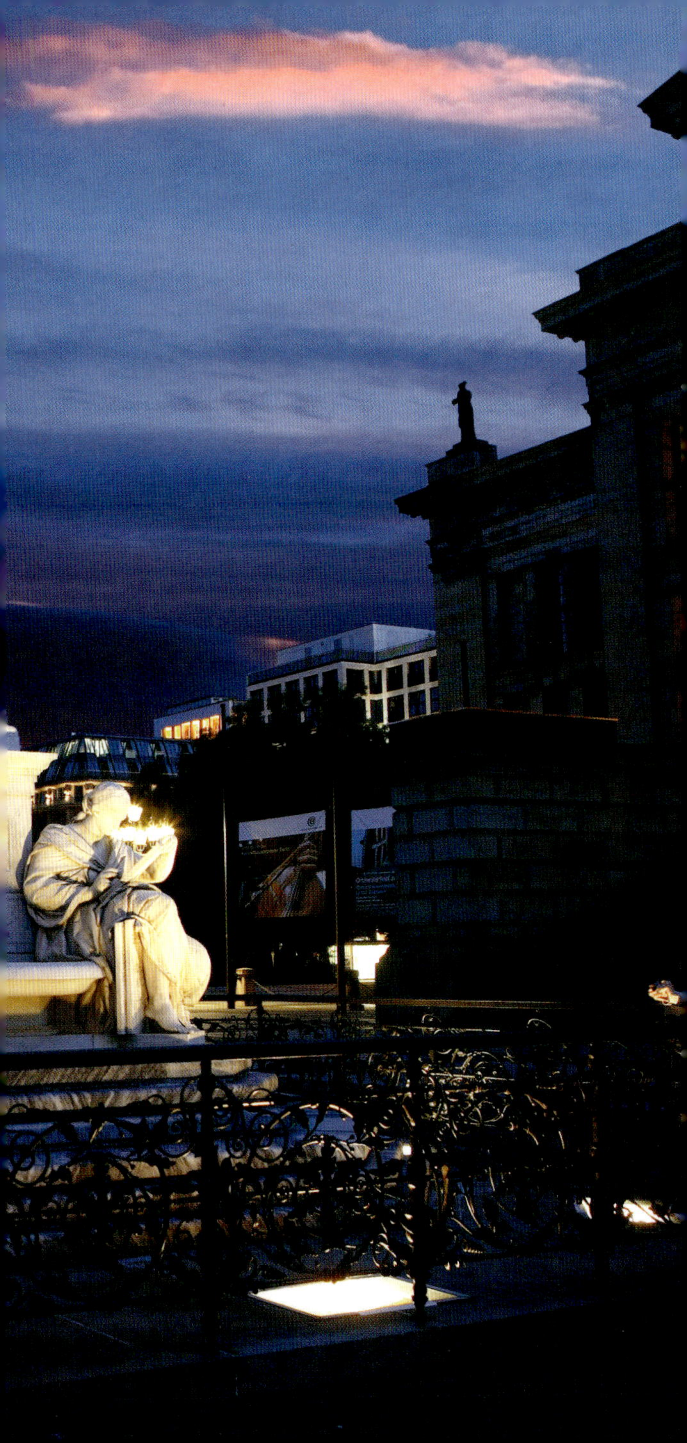

Portal do Kronprinzenpalais; Opernpalais; Interior da Komische Oper

Centro de Berlim: Unter den Linden

PARA A MAIOR PARTE DOS VISITANTES DE BERLIM, *o magnífico bulevar da Unter den Linden é o coração do pequeno bairro histórico do Mitte. Muitas das atrações de Berlim se concentram ao longo da grande avenida e em volta da Bebelplatz, criando um quadro da história prussiana e alemã, do início do século XVIII até hoje. Ao sul da Unter den Linden fica a Gendarmenmarkt, uma das praças mais bonitas da Europa. Diversos restaurantes e cafés, variados e elegantes, ficam localizados em volta desta praça neoclássica. Não muito longe daqui, a chique Friedrichstraße tem muitas butiques de luxo e lojas de departamentos, assim como modernos edifícios de escritórios e de apartamentos.*

Escultura na Schlossbrücke

TOP 10 Destaques

1. Brandenburger Tor
2. Humboldt-Box
3. Forum Fridericianum
4. Gendarmenmarkt
5. Museumsinsel
6. Friedrichstraße
7. Holocaust-Denkmal
8. Wilhelmstraße
9. Schlossplatz
10. Museum für Kommunikation

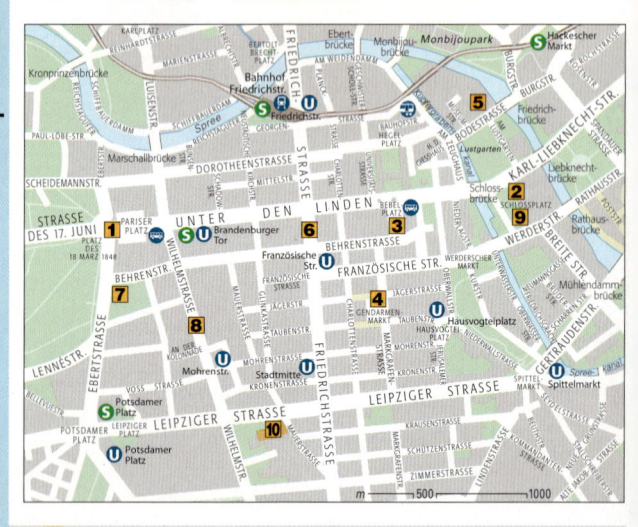

1 Brandenburger Tor
Marco mais conhecido de Berlim, na Pariser Platz, conduz à Unter den Linden *(pp. 8-9).*
◉ *Pariser Platz • Mapa K3*

2 Humboldt-Box
A Humboldt-Box é uma estrutura temporária, colorida e futurística do Museumsinsel, que concentra informações sobre a reconstrução do Berliner Schloss e traz uma introdução multimídia ao ainda inacabado Humboldt-Forum *(p. 117)* e a seu acervo. Finalizada a construção do completo do Forum (prevista para 2019), a Humboldt-Box será desmontada. Até lá, porém, o local se mantém sediando exposições sobre ciência, arte, cultura e arquitetura. Uma visita ao restaurante com mirante na cobertura fecha o passeio.
◉ *Schlossplatz 5 • Mapa G3 • 10h-20h diariam • (01805) 030 707 (exposições); (030) 20 62 50 76 (restaurante) • Entrada paga • www.humboldt-box.com/en*

3 Forum Fridericianum
As edificações históricas deste complexo arquitetônico na Unter den Linden estão entre as melhores atrações de Berlim. A partir de 1740, Frederico, o Grande, encomendou os majestosos edifícios dos primórdios do Neoclassicismo para a área em volta da atual Bebelplatz,

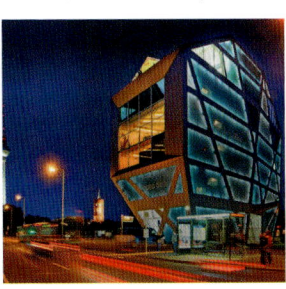

Altes Palais, no Forum Fridericianum

e participou dos projetos da Deutsche Staatsoper, primeira casa de ópera autônoma da Europa; da católica St. Hedwigskathedrale, da Alte Bibliothek e do Prinz-Heinrich-Palais, depois ocupado pela Universidade Humboldt. A própria Bebelplatz tem interesse particular. Um memorial aqui lembra seu passado sombrio – em 1933, foi palco da queima de livros promovida pelos nazistas. Os sucessores de Frederico encomendaram o Altes Palais e uma estátua memorial do "Velho Fritz", rodeada por "seus" edifícios. Christian Daniel Rauch criou a figura equestre de bronze com 13,5m de altura em 1840. Ela mostra Frederico, o Grande, com seu típico chapéu tricórnio e o manto da coroação, e carregando uma bengala. A estátua sempre esteve de costas para o leste – mas há piadas que dizem que o governo da Alemanha Oriental colocou por engano a figura na posição incorreta. ◉ *Unter den Linden e Bebelplatz • Mapa K4*

A Humboldt-Box

Frederico como Arquiteto
O Forum Fridericianum não foi apenas um memorial que Frederico, o Grande, ergueu a si mesmo: ele transformou a Unter den Linden num dos maiores bulevares da Europa. O rei, adepto de um estilo neoclássico rígido, desenhou ele mesmo as plantas da Staatsoper e de outros edifícios, e Knobelsdorff executou suas ideias.

➤ *Veja mais sobre a Unter den Linden nas* **pp. 12-5**

Interior da Konzerthaus; Deutscher Dom; Fachada do Altes Museum

Gendarmenmarkt

Esta praça, cuja planta sóbria lembra uma *piazza* da Renascença italiana, é talvez a mais bonita de Berlim. À esquerda e à direita da Schauspielhaus – atual Konzerthaus – ficam as torres gêmeas da Deutscher e da Französischer Dom (catedrais alemã e francesa), do final do século XVIII. A Gendarmenmarkt, cujo nome deriva de um regimento *gens d'armes* posicionado perto daqui, foi construída no final do século XVII como uma praça de mercado. A Schauspielhaus (teatro), no lado norte da praça, construída por Schinkel em 1818-21, funcionou como teatro até 1945. Danificada na Segunda Guerra Mundial, foi reaberta como Konzerthaus (sala de concertos) em 1984. Uma estátua do dramaturgo Friedrich Schiller ergue-se diante do edifício. A Französischer Dom, à sua direita, é um notável edifício do barroco tardio; escondida atrás dela fica a igreja francesa Friedrichstadtkirche, que atende à comunidade huguenote de Berlim. A Deutscher Dom, em frente, de 1708, é da Igreja Reformada Protestante, e só ganhou sua primeira torre em 1785. Hoje abriga uma exposição sobre a democracia na Alemanha. Ⓢ *Mitte • Mapa L4*

Figura de Atena no Pergamonmuseum

Museumsinsel

Esta ilha dos museus, Patrimônio Mundial da Unesco, é um dos mais importantes complexos de museus do mundo, com acervos de arte significativos e imponentes edifícios antigos. Estão aqui o Pergamonmuseum, a Alte Nationalgalerie (a velha galeria nacional), o Bode-Museum e o Altes e Neues Museum. O Neues Museum abriga o famoso Ägyptisches Museum *(pp. 20-3 e 46).*
Ⓢ *Pergamonmuseum, Bodestr. 1-3 • Mapa J5 • 10h-18h diariam, qui até 20h • (030) 266 42 42 42* Ⓢ *Alte Nationalgalerie • Bodestr.1-3 • Mapa J5 • 10h-18h ter-dom, qui até 20h • (030) 266 42 42 42 • Entrada paga*

Os Huguenotes em Berlim

Em 1685, o Grande Eleitor promulgou o famoso Édito de Potsdam, garantindo asilo em Berlim a cerca de 20 mil huguenotes, perseguidos na sua França natal devido à fé protestante. Havia entre eles muitos sábios e artesãos habilidosos, que moldaram a vida social e cultural da cidade e enriqueceram Berlim com a arte francesa de viver. Ainda hoje a comunidade francesa comparece aos cultos na Friedrichstadtkirche, na Gendarmenmarkt.

Vaso antigo no Pergamonmuseum

Veja mais sobre a Konzerthaus em Gendarmenmarkt em www.konzerthaus.de

Quartier 206, na Friedrichstraße

Friedrichstraße

A Friedrichstraße recuperou um pouco de seu esplendor de antes da Segunda Guerra Mundial. Hoje, esta Quinta Avenida de Berlim ostenta de novo lojas elegantes e restaurantes de alto nível e cafés. Vale a pena visitar os três Quartiers, 205, 206 e 207 (este último projetado pelo arquiteto Jean Nouvel), na Friedrichsstadtpassagen, onde estão as Galeries Lafayette e a loja de departamentos Quartier 206, entre outras *(p. 119)*. No extremo norte da rua fica a famosa loja Dussmann (livros, música e eventos), a estação S-Bahn Friedrichstraße e o antigo bairro de entretenimento, com os teatros Friedrichstadt-Palast e Admiralspalast *(p. 118)*. Ⓢ *Mitte* • *Mapa J-L4*

Holocaust-Denkmal

Este memorial, chamado de "Memorial aos Judeus Assassinados da Europa", funciona como o memorial nacional do holocausto da Alemanha. Após anos de debate, o famoso arquiteto americano Peter Eisenman concluiu o memorial em 2005. Ele é formado por um grande campo com placas de pedra cinza de alturas variáveis, algumas com até 2m, simbolizando os 6 milhões de judeus e não judeus mortos pelos nazistas em campos de concentração entre 1933 e 1945. Sob o memorial há um centro de informações que conta as causas e a história do genocídio. Ⓢ *Ebertstr.* • *Mapa L3* • *Centro de informações: 10h-20h ter-dom (out-mar até 19h)*

Um Dia de Cultura

Manhã

A Unter den Linden começa na **Pariser Platz** diante do **Brandenburger Tor** *(pp. 8-9)*. Siga no sentido leste pela ampla avenida, passando pelo Hotel Adlon Berlin. Então, vire à direita na **Wilhelmstraße** *(p. 116)*, antigo centro político da cidade. Na calçada do lado direito você passará pelo novo edifício da Embaixada Britânica. Na Behrenstraße você pode ver o **Holocaust-Denkmal**. Vire à esquerda na Französische Straße, que leva até **Friedrich-straße**. Aqui você pode fazer compras nas **Galeries Lafayette** *(p. 119)* ou na **Loja de Departamentos Quartier 206** *(p. 119)*. Depois de sua sessão de compras, talvez seja uma boa ideia parar para um lanche ou um almoço leve no setor de alimentos gourmet, no subsolo das Galeries Lafayette.

Tarde

Antes de continuar a explorar a Friedrichstraße, pare na **Gendarmenmarkt** para ver a Konzerthaus e também a Deutscher e a Französischer Dom. Volte para a **Friedrichstraße** e seus modernos edifícios. Siga por ela até a Leipziger Straße. Vire à direita na Leipziger Straße e verá à sua esquerda a imensa construção do antigo Ministério da Aviação. Hoje ele é a sede do Ministério das Finanças. Daqui, volte pelo mesmo trajeto até a Unter den Linden ou mesmo até a Gendarmenmarkt. Uma boa sugestão é encerrar o seu passeio com um magnífico jantar no restaurante italiano **Malatesta** *(p. 121)*.

Área por Área – Centro de Berlim: Unter den Linden

O ex-Ministério da Aviação, Wilhelmstraße; Hotel Adlon; Stadtschloss

Arquitetura Nazista

Um dos poucos exemplos sobreviventes do estilo arquitetônico monumental dos fascistas é o antigo Reichsluftfahrtministerium (Ministério da Aviação), encomendado por Hermann Göring em 1935-6 a Ernst Sagebiel. Na época, o monótono edifício de arenito era o maior e mais moderno bloco de escritórios do mundo, fortalecido por vigas de aço contra ataques aéreos. Após a reunificação, o Treuhandanstalt foi trazido para cá; hoje é a sede do Ministério das Finanças.

Wilhelmstraße

8 Na Berlim imperial, o poder governamental da Alemanha concentrava-se na Wilhelmstraße. Cerca de cem anos depois, nada mais resta dos prestigiosos edifícios históricos que correspondiam ao nº 10 da Downing Street de Londres ou ao Quai d'Orsay de Paris. Todas as decisões políticas eram tomadas na Wilhelmstraße: tanto o chanceler (nº 77) como o presidente (nº 73) do Reich alemão moravam aqui em velhas mansões, cujos jardins eram conhecidos como "jardins ministeriais". Adolf Hitler transformou a rua no centro nervoso do poder nazista. O Neue Reichskanzlei (escritório do chanceler) foi construído em 1937-9 segundo projeto de Albert Speer, na esquina da Vossstraße com a Wilhelmstraße, e destruído em 1945. Atrás do Reichskanzlei ficava o "Führerbunker", onde Adolf Hitler cometeu suicídio em 30 de abril de 1945 (hoje abriga um estacionamento). Dos edifícios históricos, resta ainda o antigo Reichsluftfahrtministerium (Ministério da Aviação). Hoje a Wilhelmstraße é cheia de prédios de escritórios e apartamentos residenciais; a Embaixada Britânica, construída em 2000 com projeto de Michael Wilford, atesta a importância internacional desta rua. ◎ *Entre Unter den Linden e Leipziger Str.* • *Mapa K/L3*

Embaixada Britânica, Wilhelmstraße

Schlossplatz

9 Hoje a Schlossplatz parece deserta, mas houve um tempo em que a Stadtschloss (residência citadina) dos Hohenzollern ficava aqui. Ela foi demolida pelo governo da Alemanha Oriental em 1950-1, e hoje apenas alguns fragmentos históricos da construção original. Entre eles estão a fachada do portal onde Karl Liebknecht supostamente proclamou a República Socialista em 1918. O portal foi incorporado ao antigo Staatsratsgebäude no lado sul da praça. No lado leste, a Schlossplatz costumava fazer fronteira com o Palast der Republik ("Palácio da República"), antiga sede do parlamento da Alemanha Oriental demolida em 2008. A praça deve

contar, até 2019, com a estrutura do centro cultural Humboldt-Forum. O local terá fachada similar à do antigo palácio dos Hohenzollern, uma biblioteca e as coleções ...ão europeias dos Museus Dah... ...m *(p. 89)*. Até sua inauguração, Humboldt-Box *(p. 113)* fornece ...formações sobre o projeto.
Mitte • Mapa G3, K5

Portal do Staatsratsgebäude

Museum für Kommunikation

O maior museu dos correios do mundo foi inaugurado em 1872. Suas excelentes mostras documentam a história da comunicação desde a Idade Média, dos primeiros selos postais à tecnologia atual por satélite. Os destaques são um selo azul e outro vermelho das Ilhas Maurício, uma das primeiras instalações telefônicas (de 1863) e três robôs falantes que interagem com os visitantes. As crianças gostam da Computergalerie, onde podem aprender e descobrir coisas novas enquanto brincam. ⊛ *Leipziger Str. 16 • Mapa L4 9h-17h ter-sex, ter até 20h, 10h-18h sáb dom • (030) 20 29 40 • Entrada paga www.mfk-berlin.de*

Museum für Kommunikation, à noite

Um Dia de Cultura

Manhã

Comece seu passeio pela Unter den Linden, na esquina da Friedrichstraße. Este já foi um dos pontos mais agitados de Berlim, e ainda hoje há muito para ver no local. Para um café da manhã, entre no **Café Einstein** *(p. 120)*. Depois, continue no sentido leste pelo bulevar; você passará por edifícios fascinantes, como o **Kunsthalle**, uma galeria de arte gerida pelo Deutsche Bank. Deste ponto já é possível ver a estátua equestre de Frederico, o Grande, que marca o centro do **Forum Fridericianum** *(p. 113)*. Esta área, assim como a Bebelplatz, fica bem no centro da Velha Berlim, onde também estão a Staatsoper, a St. Hedwigskathedrale, o Altes Palais e também a Humboldt-Universität. Você pode almoçar no **Aigner** *(p. 121)*, um tradicional restaurante vienense.

Tarde

Continue seu passeio pela Unter den Linden e faça um desvio para o norte, até a **Museumsinsel** *(p. 114)*. Depois, se ainda tiver energia, você pode visitar o **Berliner Dom** *(p. 44)*. Em frente à catedral você verá a **Schlossplatz**, com o seu moderno centro de informações Humboldt-Box. Você pode rematar seu dia de visita às atrações do Mitte com um delicioso jantar no **Dressler Unter den Linden** *(p. 121)*. Para chegar a ele, volte pelo mesmo trajeto pela Unter den Linden, mas desta vez seguindo na direção oeste.

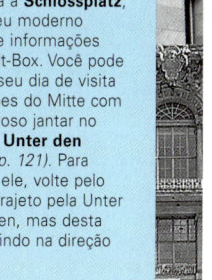

Área por Área – Centro de Berlim: Unter den Linden

Para acompanhar a construção do Humboldt-Forum:
www.humboldt-box.com/en

DDR Museum; Komische Oper; Admiralspalast

O Melhor de Tudo

1. DDR Museum
Este museu da vida cotidiana na Alemanha Oriental recria interiores socialistas e mostra exemplos de design alemão oriental, inclusive um automóvel Trabant. ◎ *Karl-Liebknecht-Str. 1 • Mapa K5 • (030) 847 12 37 31*

2. Staatsbibliothek Unter den Linden
As charmosas salas de leitura dessa biblioteca neobarroca contêm muitos livros e manuscritos de importância mundial. ◎ *Unter den Linden 8 • Mapa K4 • (030) 26 60*

3. WMF-Haus
Antiga sede da fábrica WMF de porcelana e cutelaria, com fachada notável, decorada com belos mosaicos. ◎ *Leipziger Str., esquina com Mauerstr. • Mapa L3*

4. Alte Kommandantur
Projetado por Schinkel, este impressionante edifício clássico abriga os escritórios berlinenses da Bertelsmann, uma empresa de mídia. ◎ *Unter den Linden 1 • Mapa K5*

5. Maxim-Gorki-Theater
Este renomado teatro já foi sede da Singakademie, a academia de canto de Berlim. Paganini e Liszt, entre outros, já se apresentaram aqui. ◎ *Am Festungsgraben 2 • (030) 20 22 11 15 • Mapa K5*

6. S-Bahnhof Friedrichstraße
Remodelada diversas vezes, esta sempre foi uma das estações mais famosas de Berlim. Entre 1961 e 1989, era o principal ponto de travessia entre os lados oriental e ocidental. ◎ *Friedrichstr. • Mapa J4*

7. Admiralspalast
Teatro legendário de Berlim, da década de 1920; apresenta musicais e comédias. ◎ *Friedrichs 101 • Mapa J4 • www.admiralspalast.de*

8. Palais am Festungsgraben
Um palácio barroco de 1753 que preservou seu elegante interior original. ◎ *Am Festungsgraben 1 • Mapa K5 • (030) 208 40 00*

9. Komische Oper
Uma das mais magníficas casas de ópera da Alemanha, de 1892, oculta atrás de uma fachada moderna. Todos os espetáculos são em alemão. ◎ *Behrenstr. 55-7 • Mapa K3 • (030) 47 99 74 00*

10. Dalí Museum
Uma exposição itinerante de cerca de 400 obras do artista catalão surrealista do século XX com desenhos, pinturas e esculturas. ◎ *Leipziger Platz 7 • Mapa L3 • (0700) 32 54 23 75 • www.daliberlin.de*

Veja mais sobre a Komische Oper em www.komische-oper-berlin.d

Berlin Story; Moda nas Galeries Lafayette; The Q.

Lojas, Mercados e Feiras

Galeries Lafayette
Localizada no Quartier 207, esta é a única filial alemã da famosa loja francesa. Aqui você encontra moda elegante e alimentos gourmet no subsolo. ⓢ *Friedrichstr. 76-8* • *Mapa L4* • *10h-20h seg-sáb* • *(030) 20 94 80*

Quartier 206
Aqui é onde os berlinenses chiques vêm comprar roupas das grifes mais caras. Entre as lojas estão Gucci, DKNY e a Loja de Departamentos Quartier 206.
ⓢ *Friedrichstr. 71* • *Mapa L4*

The Q.
As lojas deste shopping center oferecem produtos diferenciados, como os chocolates da Leysieffer e as roupas sofisticadas da Annette Görtz, mas não são tão exclusivas quanto às do vizinho Q206. Tem uma praça de alimentação no térreo. ⓢ *Friedrichstr. 67-70* • *Mapa L4* • *10h-20h seg-sex, 10h-19h sáb*

Jack Wolfskin
Vestuário, equipamento e calçados para atividades ao ar livre em uma das filiais desta famosa marca alemã. ⓢ *Behrenstr. 23/esquina com Friedrichstr.* • *Mapa K4* • *(030) 20 64 80 70*

Fassbender & Rausch
Esculturas gigantes de chocolate, do Reichstag e do Brandenburger Tor, enfeitam a vitrine e tentam seduzir os clientes a entrar nesta loja que é o paraíso dos chocólatras. ⓢ *Charlottenstr. 60* • *Mapa L4* • *(030) 20 45 84 43*

Berlin Story
Aqui se encontram quaisquer livros sobre Berlim, assim como fotografias e suvenires. Há também um museu sobre a cidade, o Historiale. ⓢ *Unter den Linden 40* • *Mapa K4* • *(030) 20 45 38 42*

Kulturkaufhaus Dussmann
Templo dos viciados em cultura, esta loja oferece livros, jogos de computador e muitos CDs de música erudita. Também fica aberta à noite. ⓢ *Friedrichstr. 90* • *Mapa K4* • *(030) 20 25 11 11*

Ritter Sport
Loja principal desta marca de chocolate, com produtos divertidos e um museu sobre o chocolate. ⓢ *Französische Str. 24* • *Mapa K4* • *(030) 20 09 50 80*

Escada
Moda de alto requinte para mulheres, com uma linha de materiais luxuosos. ⓢ *Friedrichstr. 176-9* • *Mapa L4* • *(030) 238 64 04*

Bucherer
Loja luxuosa de relógios e joias de alto nível. ⓢ *Friedrichstr. 176-9* • *Mapa L4* • *(030) 204 10 49*

Área por Área – Centro de Berlim: Unter den Linden

Café LebensArt; Sra Bua Bar; Brauhaus Lemke, num arco da S-Bahn

TOP 10 Pubs e Bares

1 Newton Bar
Um dos bares da moda na cidade. Afunde nas poltronas de couro e tome seus coquetéis, cercado por fotos de Helmut Newton. ◎ *Charlottenstr. 57 • Mapa L4 • 10h-3h dirariam • (030) 20 29 54 21*

2 Sra Bua Bar
Nos fundos do Adlon Hotel, este bar elegante é especializado em drinques asiáticos e cozinha criativa preparada pela equipe do renomado chef Tim Raue.
◎ *Behrenstr. 72 • Mapa K3 • 20h-2h diariam • (030) 22 61 19 59*

3 1a Lauschgift
Coquetéis a preços razoáveis, ambiente retrô e bons DJs atraem um público de 20 e poucos anos a este bar estiloso. Ligue antes, pois o local pode ser alugado para festas particulares. ◎ *Kleine Präsidentenstr. 3 • Mapa J5 • a partir de 20h qui-sáb • (030) 66 76 67 27*

4 Theodor Tucher
Agradável restaurante/bistrô junto ao Portão de Brandemburgo. Promove leituras e eventos de arte. ◎ *Pariser Platz 6a • Mapa F4 e K3 • 7h-23h diariam • (030) 22 48 94 64 • €€*

5 Café LebensArt
Mais café do que barzinho, o LebensArt serve café da manhã e doces à tarde, além de ser um dos poucos locais que ficam abertos à noite na Unter den Linden.
◎ *Unter den Linden 69a • Mapa K4 • 9h-24h dom-qui, 9h-1h sex e sáb • (030) 44 72 19 30*

6 Café Einstein
Esta filial pequena e acolhedora do Café serve ótimos vinhos e especialidades austríacas.
◎ *Unter den Linden 42 • Mapa F4 e K4 • 7h-22h diariam • (030) 204 36 32*

7 Ständige Vertretung
O nome remonta à representação permanente da Alemanha Oriental no lado ocidental. O pub é famoso pelas especialidades da região do Reno, como a cerveja Kölsch. ◎ *Schiffbauerdamm 8 • Mapa J3 • 11h-1h diariam • (030) 282 39 65*

8 Label 205 im Q205
Elegante bar no subsolo, com drinques e piano. ◎ *Quartier 205, Friedrichstr. 68 • Mapa L4 • 9h-22h diariam • (030) 20 94 45 45*

9 Brauhaus Lemke
Pub envolvente sob os arcos da S-Bahn; com pátio. ◎ *Arco Dircksenstr. S-Bahn nº 143 • Mapa J5 • 12h-24h diariam • (030) 24 72 87 27*

10 Windhorst
Jazz bar da moda – elegante, bom ambiente. ◎ *Dorotheenstr. 65 • Mapa K3 • a partir das 18h seg-sex, a partir das 21h sáb • (030) 20 45 00 70*

Exterior da Dressler Unter den Linden; San Nicci

Categorias de Preço	
Refeição para uma pessoa com três pratos e meia garrafa de vinho, impostos e serviço.	€ até €20
	€€ €20-€30
	€€€ €30-€45
	€€€€ €45-€60
	€€€€€ acima de €60

Onde Comer

1. Margaux
Um restaurante gourmet com estilo, mas ainda assim acessível, que serve nouvelle cuisine franco-germânica. ◊ Unter den Linden 78 • Mapa K3 • 19h-22h30 seg-sáb • (030) 22 65 26 11 • €€€€€

2. Fritz 101
Este restaurante rústico no Admiralspalast (p. 118) serve comida substanciosa do sul da Alemanha. ◊ Friedrichstraße 101 • Mapa F3 e J4 • a partir de 11h diariam • (030) 306 454 980 • €€€

3. Grill Royal
Se você gosta de boa carne, venha escolhê-la aqui, nesta viscosa churrascaria. ◊ Friedrichstraße 105b • Mapa F3 e J4 • 18h-24h diariam • (030) 28 87 92 88 • €€€€

4. Tausend Cantina
Pratos asiáticos e ibero-americanos de primeira saem da sofisticada cozinha do chef Duc Ngo, uma celebridade nascida em Berlim mas de ascendência vietnamita. ◊ Schiffbauerdamm 11 • Mapa K3 • 19h30-até tarde ter-sáb • (030) 27 58 20 70 • €€€

5. Dressler Unter den Linden
Na estação propícia, esta brasserie francesa, decorada em estilo art déco, é ótima para apreciar ostras. Em outras épocas, a opção é o cardápio fixo de três pratos, com preço moderado. ◊ Unter den Linden 39 • Mapa K3 • 8h-1h diariam • (030) 204 44 22 • €€€

6. Opera Court
Chá, café e bolo são servidos diariamente neste café histórico com teto de vidro original. ◊ Hotel de Rome, Behrenstr. 37 • Mapa G3 • (030) 46 06 09 14 12

7. Café Nö
Sabores mediterrâneos encontram clássicos alemães neste bar de vinhos e restaurante. ◊ Glinkastr. 23 • Mapa L4 • 12h-1h seg-sex, 19h-1h sáb • (030) 201 08 71 • €€

8. Malatesta
Comida italiana gourmet em ambiente minimalista. ◊ Charlottenstr. 59 • Mapa L4 • 10h-24h diariam • (030) 20 94 50 71 • €€€

9. Refugium
Restaurante-adega, junto à catedral francesa. Pratos alemães e internacionais. ◊ Gendarmenmarkt 5 • Mapa L4 • 12h-23h diariam (inverno: após 17h seg-sex) • (030) 229 16 61 • €€€

10. Aigner
Restaurante vienense original, de comida típica da Áustria. ◊ Französische Str. 25 • Mapa K4 • 12h-2h diariam • (030) 203 75 18 50 • €€€€

Todos os restaurantes aceitam cartões de crédito e servem pratos vegetarianos, exceto quando há indicação do contrário.

Área por Área – Centro de Berlim: Unter den Linden

Hackesche Höfe; Tacheles, Oranienburger Straße; Hackesche Höfe

Centro de Berlim: Scheunenviertel

O SCHEUNENVIERTEL, literalmente o "bairro celeiro", antigo bairro judaico de Berlim, experimentou uma recuperação única nas últimas décadas. Originalmente, a dinâmica comunidade judaica vivia no vizinho Spandauer Vorstadt, na periferia da cidade, e o Scheunenviertel era mais conhecido como o bairro de prostituição da cidade. Mas os nazistas aplicaram o nome "Scheunenviertel" a ambas as áreas, a fim de com isso ofender os judeus. Após a Segunda Guerra Mundial, o bairro ficou muito negligenciado e aos poucos foi se degradando. Hoje, vários dos históricos pátios de comerciantes e das ruas secundárias estreitas foram restaurados, revivendo a atmosfera única e animada de Scheunenviertel. Muitos bares e restaurantes, galerias e lojas se estabeleceram aqui e a área se tornou um ponto da moda, tanto entre os moradores como para visitantes, sobretudo à noite. Mas a trágica história de seus antigos habitantes não foi esquecida.

Neue Synagoge

Destaques

1. Oranienburger Straße
2. Neue Synagoge
3. Hackesche Höfe
4. Sophienstraße
5. Tacheles
6. Museum für Naturkunde
7. Dorotheenstädtischer Friedhof
8. Brecht-Weigel-Gedenkstätte
9. Gedenkstätte Große Hamburger Straße
10. Postfuhramt

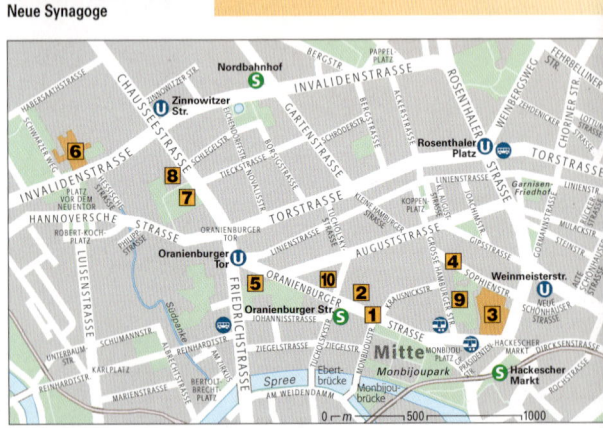

Oranienburger Straße

Como nenhuma outra rua, a Oranienburger Straße, no centro do bairro de Scheunenviertel, simboliza a ascensão e queda da cultura judaica em Berlim. Há vestígios do passado judaico visíveis por toda a rua, como a Neue Synagoge e vários cafés e restaurantes judaicos *(p.129)*. Alguns edifícios dos séculos XVIII e XIX testemunham o antigo esplendor da rua – o Postfuhramt *(p. 125)*, por exemplo, ou a casa dos nºs 71-2, construída em 1789 por Christian Friedrich Becherer para a Grande Loja Maçônica da Alemanha. ◈ *Mitte, entre Friedrichstr. e Rosenthaler Str.* • *Mapa J4/5*

Neue Synagoge

A Nova Sinagoga, construída em 1859-66, era nessa época a maior da Europa. Em 1938, conseguiu sobreviver à "Reichskristallnacht" graças à vigilância de um corajoso guarda, mas foi danificada por bombas durante a Segunda Guerra Mundial. Por trás da fachada mourisca há uma sala de orações e o Centrum Judaicum. ◈ *Oranienburger Str. 28-30* • *Mapa J4/5* • *10h-20h dom e seg, 10h-18h ter-qui, 10h-17h sex* • *(030) 88 02 83 00* • *Entrada paga*

Hackesche Höfe

Maior e mais atraente grupo de edifícios comerciais restaurados de Berlim, o Hackesche Höfe estende-se entre a Oranienburger e a Rosenthaler Straße e pela Sophienstraße a leste. O complexo de edifícios, que compreende oito pátios interligados, foi projetado na virada para o século XX por Kurt Berndt e August Endell, dois expoentes do Art Nouveau. O primeiro pátio é o que mais destaca elementos típicos desse estilo: padrões geométricos são dispostos em cores vibrantes sobre azulejos vitrificados, cobrindo o edifício inteiro, dos alicerces aos beirais. O que havia ficado em ruínas em 1945 foi cuidadosamente restaurado, e agora constitui um dos mais populares núcleos de vida noturna da cidade. Vários restaurantes e cafés *(pp. 128-9)*, o Chamäleon-Varieté *(p. 56)*, galerias e pequenas lojas se instalaram nesta área. ◈ *Rosenthaler Str. 40-41* • *Mapa I5*

Sophienstraße

A estreita Sophienstraße foi muito bem restaurada e hoje parece exatamente como era no final do século XVIII. Agora há várias lojas e oficinas de artesanato instaladas nos seus modestos edifícios e pátios. Perto daqui fica a Sophienkirche, a primeira igreja paroquial protestante da cidade, fundada pela rainha Sophie Luise em 1712. Perto desta igreja barroca há um pequeno cemitério com alguns túmulos do século XVIII. ◈ *Große Hamburger Str. 29* • *Mapa I5*

A velha igreja Sophienkirche

Neue Synagoge: **www.cjudaicum.de**

Área por Área – Centro de Berlim: Scheunenviertel

O estúdio de Bertolt Brecht; Memorial na Große Hamburger Straße

Tacheles

Na década de 1990, as ruínas do antigo Wilhelm-Einkaufspassagen, um dos mais elegantes centros comerciais de Berlim que datam da virada para o século XX, foram transformadas por artistas num complexo de artes alternativo, mas há projetos de que este antigo ícone de Berlim sedie um shopping center.
◊ *Oranienburger Str. 54-6a* • *Mapa F3* • *(030) 282 61 85*

Schinkel, Dorotheenstädtischer Friedhof

Museum für Naturkunde

O Museu de História Natural – um dos maiores do seu gênero – tem o maior esqueleto de dinossauro do mundo: um braquiossauro encontrado na Tanzânia. Também expõe fósseis, meteoritos e minerais (p. 47). ◊ *Invalidenstr. 43* • *Mapa F2* • *9h30-18h ter-sex; 10h-18h sáb e dom* • *(030) 20 93 85 91* • *Entrada paga*

Dorotheenstädtischer Friedhof

Muitas celebridades estão enterradas neste atraente cemitério, que data de 1762. À esquerda da entrada estão os túmulos de Heinrich Mann (1871-1950) e Bertolt Brecht (1898-1956); mais adiante há as lápides em forma de pilar dos filósofos Johann Gottlieb Fichte (1762-1814) e Georg Wilhelm Friedrich Hegel (1770-1831). Em Birkenallee (à esquerda do caminho principal) você pode ver os túmulos do mestre de obras Karl Friedrich Schinkel (1781-1841) e dos arquitetos Friedrich August Stüler (1800-65) e Johann Gottfried Schadow (1764-1850). ◊ *Chausseestr. 126* • *Mapa F2* • *verão: 8h-20h diariam; inverno: 8h-16h diariam*

Brecht-Weigel-Gedenkstätte

Bertolt Brecht, um dos maiores dramaturgos do século XX, morou aqui com sua mulher, Helene Weigel, de 1953 a 1956. O mobiliário original está exposto junto com documentos e fotografias. ◊ *Chausseestr. 125* • *Mapa F2* • *10h-12h, 14h-15h30 ter, 10h-11h30 qua e sex; 10h-12h e 17h-18h30 qui; 10h-15h30 sáb; 11h-18h dom* • *(030) 200 571 844* • *Entrada paga*

A Berlim Judaica

No século XIX, Berlim tinha 200 mil judeus, maior comunidade judaica do país. Além dos judeus ricos na parte oeste da cidade, também atraiu muitos judeus empobrecidos da Polônia e da Rússia, que se instalaram em Spandauer Vorstadt. Uma parte do bairro, a zona da prostituição e da marginalidade, era também conhecida como Scheunenviertel. A propaganda nazista usou esse nome para designar o bairro todo de Spandauer Vorstadt, a fim de humilhar os judeus associando-os ao crime. Hoje o bairro judaico ainda é conhecido pelo nome de "Scheunenviertel", embora poucos judeus morem aqui hoje. Apenas 5 mil judeus de Berlim conseguiram sobreviver entre 1933 e 1945, em esconderijos.

Veja mais sobre o Museum für Naturkunde em www.naturkundemuseum-berlin.de

Gedenkstätte Große Hamburger Straße

Antes de 1939, esta era uma rua judaica importante, com várias escolas, o antigo cemitério judaico de Berlim e um asilo para idosos. Este último conquistou trágica notoriedade no período nazista – a SS usou-o como centro de detenção de judeus berlinenses antes de levá-los aos campos de concentração. Um monumento lembra os milhares de judeus que foram levados daqui para a morte. À esquerda da casa há uma escola judaica, no local de uma escola anterior fundada em 1778 pelo filósofo iluminista Moses Mendelssohn (1729-86). À direita do monumento fica o cemitério judaico, onde cerca de 12 mil judeus de Berlim foram enterrados entre 1672 e 1827. Em 1943, os nazistas destruíram o cemitério quase totalmente. Sobreviveram apenas alguns túmulos barrocos, ou *masebas*, que agora estão embutidos no pequeno muro original do cemitério. No local onde se supõe estar o túmulo de Moses Mendelssohn há um monumento. ◈ *Große Hamburger Str.* • *Mapa J5*

Postfuhramt

O ricamente ornamentado Postfuhramt (departamento de transportes dos correios), do século XIX, já foi usado como espaço de exposições, mas acabou sendo convertido em quartel-general de uma empresa de tecnologia médica. ◈ *Oranienburger Str. 35* • *Mapa J4*

Friso na fachada do Postfuhramt

Um Dia em Scheunenviertel

Manhã

Pegue a S-Bahn até a Friedrichstraße e explore esta rua, antigo núcleo de entretenimento de Berlim. Siga no sentido norte até a Reinhardstraße e vire à esquerda na direção da Bertolt-Brecht-Platz. Continue para o sul no sentido da Albrechtstraße até o **Berliner Ensemble** *(p. 126)*. Depois de admirar o teatro onde o grande dramaturgo costumava trabalhar, faça uma visita ao seu estúdio, o **Brecht-Weigel-Gedenkstätte**, na Chausseestraße. O melhor modo de chegar lá é a pé – pela Chausseestraße. Se for pela Friedrichstraße e virar à direita atrás do Friedrichstadtpalast até a **Oranienburger Straße** *(p. 123)*, você chegará ao coração do agitado bairro de Scheunenviertel.

Na esquina da rua ergue-se o **Tacheles**, antes um centro de artes, e apenas alguns passos para leste a reluzente cúpula dourada da **Neue Synagoge** surgirá diante dos seus olhos *(pp. 45 e 123)*.

Tarde

Antes de explorar o bairro de Scheunenviertel, é bom fazer uma parada para um lanche; perto da sinagoga você encontra o **Keyser Soze** *(p. 129)*. Ande pela Tucholskystraße e vire à direita na Auguststraße. Aqui você pode visitar alguns dos mais atraentes pátios, como o **Kunsthof** na esquina da Gartenstraße. Volte pela Auguststraße até a **Gedenkstätte Große Hamburger Straße** e o **Hackesche Höfe** *(p. 123)* para umas compras e também para uma merecida refeição noturna.

Interior da Sophienkirche; Berliner Ensemble; Deutsches Theater

O Melhor de Tudo

1. Charité
Muitos médicos notáveis, como Rudolf Virchow e Robert Koch, trabalharam e lecionaram neste hospital mundialmente famoso, fundado em 1710. O Museu da História Médica tem 750 peças em exposição. ⊛ *Schumannstr. 20-21* • *Mapa J3* • *Medizinhistorisches Museum 10h-17h ter, qui, sex, dom, 10h-19h qua e sáb* • *(030) 450 53 61 56*

2. Alte e Neue Schönhauser Straße
A Alte Schönhauser Straße é uma das ruas mais antigas de Spandauer Vorstadt. É caracterizada por uma mistura de lojas tradicionais e lojas novas da moda. ⊛ *Hackescher Markt* • *Mapa J5*

3. Deutsches Theater
Antigo local de trabalho de Max Reinhardt, o teatro – tido como o melhor de língua alemã – mostra principalmente clássicos alemães, muitas vezes em novas versões. ⊛ *Schumannstr. 13a* • *Mapa J3* • *(030) 28 44 12 25*

4. Berliner Ensemble
Fundado em 1891-2 por Heinrich Seeling, era o local onde Bertolt Brecht apresentava suas peças. ⊛ *Bertolt-Brecht-Platz 1* • *Mapa J3* • *(030) 28 40 81 55*

5. Hochbunker
Um dos últimos abrigos antiaéreos sobreviventes da Segunda Guerra Mundial. ⊛ *Albrechtstr. esquina com Reinhardtstr.* • *Mapa J3*

6. Monbijoupark
Pequeno parque onde outrora ficava o pequeno palácio Monbijou. Hoje é um atraente espaço verde para descansar. ⊛ *Oranienburger Str./Spree* • *Mapa J5*

7. Auguststraße
Esta área lembra o bairro original de Scheunenviertel, com velhos pátios internos e repleta de galerias de arte. ⊛ *Entre Oranienburger e Rosenthaler Str.* • *Mapa G2*

8. Koppenplatz
Nesta pracinha, um monumento de uma mesa e uma cadeira virada lembra a expulsão dos judeus. ⊛ *Perto da Auguststr.* • *Mapa G2*

9. Sophienkirche
Igreja paroquial de 1712 que ainda preserva o charme da velha Berlim. Não deixe de ver o seu púlpito barroco. ⊛ *Große Hamburger Str. 29* • *Mapa G2*

10. Tucholskystraße
Esta rua estreita é típica da mudança de Scheunenviertel – com lojas modernas ao lado de fachadas decadentes e outras reformadas. ⊛ *Mapa J4*

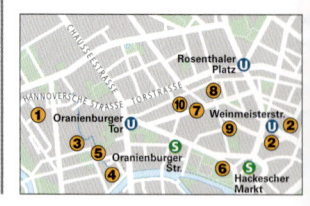

Heckmann-Höfe; Sophienhöfe; A galeria alternativa Kunst-Werke

Pátios Antigos

Sophie-Gips-Höfe
Famosa pela coleção de arte Hoffman, guardada aqui, esta antiga fábrica de máquinas de costura é um popular ponto de encontro. ⌖ *Sophienstr. 21-2 • Mapa G3*

Sophienhöfe
As oficinas de artesãos do século XIX, em tijolo vermelho, foram transformadas em ateliês de artistas e um teatro. ⌖ *Sophienstr. 17-8 • Mapa G3*

Heckmann-Höfe
Estes pátios muito bem restaurados, que abrigavam uma fábrica de doces, atraem hoje visitantes para o restaurante e as lojas de roupas. ⌖ *Entre Oranienburger Str. 32 e Auguststr. 9 • Mapa J4*

Kunst-Werke
Instalações de grande porte dos artistas residentes são regularmente montadas neste importante centro de arte contemporânea. Susan Sontag esteve entre os convidados. O pátio tem um café desenhado por Dan Graham no jardim de inverno. ⌖ *Auguststr. 69 • Mapa G2*

Rosenthaler Straße 37
Este pátio com paredes cobertas por azulejos verdes é incomparável. Antes parte da loja de departamentos Wertheim, hoje ele abriga uma butique e um bar de tapas. O acesso é feito por uma casa de 1775, com uma bela escadaria de madeira. ⌖ *Rosenthaler Str. 37 • Mapa G2*

Schulhof
O tempo parece ter parado por volta de 1900 neste pátio, onde funciona hoje uma escola. ⌖ *Auguststr. 21 • Mapa G2*

Hof Auguststraße 5a
O amplo pátio do antigo Postfuhramt permite vislumbrar a fachada original do edifício. ⌖ *Auguststr. 5a • Mapa G2*

Rosenthaler Straße 39
A subcultura berlinense posterior à derrubada do muro ainda sobrevive neste pátio que não foi reformado. ⌖ *Rosenthaler Str. 39 • Mapa G2*

Kunsthof
Pátio cheio de meandros, hoje ocupado por várias oficinas, escritórios e cafés. Dê uma olhada nas escadas ricamente ornamentadas. ⌖ *Oranienburger Str. 27 • Mapa J4/5*

Sophienstr. 22 e 22a
Dois pequenos pátios internos, com algumas plantas, são rodeados por muros de tijolos amarelos e vermelhos. ⌖ *Sophienstr. 22-22a • Mapa G3*

Área por Área – Centro de Berlim: Scheunenviertel

Kaffee Burger; Bebidas no Yosoy; O bar Reingold

Pubs, Bares e Discotecas

1 Riva
Bar elegante e moderno, com o nome de um famoso jogador de futebol italiano.
◎ *Dirckenstr., Arch 142* • *Mapa J5* • *18h-4h diariam* • *(030) 24 72 26 88*

2 Bellini Lounge
Tem alguns dos coquetéis tropicais mais autênticos preparados ao norte do equador.
◎ *Oranienburger Str. 42* • *Mapa J4* • *18h-3h diariam* • *(030) 97 00 56 18*

3 Betty F
Um pub de segunda categoria, gay e hétero, que presta uma irônica homenagem à ex-primeira-dama americana Betty Ford. Serve ótimos drinques.
◎ *Mulackstraße 13* • *Mapa H2* • *a partir das 21h diariam* • *(030) 304 71 74 40*

4 Reingold
Bar calmo, com atmosfera da década de 1920. Opção ideal para o fim de noite após jantar no Mitte. ◎ *Novalisstraße 11* • *Mapa G2* • *a partir das 19h ter-sáb* • *(030) 28 38 76 76*

5 Fire Bar
Neste bar informal, um pouco sujo, a jovem clientela saboreia lanches e bebidas a preços razoáveis. É permitido fumar.
◎ *Krausnickstr. 5* • *Mapa J4* • *a partir das 20h diariam* • *(030) 28 38 51 19*

6 B-flat
Jazz ao vivo e dança são as ofertas deste local. ◎ *Rosenthaler Str. 13* • *Mapa J5* • *a partir das 20h dom-qui, 21h sex e sáb* • *(030) 283 31 23*

7 CCCP Club
Um bar retrô ao estilo soviético, o CCCP Club serve vodca e blinis para uma multidão animada. O pequeno palco recebe noites de DJs e shows burlescos.
◎ *Rosenthaler Str. 71* • *Mapa J5* • *a partir de 19h diariam* • *0151 23 60 76 05*

8 Oxymoron
Pequeno bar, clube e restaurante no Hackesche Höfe, com decoração em tecido, serve comida leve, alemã e internacional.
◎ *Rosenthaler Str. 40-1* • *Mapa J5* • *a partir de 9h diariam* • *(030) 28 39 18 86*

9 Yosoy
Este restaurante espanhol com decoração atraente serve tapas deliciosas, bons vinhos e coquetéis incríveis – e por isso lota até tarde da noite. ◎ *Rosenthaler Str. 37* • *Mapa J5* • *a partir das 23h diariam* • *(030) 28 39 12 13*

10 Kaffee Burger
Este bar e casa de música é um dos favoritos entre os modernos de Berlim Oriental, graças às suas extravagantes festas de lançamento de discos, leituras e projeções de filmes. ◎ *Torstr. 58-60* • *Mapa G2* • *a partir das 20h diariam* • *(030) 28 04 64 95*

Categorias de Preço

Refeição para uma pessoa com três pratos e meia garrafa de vinho, impostos e serviço.	€ até €20 €€ €20-€30 €€€ €30-€45 €€€€ €45-€60 €€€€€ acima de €60

Alpenstück; Pan Asia

Onde Comer

Pan Asia
Pratos asiáticos, com peixe grelhado e legumes, são servidos em ambiente da década de 1960. ❀ *Rosenthaler Str. 38 • Mapa J5 • 12h-24h diariam • (030) 27 90 88 11 • €€*

Keyser Soze
Restaurante despretencioso que serve café da manhã até as 18h e fartos lanches alemães. ❀ *Tucholskystr. 33 • Mapa J4 • 7h30-3h diariam • (030) 28 59 94 89 • €€*

Monsieur Vuong
Este pequeno local vietnamita serve deliciosos pratos asiáticos. Não aceita reservas. ❀ *Alte Schönhauser Straße 46 • Mapa G3 e J5 • 12h-24h diariam • (030) 99 29 69 24 • €*

The Kosher Classroom
Pratos kosher e veganos são servidos neste local, que já funcionou como escola e hoje abriga também galerias de arte. ❀ *Auguststr. 11-13 • Mapa G3 • a partir das 19h30 sex, 11h-18h dom • (030) 315 950 950 • €€€€€*

Beth-Café
Pequeno café judaico da comunidade Adass-Jisroel; serve pratos judaicos, além de vinhos e cervejas kosher. ❀ *Tucholskystr. 40 • Mapa J4 • 11h-20h dom-qui, 11h-17h sex • (030) 281 31 35 • não aceita cartões • €*

Hackescher Hof
Melhor restaurante do Hackesche Höfe; serve deliciosos pratos regionais. ❀ *Rosenthaler Str. 40-1 • Mapa J5 • a partir das 8h seg-sex, a partir das 9h sáb e dom • (030) 283 52 93 • €€€*

Nola's am Weinberg
A cozinha suíça servida aqui é surpreendentemente inspirada. Prove um dos deliciosos fondues. Há um terraço adorável. ❀ *Veteranenstraße 9 • Mapa G2 • 10h-1h diariam • (030) 440 40 766 • €€*

Alpenstück
O melhor dos restaurantes caseiros que servem comida tradicional do sul da Alemanha e da Áustria, num ambiente acolhedor, decorado em estilo alpino. ❀ *Gartenstraße 9 • Mapa G2 • 18h-1h diariam • (030) 217 516 46 • €€*

Kamala
Esta joia oculta oferece comida tailandesa tradicional e uma carta de vinhos notável. Sem sustos e com bom custo-benefício. ❀ *Oranienburger Str. 69 • Mapa J5 • 12h-23h30 diariam • (030) 283 27 97 • €€*

Barist
O estabelecimento oferece uma mistura de pratos franceses, italianos e austríacos. Há sempre uma boa atmosfera sob os arcos da S-Bahn; jazz ao vivo aos fins de semana. ❀ *Am Zwirngraben 13-4 • Mapa G2 • 10h-2h dom-qui, 10h-3h sex e sáb • €€*

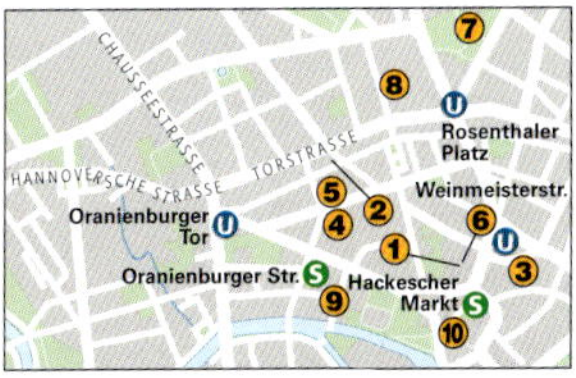

→ *Todos os restaurantes aceitam cartões de crédito e servem pratos vegetarianos, exceto quando há indicação do contrário.*

Área por Área – Centro de Berlim: Scheunenviertel

Pintura de altar na Marienkirche; Friso no Münze; Knoblauch-Haus

Centro de Berlim: Área da Alexanderplatz

A ÁREA EM VOLTA DA ALEXANDERPLATZ é uma das mais antigas da cidade; foi aqui que as torres gêmeas de Cölln e Berlin se fundiram e viraram uma só no século XIII. Bairro mais antigo de Berlim ainda com coerência, Nikolaiviertel (do século XVIII) e sua igreja medieval Nikolaikirche, a mais antiga da cidade, ficam à sombra da torre de TV, o orgulho da "capital" da antiga Alemanha Oriental. No 750º aniversário de Berlim, em 1987, o governo da Alemanha Oriental decidiu restaurar Nikolaiviertel. Mas sobraram poucos edifícios originais; a maioria foi reconstruída do zero. A alguns passos das ruelas de Nikolaiviertel estende-se a Alexanderplatz, que os locais chamam simplesmente de "Alex". Antes da Segunda Guerra Mundial, ela definia a pulsação da cidade; após a devastação da guerra, parecia deserta e um pouco abandonada. Embora a imensa praça ganhe vida de novo, especialmente no verão, um vento leste gelado ainda sopra entre os edifícios. A vibração da praça, como descrita por Alfred Döblin em seu romance Berlin Alexanderplatz, só aos poucos vai voltando à área. E, nos próximos anos, algumas construções e reconstruções ainda estão previstas para a Alex.

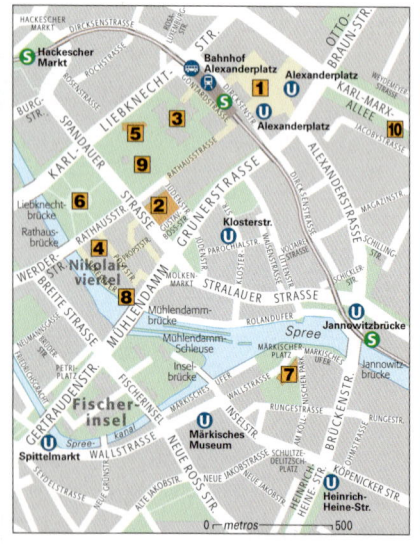

Berliner Rathaus

Destaques

1. Alexanderplatz
2. Berliner Rathaus
3. Berliner Fernsehturm
4. Nikolaiviertel
5. Marienkirche
6. Marx-Engels-Forum
7. Märkisches Museum
8. Ephraim-Palais
9. Fonte de Netuno
10. Karl-Marx-Allee e Frankfurter Allee

Alexanderplatz

A imensa praça, bastante desolada, no centro de Berlim Oriental, chamada de "Alex" pelos berlinenses, era um dos locais mais vibrantes de Berlim antes da Segunda Guerra Mundial – e por certo voltará a ser algum dia. Alfred Döblin captou bem o ritmo da cidade em seu famoso romance, *Berlin Alexanderplatz*. Hoje não resta muito daquela atmosfera frenética, embora haja bastante agitação em torno da loja de departamentos Galeria Kaufhof *(p. 135)*.

Animal heráldico, na Rathaus

Originalmente, a Alex era um mercado de gado e lã. Poucos edifícios do pré-guerra sobreviveram – só restam o Berolinahaus e o Alexanderhaus, perto da histórica estação S-Bahn Alexanderplatz, ambos de 1929. A praça foi quase totalmente arrasada na Segunda Guerra Mundial, e a maioria dos insossos blocos em volta são da década de 1960. Há planos de construir mais edifícios comerciais e residenciais. ◎ *Mitte • Mapa J6*

Berliner Rathaus

Esta é a imponente sede da Prefeitura de Berlim, e o centro do poder político da Grande Berlim. A Rathaus foi construída entre 1861 e 1869, com projeto de Hermann Friedrich Waesemann, no local da antiga sede da prefeitura. O edifício buscava expressar o poder e a glória de Berlim, e o arquiteto procurou inspirar-se nos *palazzi* do Renascimento italiano.

O edifício também é conhecido como "Prefeitura Vermelha" – o que não é um lembrete de seu passado socialista, e sim uma referência aos tijolos vermelhos da província de Brandemburgo usados em sua construção *(p. 38)*. ◎ *Rathausstr. 15 • Mapa K6 • 9h-18h seg-sex • (030) 90 26 0*

Berliner Fernsehturm

A enorme torre de TV, com 368m de altura, é a edificação mais alta de Berlim e oferece vistas que permitem enxergar a até 40km de distância com tempo bom. Tem um mirante à altura dos 203m. O restaurante Sphere, acima dele, dá uma volta completa sobre seu eixo a cada 30 minutos. A torre, visível de longe, foi erguida em 1965-9 pelo governo da Alemanha Oriental como um símbolo do triunfo de Berlim Oriental, sua "capital". ◎ *Panoramastr. 1a • Mapa J6 • Mar-out: 9h-24h, nov-fev: 10h-24h • (030) 242 33 33 • Entrada paga*

Weltzeituhr (relógio com a hora mundial) na "Alex"; Restaurante Sphere, na Fernsehturm

Veja mais sobre a Fernsehturm em www.tv-turm.de

Área por Área – Centro de Berlim: Área da Alexanderplatz

Nikolaikirche, Nikolaiviertel; Märkisches Museum; Rua de Nikolaiviertel

Nikolaiviertel

Em volta da igreja medieval Nikolaikirche *(p. 44)*, o exíguo bairro de Nikolaiviertel, com suas ruelas, restaurantes da Velha Berlim e lojas de suvenires, é uma das partes mais charmosas da cidade. A área entre o rio Spree e Mühlendamm foi arrasada na Segunda Guerra Mundial. As autoridades da Alemanha Oriental recuperaram-na após a guerra – nem sempre com sucesso: algumas casas, por exemplo, foram cobertas com fachadas pré-fabricadas.

O Knoblauchhaus foi um dos raros edifícios que escapou à destruição. Datando de 1835, era a casa da família Knoblauch (a Neue Synagoge foi projetada pelo arquiteto Eduard Knoblauch). Hoje abriga um museu sobre a vida cotidiana de Berlim, com um apartamento todo mobiliado no estilo Biedermeier. ⓘ *Mitte, Knoblauchhaus: Poststr. 23 • Mapa K6 • 10h-18h ter, qui-dom, 12h-20h qua • (030) 240 02 01 71 • Entrada paga*

Marienkirche

Construída em 1270, Marienkirche foi muito remodelada no século XV. Graças à sua torre barroca, projetada em 1790 por Carl Gotthard Langhans, é uma das igrejas mais bonitas de Berlim. Dentro, o púlpito de alabastro, de Andreas Schlüter (1703) e o altar principal (1762) são particularmente interessantes. A fonte gótica do século XV e um longo afresco de 22m, *Der Totentanz* (A Dança da Morte), de 1485, são seus dois tesouros mais antigos. No centro de uma área densamente construída, a igreja é agora o único lembrete do coração histórico da cidade. ⓘ *Karl-Liebknecht-Str. 8 • Mapa K6 • 10h-18h seg-sáb, 12h-18h dom • (030) 242 44 67*

Marx e Engels

Altar na Marienkirche

Marx-Engels-Forum

Logo após a reunificação alemã em 1989, a frase "Da próxima vez tudo será diferente" foi pichada neste monumento a Karl Marx e Friedrich Engels, pais do socialismo. As estátuas de bronze que enfeitam a praça foram criadas por Ludwig Engelhart em 1986. ⓘ *Mapa K5/6*

Märkisches Museum

O museu municipal de Berlim exibe vários tesouros arquitetônicos, como alguns portais e a cabeça de um dos cavalos do alto do Portão de Brandemburgo. Na antiga escola, que hoje também abriga galerias de arte, são servidos pratos kosher e veganos. ⓘ *Am Köllnischen Park 5 • Mapa L6 • 10h-18h ter-dom • (030) 24 00 21 62 • Entrada paga*

Ephraim-Palais

Ephraim-Palais
O palácio barroco, construído em 1766 para o comerciante Nathan Veitel Heinrich Ephraim, já foi em certa época o edifício mais bonito da cidade. Reconstruído após a demolição do antigo palácio, é hoje um museu sobre a história da arte em Berlim. ⓢ *Poststr. 16 • Mapa K6 • 10h-18h ter e qui-dom, 12h-20h qua • (030) 24 00 21 62 • Entrada paga*

Fonte de Netuno
A fonte verde neobarroca, de 1895, retrata o deus do mar Netuno. Ele é rodeado de figuras femininas, simbolizando os rios alemães Reno, Weichsel, Oder e Elba. ⓢ *Am Rathaus • Mapa K6*

Karl-Marx-Allee e Frankfurter Allee
Esta avenida, com edifícios no estilo soviético, foi construída como vitrine do socialismo em 1949-55. Conhecida como a "Stalinallee", ela abriga apartamentos ultramodernos hoje que voltaram à moda. ⓢ *Mitte/Friedrichshain*

Fonte de Netuno

Um Dia na Área da Alexanderplatz

Manhã
Comece o dia indo até a **Alexanderplatz** *(p. 131)*, onde você pode apreciar a multidão na praça e talvez fazer algumas compras antes de dar um passeio na **Marienkirche**. Perto daqui você pode relaxar junto à **Fonte de Netuno** e depois admirar as estátuas de Marx e Engels no **Marx-Engels-Forum**. A alguns passos daqui fica o **Berliner Rathaus** *(p. 131)*. O restaurante no subsolo, Ratskeller, é uma boa opção para almoçar cedo, ou você pode passear pela histórica Nikolaiviertel e comer no **Reinhard's** *(p. 137)*, que serve comida caseira.

Tarde
Sinta a atmosfera histórica de **Nikolaiviertel** percorrendo a pé, se possível, suas ruas estreitas. Vale a pena visitar a igreja Nikolaikirche e o Knoblauchhaus. Daqui volte até a Alexanderplatz e – se o tempo estiver bom – suba de elevador até o mirante no alto da **Berliner Fernsehturm** *(p. 131)*. Depois, continue a pé ou pegue o U-Bahn da Alex até a Strausberger Platz para apreciar os frutos da arquitetura socialista na **Frankfurter Allee**. Na Grunerstraße você chega à margem oposta do rio Spree, onde poderá mergulhar na história da cidade de Berlim visitando o **Märkisches Museum**, logo virando a esquina. À noite, termine seu passeio com um belo jantar no **Zur Gerichtslaube** *(p. 137)*.

Área por Área – Centro de Berlim: Área da Alexanderplatz

Veja mais sobre o Ephraim Palais e o Märkisches Museum em www.stadtmuseum.de

Escadaria do Stadtgericht; Palais Podewil; Ruínas da Franziskanerkirche

TOP 10 O Melhor de Tudo

1. Stadtgericht
O imponente edifício dos tribunais municipais tem escadarias extravagantes na área do saguão, com balaustradas curvas e colunas elegantes. ❀ *Littenstr. 13-5* • *Mapa K6* • *8h-18h seg-sex*

2. Franziskanerkirche
Estas ruínas de uma abadia franciscana do século XIII, rodeadas por gramados, constituem um local pitoresco para um descanso no centro da cidade. ❀ *Klosterstr. 74* • *Mapa K6*

3. Stadtmauer
Um fragmento da muralha dos séculos XIII e XIV, que antes rodeava as torres gêmeas de Berlin e Cölln. ❀ *Waisenstr.* • *Mapa K6*

4. Palais Podewil
Este palácio barroco amarelo-claro, de 1701-4, foi transformado no Podewil, um centro cultural aligado ao Grips-Theater *(p. 64)*. ❀ *Klosterstr. 68* • *Mapa K6* • *11h-22h seg-sáb* • *(030) 24 74 96*

5. Parochialkirche
Projetada por Johann Arnold Nering e Martin Grünberg, esta era uma das igrejas barrocas mais bonitas de Berlim, mas seu magnífico interior foi destruído na Segunda Guerra Mundial e o campanário desabou. Atualmente é local de concertos de música erudita contemporânea. ❀ *Klosterstr. 67* • *Mapa K6*

6. Märkisches Ufer
Este pitoresco passeio à beira do rio dá uma boa ideia de como era a cidade no final do século XVIII. ❀ *Mapa L6*

7. Heiliggeistkapelle
Esta igreja-hospital do século XIII é um belíssimo exemplo de arquitetura gótica de tijolo. ❀ *Spandauer Str. 1* • *Mapa K6*

8. Ribbeckhaus
Única casa renascentista do centro de Berlim, com uma notável fachada ricamente ornamentada. ❀ *Breite Str. 36* • *Mapa K5*

9. AquaDom e Sea Life Berlin
Um centro fascinante, com inúmeras espécies que vivem nos rios, lagos e mares, e impressionantes corais e peixes tropicais, além do maior aquário cilíndrico do mundo *(p. 65)*.

10. Porto Histórico
Estão ancorados aqui barcaças e rebocadores que já operaram no rio Spree. A *Renate-Angelika* tem uma mostra histórica sobre navegação fluvial. ❀ *Märkisches Ufer* • *Mapa L6* • *Museu mai-set: 12h-18h dom* • *(0172) 392 67 48*

Galeria Kaufhof; Die Puppenstube; Tee Gschwendner

TOP 10 Lojas, Mercados e Feiras

1. Galeria Kaufhof
A maior loja de departamentos de Berlim tem tudo o que você pode desejar. Sua seção de alimentos tem grande variedade de itens gourmet internacionais. ◎ *Alexanderplatz 9* • *Mapa I6* • *9h30-20h seg-qua, 9h30-22h qui-sáb* • *(030) 24 74 30*

2. Die Puppenstube
Adorável loja de bonecas, feitas de porcelana e outros materiais, e de montanhas de ursinhos de pelúcia. ◎ *Propststr. 4* • *Mapa K6* • *10h-18h30 seg-sáb, 11h-18h dom* • *(030) 242 39 67*

3. Teddy's
Loja de brinquedos à moda antiga, provavelmente com a melhor seleção de ursos de pelúcia da cidade. ◎ *Propststr. 4* • *Mapa K6* • *10h-18h diariam (sáb e dom a partir das 11h* • *(030) 247 82 44*

4. Tee Gschwendner
Charmosa loja especializada em chás, em frente à igreja Nikolaikirche, com deliciosos aromas. ◎ *Propststr. 3* • *Mapa K6* • *10h-19h seg-sáb* • *(030) 242 32 55*

5. Ausberlin
Produtos extravagantes, principalmente roupas, todos criados em Berlim. Exclusividades como o perfume Breath of Berlin, bolsas e camisetas ◎ *Karl-Liebknecht Str. 17* • *Mapa J6* • *10h-20h seg-sáb* • *(030) 41 99 78 96*

6. U-Bahn e S-Bahnhof Alexanderplatz
Área movimentada com lojas para as necessidades do dia a dia e pontos de fast-food abertos até tarde, além de *imbisse* (bancas de comida). ◎ *Alexanderplatz* • *Mapa J6*

7. Alexa
Shopping center com 180 pontos de varejo, como a Build-a-Bear Workshop, especializada em ursos de pelúcia, e a LOXX, que tem a maior maquete de trem com operação digital do mundo. ◎ *Am Alexanderplatz, Grunerstr. 20* • *Mapa K6* • *10h-21h seg-sáb* • *(030) 269 34 00*

8. Erzgebirgischer Weihnachtsmarkt
Bancas com grande variedade de artesanato alemão, inclusive os tradicionais quebra-nozes de madeira. ◎ *Propststr. 8* • *Mapa K6* • *11h-18h seg-sáb* • *(030) 241 12 29*

9. die mitte
Visite este grande shopping center com lojas de moda como Esprit e New Yorker, e de multimídia, como Saturn. ◎ *Alexanderplatz* • *Mapa J6* • *10h-21h seg-sáb* • *(030) 263 99 70*

10. Münzstrasse
Esta pequena rua bem próxima à Alexanderplatz tem muitas butiques e lojas de roupa de grife. Imperdível para fãs de moda. ◎ *Münzstr.* • *Mapa J6*

Veja mais sobre a Die Puppenstube em **www.puppen-eins.de**

Brauhaus Georgbräu; Zur letzten Instanz; Telecafé Fernsehturm

Bares, Cafés e Cervejarias

1. Zur letzten Instanz
É o bar mais antigo de Berlim, de 1621, e já teve entre seus clientes figuras ilustres como Napoleão, o artista alemão Heinrich Zille e o ex-líder soviético Mikhail Gorbachev. ⓈWaisenstr. 14-6 • Mapa K6 • 12h-1h seg-sáb • (030) 242 55 28 • €€

2. Brauhaus Georgbräu
Atraindo igualmente bávaros e turistas, esta cervejaria ao ar livre tem comida caseira e cerveja tanto de Berlim como de Munique. Ⓢ Spreeufer 4 • Mapa K5/6 • verão: 10h-24h diariam; inverno: a partir das 12h seg-sex • (030) 242 42 44 • €€

3. La Siesta
Café pequeno e acolhedor, serve sopas e lanches com bom custo-benefício. No verão, sente ao ar livre, sob árvores antigas. Ⓢ Garnisonkirchplatz 2 • Mapa J5 • a partir das 9h seg-sex • (030) 56 97 31 61 • €

4. Zum Nußbaum
Um charmoso pub histórico em Nikolaiviertel, serve chope e *Berliner Weiße* no verão. Ⓢ Am Nußbaum 3 • Mapa K6 • 11h30-24h diariam • (030) 242 30 95 • €€

5. Chefetage
Um lugar pequeno, que serve ótimo café, sanduíches e sopas, tudo preparado com ingredientes regionais frescos. O serviço é rápido. Ⓢ Inselstraße • Mapa L6 • 9h-18h seg-sex, 9h-16h sáb • (030) 24 72 36 55 • €-€€

6. Café Oliv
Berlinenses descolados compram sanduíches orgânicos, café com leite e bolos caseiros neste local elegante. Ⓢ Münzstr. 8 • Mapa J6 • 8h30-19h seg-sex, 9h30-19h sáb, 10h-18h dom • (030) 89 20 65 40 • €

7. Café Ephraim's
Café e doces, e mais boas vistas do rio Spree atraem locais e turistas. Ⓢ Spreeufer 1 • Mapa K5/6 • 12h-22h diariam • (030) 24 72 59 47 • não aceita cartões • €€

8. tigertörtchen
Experimente cupcakes de sabores criativos, como tâmara e nozes ou caranguejo e endro. Ⓢ Spandauer Str. 25 • Mapa K6 • 11h-18h qui-ter • (030) 67 96 90 51 • €

9. Zum Fischerkietz
Pub-restaurante envolvente, especializado em *Berliner Weiße*, além de pratos berlinenses e cervejas. Ⓢ Fischerinsel 5 • Mapa L6 • 11h-24h diariam • (030) 201 15 16 • €€

10. Der Alte Fritz
Pratos alemães como joelho de porco e pato assado com repolho são servidos aqui. Ⓢ Karl-Liebknecht-Str. 29 • Mapa J6 • 12h-24h seg-sáb, 12h-22h dom

Veja mais sobre a Brauhaus Georgbräu em www.georgbraeu.de

Restaurante Zur Gerichtslaube; Reinhard's, em Nikolaiviertel

Categorias de Preço
Refeição para uma pessoa com três pratos e meia garrafa de vinho, impostos e serviço.
- € até €20
- €€ €20-€30
- €€€ €30-€45
- €€€€ €45-€60
- €€€€€ acima de €60

Onde Comer

1. Reinhard's
Um dos restaurantes mais charmosos do bairro de Mitte. Saboreie a comida internacional, cercado de fotos e pinturas de contemporâneos famosos.
• Poststr. 28 • Mapa K6 • 9h-24h diariam • (030) 242 52 95 • €€€

2. HEat
Um restaurante superchique no SAS Radisson (p.179), que serve uma criativa mistura de sabores orientais e europeus.
• Karl-Liebknecht-Str. 3 • Mapa K5 • 6h-23h diariam • (030) 238 28 34 72 • €€€

3. Zur Gerichtslaube
O antigo edifício de um tribunal é um cenário adequado para as especialidades tradicionais de Berlim servidas aqui.
• Poststr. 28 • Mapa K6 • 11h30-1h diariam • (030) 241 56 98 • €€

4. Le Provençal
Ostras assadas e sopa de vieiras são os destaques deste aconchegante restaurante francês dirigido por uma família.
• Spreeufer 3 • Mapa K6 • 12h-24h • (030) 302 75 67 • €€€

5. Zum Paddenwirt
Comida tradicional de Berlim excelente, como arenque frito e carne de porco.
• Nikolaikirchplatz 6 • Mapa K6 • 12h-24h • (030) 242 63 82 • não aceita cartões • €-€€

6. Zillestube
O nome deriva do popular pintor de Berlim, Heinrich Zille. Comida caseira de Berlim, cerveja tradicional e ambiente rústico.
• Propststr. 9 • Mapa K6 • a partir das 11h diariam • (030) 242 52 47 • €€

7. Marcellino
Restaurante italiano preferido da área, com um terraço e um grande jardim, para comer à sombra nos dias quentes de verão. • Poststr. 28 • Mapa K6 • 12h-24h diariam • (030) 242 73 71 • €€

8. La Riva
Local italiano mais chique de Nikolaiviertel, com deliciosos pratos de massas, que podem ser apreciados ao ar livre no verão, com vista do rio Spree.
• Spreeufer 2 • Mapa K6 • 11h-23h diariam • (030) 242 51 83 • €€

9. Sphere
O cardápio pode ser limitado, mas as vistas deste restaurante giratório no topo da torre de TV são imbatíveis.
• Panoramastr. 1a • Mapa J6 • 9h-24h diariam • (030) 247 575 875 • €€€

10. Mutter Hoppe
A deliciosa comida alemã tradicional, servida em porções gigantescas, compensa o serviço.
• Rathausstr. 21 • Mapa K6 • 11h30-24h diariam • (030) 241 56 25 • €-€€

Todos os restaurantes aceitam cartões de crédito e servem pratos vegetarianos, exceto quando há indicação do contrário.

Fachada das casas restauradas da Hagenauer Straße; Cemitério Judaico

Prenzlauer Berg

O BAIRRO BERLINENSE DE PRENZLAUER BERG é uma das grandes atrações da cidade, tanto para moradores como para turistas, devido às transformações que sofreu nas últimas décadas. Os velhos blocos habitacionais no antigo bairro operário de Berlim Oriental estão hoje tomados por agitados cafés, bares e restaurantes. Mesmo quando Berlim ainda era uma cidade dividida, Prenzlauer Berg já era uma área caracterizada por artistas e pessoal alternativo – e ainda exerce uma atração similar. Diversas construções nas ruas secundárias não foram renovadas e permitem ver como era Berlim até há algum tempo. Mas Prenzlauer Berg vem se transformando. Com a reunificação da cidade, o bairro se tornou uma área residencial popular. Muitos alemães ocidentais, tachados de "yuppies" pelos locais, instalam-se aqui, reformam os edifícios, compram apartamentos. O padrão de vida no bairro foi sensivelmente elevado. Butiques elegantes, bares da moda, restaurantes e cafés ficam mais concentrados em torno da Kollwitzplatz e da Husemannstraße, dando às ruas arborizadas um ar quase parisiense. Kastanienallee, a passarela da cena jovem e descolada de Berlim, foi apelidada de "Casting Allee" (elenco de Allee).

Wasserturm

Destaques

1. Kollwitzplatz
2. Schönhauser Allee
3. Prater
4. Kulturbrauerei
5. Cemitério Judaico
6. Husemannstraße
7. Zionskirche
8. Wasserturm
9. Synagoge Rykestraße
10. Gethsemanekirche

Veja mais sobre Prenzlauer Berg em **www.tic-berlin.de**

Monumento a Kollwitz, na Kollwitzplatz

Kollwitzplatz
Antes uma praça tranquila, a Kollwitzplatz é hoje o núcleo barulhento e agitado do bairro. Por toda a volta desta praça arborizada, os moradores locais se reúnem em inúmeros cafés, bares e restaurantes; no verão, a diversão dura até tarde da noite. Vendo hoje as fachadas muito bem restauradas da praça, é difícil imaginar que a Kollwitzplatz era uma das áreas mais pobres de Berlim. O passado humilde do bairro e seus blocos habitacionais do século XIX são uma lembrança evocada apenas pelo nome da praça. A artista Käthe Kollwitz (1867-1945) *(p. 51)* viveu e trabalhou numa casa no nº 25 da Kollwitzplatz (hoje demolida) e passou boa parte da vida no bairro, retratando a pobreza dos operários em suas esculturas e desenhos. *Prenzlauer Berg*
• Mapa H2

Schönhauser Allee
Com 3km de extensão, esta rua é a principal do bairro. No centro dela corre a via elevada da linha U2 do U-Bahn, pintada de verde. A Schönhauser Allee, que corre para nordeste a partir da Rosa-Luxemburg-Platz até o limite da cidade, tem muitas lojas e pubs. Uns poucos edifícios ainda não foram restaurados e dão uma ideia de como era o "velho" Prenzlauer Berg – especialmente as construções situadas entre a Senefelderplatz e a Danziger Straße. *Prenzlauer Berg*
• Mapa H1/2

Prater
O Prater é um dos poucos complexos de lazer desse tipo, antes comuns nas grandes cidades da Alemanha que sobreviveram. Construído em 1837 fora dos portões originais da cidade, foi de início chamado pelos berlinenses de "Prater", numa alusão ao famoso Prater de Viena. Uma sala de concertos foi inaugurada em 1857 e na virada do século o local era tão popular que o apelido ficou. Hoje pode-se apreciar cerveja e comida no restaurante que leva o mesmo nome *(p.143)*.
Kastanienallee 7-9 • Mapa G2
• 18h-24h seg-sáb, 12h-24h dom
• (030) 448 56 88

Kulturbrauerei
Este imenso complexo de edifícios antes abrigava a cervejaria Schultheiss, uma das que fizeram a fama de Prenzlauer Berg. O local, que tem algumas construções com mais de 150 anos de idade, foi projetado por Franz Schwechten. Restaurado em 1997-9, virou um animado ponto de encontro dos moradores da região. Restaurantes, cafés, bares, um cinema, pequenas lojas e até um teatro surgiram no complexo e hoje ocupam os pátios internos destas edificações de tijolos vermelhos e amarelos.
Schönhauser Allee 36-9 (entrada: Knaackstr. 97)

Torre do Kulturbrauerei • Mapa H1 • (030) 44 31 50

Veja mais sobre o Kulturbrauerei em www.kulturbrauerei.de

Casa na Kollwitzplatz; Pátio no Prater; Casa na Kollwitzstraße

Prenzlberg ou Prenzlauer Berg?

Hoje, muitos moradores locais dizem apenas "Prenzlberg" ao falarem do "seu" bairro. Mas esse nome é usado principalmente por berlinenses e alemães ocidentais que se mudaram há pouco para cá – o nome verdadeiro é Prenzlauer Berg. O suposto apelido é apenas um termo recém-forjado para um bairro que ficou na moda depois da queda do Muro.

Cemitério Judaico

Este pequeno cemitério judaico é um dos mais atraentes da cidade. Criado em 1827, devido ao fechamento do antigo cemitério judaico da Große Hamburger Straße, ele tem seus túmulos dispostos entre densos arbustos e altas árvores. Duas personalidades famosas enterradas aqui são o pintor Max Liebermann (1847-1935) e o compositor Giacomo Meyerbeer (1791-1864). ◈ *Schönhauser Allee 23-5* • *Mapa H2*

Husemannstraße

O regime da Alemanha Oriental empreendeu uma restauração perfeita desta idílica rua por ocasião do 750º aniversário de Berlim. Um passeio por esta área arborizada, com casas que datam do Gründerzeit (os anos após a fundação do Império Alemão em 1871), é uma das maneiras mais agradáveis de conhecer Prenzlauer Berg. Luminárias e placas de rua antigas, ruas de pedra, letreiros de lojas como os de outrora e alguns bares levam o visitante à atmosfera da época ao final do século XIX. ◈ *Entre Wörther e Danziger Str.* • *Mapa H1/2*

Zionskirche

A Zionskirche, uma igreja de 1866-73, e a praça de mesmo nome são um tranquilo oásis no meio da agitação do bairro. A igreja protestante sempre foi um centro político. No Terceiro Reich, grupos de resistência contra o nazismo se reuniam aqui, e durante o período da Alemanha Oriental a alternativa "biblioteca do ambiente" (um centro de informação e documentação) tinha também sua sede na igreja, que com outros grupos de oposição reunidos em Zionskirche, teve papel decisivo na transformação política da Alemanha Oriental em 1989-90, que acabou levando à reunificação. ◈ *Zionskirchplatz* • *Mapa G2* • *20h-22h seg, 13h-19h ter-sáb, 12h-17h dom* • *(030) 449 21 91*

Zionskirche

Wasserturm

O símbolo não oficial do bairro é esta imensa caixa-d'água de 30m de altura na Knaackstraße, construída em 1877 como reservatório, mas fechada em 1914. A casa de motores dentro da torre foi usada como prisão não oficial pela SA em 1933-45 – período que é lembrado numa placa comemorativa. A torre ergue-se no Windmühlenberg (monte do moinho), onde antes ficavam alguns dos moinhos que fizeram a fama de Prenzlauer Berg no século XIX. Hoje o edifício redondo de tijolos foi convertido em modernos apartamentos.

Synagoge Rykestraße
A sinagoga, de 1904, é um dos poucos locais de culto judaico que sobreviveu à "Reichskristallnacht" de 9 de novembro de 1938 – a violenta destruição de lojas judaicas pelos nazistas. O interior histórico foi feito com tijolos vermelhos no formato de uma basílica. Hoje é a maior sinagoga de Berlim. *Rykestr. 53 • Mapa H2 • Visitas guiadas 14h-18h qui • (030) 88 02 83 16*

Gethsemanekirche
Em frente a esta igreja de tijolo vermelho, de 1891-3, a polícia secreta da Alemanha Oriental espancou manifestantes pacíficos. Foi o início do colapso do regime da Alemanha Oriental. *Stargarder Str. 77 • Mapa H1 • Mai-out: 17h-19h qua e qui (ou marcar antes) • (030) 445 77 45*

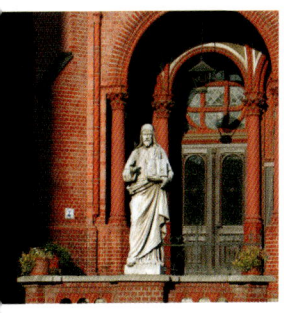

Entrada da Gethsemanekirche

Um Dia em Prenzlauer Berg

Manhã
Comece o passeio pela U-Bahn Senefelderplatz – um dos locais mais agitados de Prenzlauer Berg. Daqui, explore os antigos blocos habitacionais e seus quintais. Siga na direção oeste pela Fehrbelliner Straße até a **Zionskirchplatz**, com a igreja de mesmo nome. Há muitos cafés na praça, como o **Kapelle**, onde você pode parar para tomar um cappuccino. Continue pela Zionskirchstraße e então vire à esquerda na Kastanienallee. Esta é uma das ruas mais atraentes do bairro. No final da rua você pode dar uma olhada no **Prater** *(p. 143)*; vire à direita na Oderberger Straße, uma das ruas mais bem preservadas daqui. Continue seguindo pela Sredzkistraße no sentido leste até chegar à **Husemannstraße**. Dê uma olhada nestas ruas da Velha Berlim, onde talvez ache algo interessante para comprar.

Tarde
Você pode almoçar num dos muitos restaurantes da **Kollwitzplatz** *(p. 139)*: o **Gugelhof** e o **Zander** são duas boas opções *(p. 143)*. Continue pela Knaackstraße até chegar à **Synagoge Rykestraße**. Daqui são apenas alguns passos até o **Wasserturm**, situado na Knaackstraße. Dê um descanso para os pés no pequeno espaço verde em volta da torre, antes de continuar pela Belforterstraße e pela Kollwitzstraße até a Schönhauser Allee. Você poderá descansar mais um pouco na tranquilidade do **Cemitério Judaico**.

Área por Área – Prenzlauer Berg

Synagoge Rykestraße: www.synagoge-rykestrasse.de

Senefelderplatz; Pfefferberg; Zeiss-Großplanetarium

O Melhor de Tudo

1 Greifenhagener Straße
Talvez não a mais bonita, mas a mais bem preservada rua residencial de construções de tijolos da Berlim Velha.
✆ *Mapa H1*

2 Pfefferberg
Centro cultural alternativo, instalado em antiga cervejaria, que promove concertos, eventos de arte performática e festivais.
✆ *Schönhauser Allee 176 • Mapa H2 • (030) 44 38 30*

3 Senefelderplatz
Praça em forma de cunha dedicada a Alois Senefelder, pioneiro das modernas técnicas de impressão. No meio dela fica o "Café Achteck", um mictório público histórico. ✆ *Mapa H2*

4 Zeiss-Großplanetarium
Observe estrelas, planetas e galáxias sob o domo prateado do Planetarium. ✆ *Prenzlauer Allee 80 • 9h-12h ter-qui, 18h-21h30 sex; também aos sáb e dom à tarde • (030) 421 84 50*

5 Mauerpark
Complexo esportivo que inclui o Max Schmeling Hall e o Jahn Sports Park. Construído para tentar sediar as Olimpíadas de Berlim de 2000, hoje sedia eventos musicais e esportivos, além de uma feira de usados aos domingos.
✆ *Am Falkplatz • Mapa G1*

6 Helmholtzplatz
Com exceção dos cafés e bares da moda, o tempo parece ter parado em 1925 nesta praça. Os conjuntos residenciais são de um antigo projeto social. ✆ *Mapa H1*

7 Prenzlauer Berg Museum
Este movimentado museu registra a história do bairro e de seus operários pobres do século XIX. ✆ *Prenzlauer Allee 227-8 • Mapa H2 • 9h-19h seg-sex • (030) 902 95 39 17*

8 Konnopke
Este legendário *Currywursttimbiss* foi inaugurado em 1930 sob o viaduto de aço do U-Bahn. As salsichas picantes são excelentes. ✆ *Na saída sul do U-Bahn Schönhauser Allee • Mapa H1 • 10h-20h seg-sex, 12h-20h sáb • (030) 442 77 65*

9 Oderberger Straße
Rua arborizada repleta de butiques e cafés. Os antigos banhos de Prenzlauer Berg, no nº 84, serão reabertos em 2015, após uma reforma. ✆ *Mapa G/H1*

10 Thälmannpark
Um dos poucos parques do nordeste da cidade, onde predominam edifícios socialistas pré-fabricados. Um monumento gigantesco homenageia Ernst Thälmann, comunista assassinado pelos nazistas. ✆ *Prenzlauer Allee • Mapa H1*

Gugelhof; Café November

Onde Comer

Categorias de Preço
Refeição para uma pessoa com três pratos e meia garrafa de vinho, impostos e serviço.	€ até €20
	€€ €20-€30
	€€€ €30-€45
	€€€€ €45-€60
	€€€€€ acima de €60

1 Oderquelle
Este curioso e pequeno *Kiez* (bar de bairro) serve pratos básicos de Berlim num ambiente alternativo, relaxado. ⊗ *Oderberger Str. 27 • Mapa G1 • 18h-1h diariam • (030) 44 00 80 80 • €€*

2 Gugelhof
Bill Clinton jantou uma vez neste restaurante, que atrai clientes de toda Berlim. O cardápio apresenta uma original combinação de pratos alemães e franceses. ⊗ *Knaackstr. 37 • Mapa H1/2 • 16h-1h seg-sex, 10h-1h sáb e dom • (030) 442 92 29 • €€€*

3 Zander
Restaurante pequeno, que oferece criativas interpretações de especialidades locais de peixe. O cardápio fixo de três pratos é um dos melhores do bairro. ⊗ *Kollwitzstr. 50 • Mapa H2 • 18h-23h ter-dom • (030) 44 05 76 78 • €€-€€€*

4 Weinstein
Vinheria rústica, com grande seleção de vinhos austríacos e alemães e uma comida de bistrô bem preparada. ⊗ *Lychener Str. 33 • Mapa H1 • 17h-2h diariam (dom a partir das 18h) • (030) 441 18 42 • €€€*

5 Prater
As surpresas do Prater são uma cervejaria ao ar livre, um restaurante rústico e concertos gratuitos. ⊗ *Kastanienallee 7-9 • Mapa G2 • 18h-24h seg-sáb, 12h-24h dom • (030) 448 56 88 • não aceita cartões • €€*

6 Sasaya
O Sasaya serve um dos melhores sushis de Berlim. É necessário reservar. ⊗ *Lychener Str. 50 • Mapa H1 • 12h-15h, 18h-23h30 qui-seg • (030) 447 177 21*

7 Restauration 1900
Restaurante venerável, ainda atrai muita gente com a sua deliciosa cozinha alemã leve. ⊗ *Husemannstr. 1 • Mapa H1/2 • a partir das 10h diariam • (030) 442 24 94 • €€€*

8 Pasternak
Local em estilo Moscou, com borscht, música russa e vodca. ⊗ *Knaackstr. 22 • Mapa H1/2 • 9h-1h diariam • (030) 441 33 99 • €€*

9 Café November
Um dos cafés mais tradicionais de Prenzlauer Berg, com poucas mas deliciosas opções no cardápio. ⊗ *Husemannstr. 15 • Mapa H1/2 • 10h-1h seg-sex, 9h-2h sáb e dom • (030) 442 84 25 • €-€€*

10 Mao Thai
Um dos melhores tailandeses da cidade, com comida do sudeste asiático, tradicional e com apresentação artística. ⊗ *Wörther Straße 30 • Mapa H2 • 12h-23h30 diariam • (030) 441 92 61 • €€*

→ *Todos os restaurantes aceitam cartões de crédito e servem pratos vegetarianos, exceto quando há indicação do contrário.*

Stasimuseum Berlin; Schloss Friedrichsfelde; Brasão de armas de Köpenick

Sudeste de Berlim

O LESTE E O SUL DE BERLIM *têm características bem diferentes. Bairros como Friedrichshain, Lichtenberg e Hohenschönhausen na parte leste têm muitas edificações típicas de áreas operárias, enquanto a arborizada Treptow e a idílica Köpenick no extremo sudeste parecem vilas independentes. Os blocos habitacionais do Leste de Berlim viveram momentos importantes na Segunda Guerra Mundial e, mais tarde, durante o regime da Alemanha Oriental. As históricas Köpenick e Großer Müggelsee são populares para passeios.*

Destaques

1. Köpenicker Altstadt e Köpenicker Schloss
2. O2 World
3. Stasimuseum Berlin
4. Deutsch-Russisches Museum
5. East Side Gallery
6. Großer Müggelsee
7. Treptower Park
8. Volkspark Friedrichshain
9. Tierpark Berlin
10. Gedenkstätte Hohenschönhausen

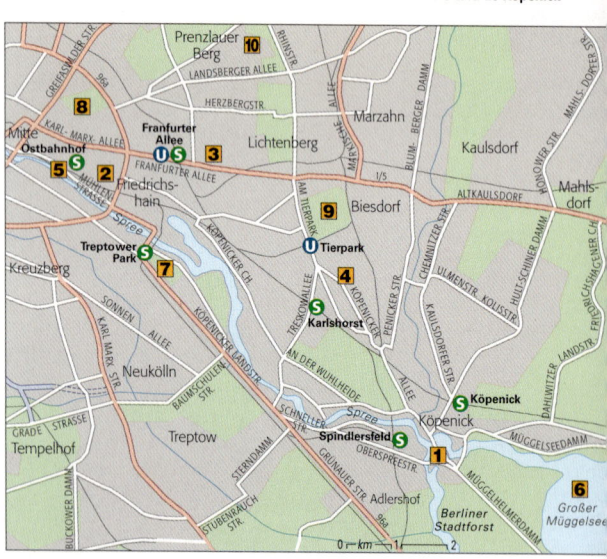

Prefeitura de Köpenick

Piscina em Köpenicker Altstadt

1. Köpenicker Altstadt e Köpenicker Schloss

A comunidade da ilha de Köpenick tem uma história respeitável: já no século IX havia povos instalados na Schlossinsel ("Ilha do Palácio"). A antiga vila pesqueira permaneceu independente até 1920. Seu brasão de armas ainda destaca dois peixes, e o centro histórico, às margens do rio Dahme, tem cabanas baixas de pescadores dos séculos XVIII e XIX. Em 16 de outubro de 1906, um sem-teto de nome Wilhelm Voigt, trajado como capitão, liderou uma tropa de soldados e invadiu a prefeitura, prendeu o prefeito e assaltou os cofres municipais.

Hauptmann von Köpenick

O *Hauptmann von Köpenick* ("Capitão de Köpenick") é lembrado com uma estátua diante da Rathaus (prefeitura). A grande escultura, de 1901-4, é um exemplo da arquitetura de tijolo gótica da província de Brandemburgo.

O palácio Köpenick, situado na Schlossinsel, no sul do distrito, foi construído em 1677-81 com projeto do arquiteto holandês Rutger van Langervelt para o futuro rei Frederico I. No século XVII, o palácio barroco foi ampliado por Johann Arnold Nering e outros. Hoje abriga coleções do Kunstgewerbemuseum (Museu de Artes e Ofícios) *(p. 47)*.

◈ *Rathaus: Alt-Köpenick 21 • 8h-18h seg-sex, 10h-18h sáb e dom • (030) 90 29 70*
◈ *Schlossinsel • Abr-set: 10h-18h ter-dom; out-mar: 10h-17h qui-dom • (030) 266 29 51 • Entrada paga*

2. O2 World

Inaugurado em 2008, o O2 World é a maior arena de entretenimento da cidade, com capacidade para 17 mil pessoas sentadas. Além de sede do time de basquete Alba Berlin e da equipe de hóquei no gelo Eisbären Berlin, é palco de shows e de eventos. ◈ *Mühlenstr. 12-30/O2-Platz 1 • Ingressos (01803) 20 60 70/(030) 20 60 70 88 99*

3. Stasimuseum Berlin

O antigo quartel-general da temida "Stasi", a polícia secreta da Alemanha Oriental, é hoje um memorial às milhares de vítimas do regime alemão do leste e de Erich Mielke, o ministro encarregado do serviço secreto. Os visitantes podem ver seus escritórios, a cantina e várias peças dos equipamentos de espionagem, que mostram os métodos usados pelo regime.
◈ *Ruschestr. 103, Haus 1 • 11h-18h seg-sex, 12h-18h sáb e dom • (030) 553 68 54 • Entrada paga*

4. Deutsch-Russisches Museum

A Segunda Guerra Mundial terminou aqui em 8 de maio de 1945, quando a Alemanha assinou a rendição incondicional. Documentos, uniformes e fotos expostos no antigo cassino dos oficiais contam a história da guerra. ◈ *Zwieseler Str. 4 • 10h-18h ter-dom • (030) 50 15 08 10*

East Side Gallery; Köpenicker Schloss; Volkspark Friedrichshain

East Side Gallery

Um fragmento do Muro de Berlim, com 1,3km de extensão, foi preservado junto ao rio Spree. Em 1990, 118 artistas do mundo inteiro pintaram imagens coloridas sobre o muro de concreto cinza, transformando-o numa obra de arte única. Particularmente famosa é uma pintura do artista russo Dmitri Vrubel, mostrando Leonid Brezhnev e o líder da Alemanha Oriental Erich Honecker trocando fraternos beijos socialistas. A maioria dos murais foi restaurada pelos artistas originais em 2009. ⓢ *At Mühlenstr./ Oberbaumbrücke*
• Mapa H4

Treptower Park

O Treptower Park, criado no século XIX como área de lazer para famílias operárias de Berlim, é hoje mais conhecido por seu gigantesco *Sowjetisches Ehrenmal* (Memorial Soviético). Em abril de 1945, 5 mil soldados do Exército Vermelho, mortos durante a libertação de Berlim, foram enterrados aqui. Depois das covas coletivas há uma estátua de bronze de 12m de altura de um soldado russo, com uma criança num braço e uma espada no outro, que ele usou para destruir uma suástica. ⓢ *Alt-Treptow*

Memorial no Treptower Park

Großer Müggelsee

O Großer Müggelsee, conhecido como a "banheira" de Berlim, é o maior lago da cidade, com uma área de 766 hectares. O Müggelsee não é tão popular quanto o Großer Wannsee, sua contrapartida no oeste de Berlim, principalmente porque fica muito distante do centro, no canto sudeste da cidade. O lago é conhecido por suas várias cervejarias ao ar livre no lado sul, com acesso a pé ou de barco saindo de Friedrichshagen. Por toda a volta do lago há ótimas trilhas para caminhar e andar de bicicleta. Você também pode nadar no lago, por exemplo no resort de praia de Rahnsdorf. ⓢ *Distrito de Treptow-Köpenick*

Volkspark Friedrichshain

Os jardins mais antigos de Berlim, no chamado "Parque do Povo", projetados por Joseph Peter Lenné em 1840, são hoje um oásis de paz no populoso bairro de Friedrichshain. A Segunda Guerra Mundial também deixou suas marcas aqui. O Kleiner e o Großer Bunkerberg – dois montes de entulho (o último apelidado de "Monte Entulho") que chegam a 78m de altura – foram empilhados aqui após a guerra. Menos traumática é a Märchenbrunnen, bonita fonte neobarroca de contos de fada, criada por Ludwig Hoffmann e decorada com 106 personagens de contos de fadas. ⓢ *Am Friedrichshain* • Mapa H2

Veja mais sobre o East Side Gallery em **www.eastsidegallery.com**

Aviário no Tierpark Berlin

Tierpark Berlin

9 Localizado no histórico parque em volta do Friedrichsfelde Palace, o maior jardim zoológico da Europa tem recintos bem espaçosos e abriga várias espécies raras. Vale a pena ver principalmente os leões e os tigres siberianos, mantidos em recintos rochosos ao ar livre. O parque também é conhecido por seu bem-sucedido programa de reprodução de elefantes em cativeiro. O Friedrichsfelde Palace, de 1695, fica no meio dessa propriedade de 160 hectares.

Am Tierpark 125 • Jan-mar e fim outdez: 9h-17h diariam; abr-ago: 9h-19h diariam; set-fim out: 9h-18h diariam • (030) 51 53 10 • Entrada paga

Gedenkstätte Hohenschönhausen

10 Esta antiga prisão da polícia secreta para presos "políticos" funcionou até 1990. Antes de 1951, era um centro de recepção para o Exército Vermelho. Numa visita, são mostradas as torres de vigia e as celas – particularmente sombrias, são as chamadas "celas submarinas", quartos sem janelas para confinamento solitário, onde os presos eram interrogados e torturados. *Genslerstr. 66 • Visitas guiadas Genslerstr. 13a (centro de visitantes), 11h-16h diariam, passeios em inglês 14h30 diariam • (030) 98 60 82 30 • Entrada paga*

Um Dia no Sudeste Verde de Berlim

Manhã

Comece o passeio pela Alexanderplatz. As atrações desta área nem sempre ficam perto umas das outras, por isso é bom pegar a S-Bahn a partir daqui. Primeiro, viaje pela linha S3 da S-Bahn até Karlshorst, onde você pode visitar o **Deutsch- -Russisches Museum** *(p. 145)*. Ele não fica longe do **Stasimuseum Berlin** *(p. 145)* – volte até a estação S-Bahn Ostkreuz, pegue a linha S4 da S-Bahn e a linha U5 do U-Bahn até Magdalenenstraße. Depois de todos esses museus, é bom tomar um pouco de ar fresco. Pegue a linha U5 do U-Bahn até **Tierpark Berlin**, e visite o jardim zoológico e o Friedrichsfelde Palace.

Tarde

Passe a tarde numa excursão até Köpenick. Pegue a linha S3 da S-Bahn até Köpenick e faça uma refeição tipicamente alemã no **Ratskeller** *(p. 149)*, no subsolo da prefeitura. Depois explore o **Centro Histórico de Köpenick** *(p. 145)*. O centro da antiga vila pesqueira também vale uma visita. Existem vários cafés perto do **Köpenicker Schloss** *(p. 145)*, onde você pode parar para tomar um cafezinho e comer um pedaço de bolo. Continue sua viagem de S-Bahn até Friedrichshagen, ponto de acesso para o **Großer Müggelsee**. Daqui pegue um dos barcos de turistas até **Müggelsee-Terrassen**, e encerre o dia com um saboroso jantar em algum dos vários restaurantes.

Área por Área – Sudeste de Berlim

Arena; Berghain/Panorama Bar; Cassiopeia

Bares e Casas Noturnas

1. Berghain/Panorama Bar
Numa antiga estação geradora de eletricidade, este clube tecno é bem seletivo na entrada – e tem fila na porta. Mas o sistema de som é perfeito e a galera divertida compensa a espera. Não permite câmeras. ◈ *Am Wriezener Bahnhof* • *a partir das 20h qui, a partir das 24h sex e sáb, a partir das 15h dom* • *(030) 29 36 02 10*

2. Arena
Grande complexo pós-industrial à beira do rio, com salas de concerto, um navio-clube *(Hoppetosse)* e uma piscina flutuante *(Badeschiff)*. É incomum mesmo para os padrões de Berlim.
◈ *Eichenstr. 4* • *abre na maioria dos dias, mas é bom ligar antes* • *(030) 533 20 30*

3. Cassiopeia
Junte-se aos hippies, punks e ao pessoal de estilo livre neste clube urbano underground com música ao vivo. ◈ *Revaler Str. 99* • *a partir das 19h qua-sáb* • *(030) 533 20 30/20 05 67 67*

4. Astro Bar
Bar estilo ficção científica retrô, com drinques a bom preço, fliperama e um charme trash. ◈ *Simon-Dach-Str. 40* • *a partir das 19h diariam* • *(030) 29 66 16 15*

5. CSA
Bar de coquetéis, com o nome da empresa aérea tcheca que tinha escritório aqui. Tem estilo e toca lounge music agradável. ◈ *Karl-Marx-Allee 96* • *a partir das 19h diariam* • *(030) 29 04 47 41* • *não aceita cartões*

6. Red Rooster Bar
Anexo a um albergue, é uma boa opção econômica na área chique de Friedrichshain. Ótimo serviço e sofás de couro confortáveis. ◈ *Grünberger Str. 23* • *a partir das 16h diariam* • *(030) 29 00 33 10*

7. Monster Ronson's Ichiban Karaoke Bar
Bar animado, com fãs de karaokê cantando em cabines à prova de som, para até dezesseis pessoas, ou então no palco. Brunch aos domingos. ◈ *Warschauer Str. 34* • *a partir das 19h diariam* • *(030) 89 75 13 27*

8. Matrix
Localizado nos porões sob a estação de trem Warschauer Str., o Matrix é um dos maiores clubes da cidade. Popular entre os jovens, atrai os melhores DJs de Berlim. ◈ *Warschauer Platz 18* • *22h-7h diariam* • *(030) 29 36 99 90*

9. Salon zur Wilden Renate
Decorado como uma sala de estar, esta casa noturna de vários andares toca house e tecno. Em geral, há fila. ◈ *Alt Stralau 70* • *18h-2h qua-qui, 18h-8h sex, 18h-6h sáb e dom* • *(030) 25 04 14 26* • *não aceita cartões* • *não tem acesso a portadores de deficiência*

10. Insel
Este castelinho numa ilha do Spree abriga uma cervejaria ao ar livre durante o dia, e casa noturna à noite. Shows ao vivo no verão; poesia e pingue-pongue no inverno. ◈ *Alt-Treptow 6* • *casa noturna 19h-1h qua, 20h-até tarde sex e sáb* • *(030) 53 60 80 20*

Veja mais sobre a Arena em www.arena-berlin.de

Categorias de Preço

Refeição para uma pessoa com três pratos e meia garrafa de vinho, impostos e serviço.

€ até €20
€€ €20-€30
€€€ €30-€45
€€€€ €45-€60
€€€€€ acima de €60

Restaurante freiheit fünfzehn; O Ratskeller, no Centro Histórico de Köpenick

TOP 10 Onde Comer

1 freiheit fünfzehn
Cozinha alemã e francesa servida a bordo de uma escuna ancorada no píer. Às vezes tem shows de cabaré e música ao vivo. Se preferir terra firme, coma na cervejaria ao ar livre da margem do rio. ✆ *Freiheit 15* • *a partir das 16h seg-sáb, 11h-24h dom* • *(030) 65 88 78 25* • *€€*

2 Ratskeller Köpenick
Comida tradicional de Berlim servida no porão amplo com abóbada, onde Wilhelm Voigt uma vez tirou partido de servidores públicos crédulos *(p. 145)*. ✆ *Alt-Köpenick 21* • *11h-23h diariam* • *(030) 655 51 78* • *€€*

3 Klipper Schiffsrestaurant
Barco de dois mastros, de 1890, transformado num acolhedor restaurante; serve pratos de peixe e caça. ✆ *Bulgarische Str.* • *10h-1h diariam* • *(030) 53 21 64 90* • *não aceita cartões de crédito* • *€€*

4 Schrörs Biergarten
Cervejaria ao ar livre na margem do lago Müggelsee, popular e informal, especializada em comida substanciosa e grelhados. ✆ *Josef-Nawrocki-Str. 16* • *a partir das 11h diariam* • *(030) 64 09 58 80* • *não aceita cartões de crédito* • *€*

5 Die Spindel
Este restaurante rústico serve cozinha gourmet e excelentes vinhos. ✆ *Bölschestr. 51* • *12h-14h30 e a partir das 18h ter-dom* • *(030) 645 29 37* • *€€€*

6 Eierschale Haus Zenner
Antes as famílias vinham aqui para fazer piqueniques. Hoje o restaurante é um café e cervejaria ao ar livre muito popular. ✆ *Alt-Treptow 14-7* • *10h-22h seg-qui e dom, 10h-4h sex e sáb* • *(030) 533 73 70* • *não aceita cartões de crédito* • *€€*

7 Krokodil
Fica no Centro Histórico, perto do balneário de rio em Gartenstraße, e é um dos locais com jardins mais bonitos, especialmente no verão. ✆ *Gartenstr. 46-8* • *17h-24h seg-sáb, 11h-23h dom (brunch 11h-15h)* • *(030) 65 88 00 94* • *€€*

8 Bräustübl
Típica cervejaria ao ar livre e restaurante berlinense, que pertence à cervejaria Bürger-Brau, no mesmo bairro, e serve pratos de caça. ✆ *Müggelseedamm 164* • *11h-24h diariam* • *(030) 37 44 67 69* • *€€*

9 Lehmofen
Pratos de carne e vegetarianos, feitos em forno de barro, são os destaques deste restaurante turco com terraço de verão. ✆ *Freiheit 12* • *12h-24h diariam (a partir das 10h dom)* • *(030) 655 70 44* • *€€*

10 Leander
Bistrô romântico, com uma aura antiga, oferece comida criativa e cosmopolita – e o preço é convidativo. ✆ *Jungstr. 29* • *Abr-out: a partir das 10h diariam; nov-mar: a partir das 15h seg-sex e 10h sáb e dom* • *(030) 29 00 48 03* • *€€*

Todos os restaurantes aceitam cartões de crédito e servem pratos vegetarianos, exceto quando há indicação do contrário.

Área por Área – Sudeste de Berlim

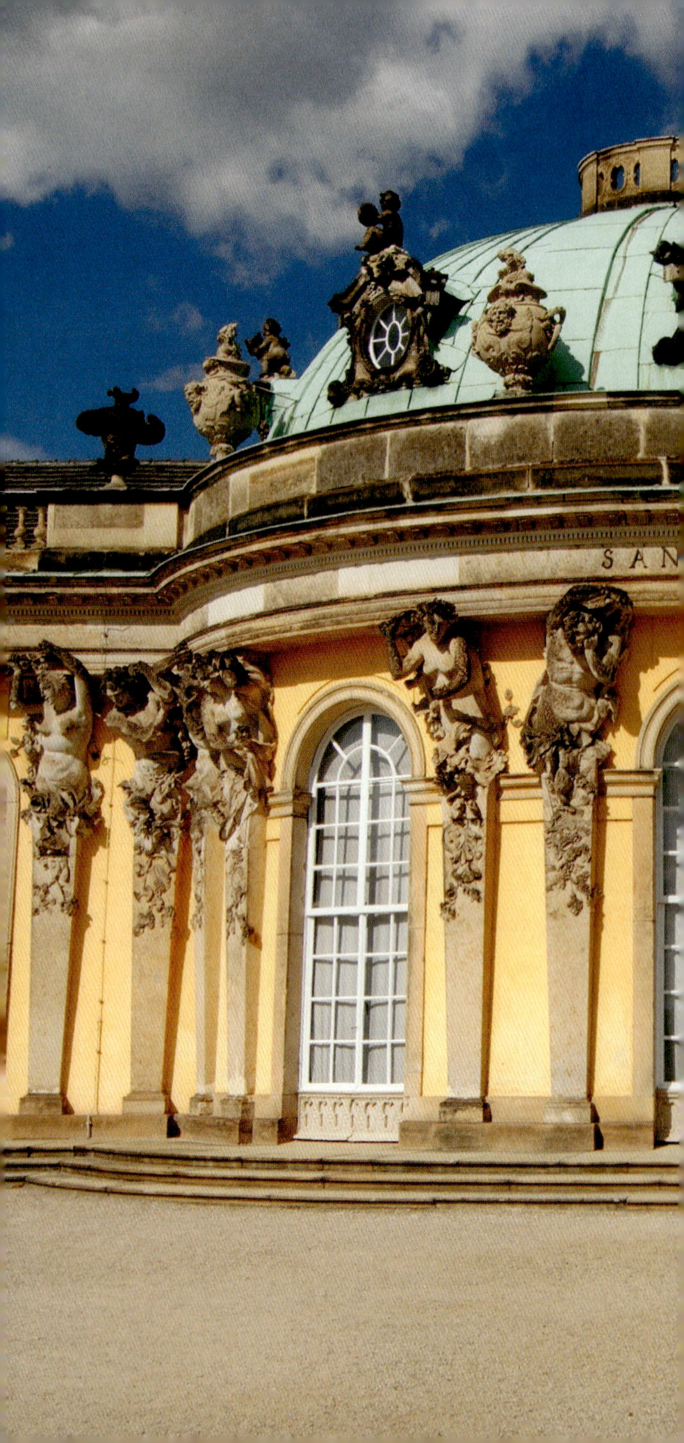
SAN

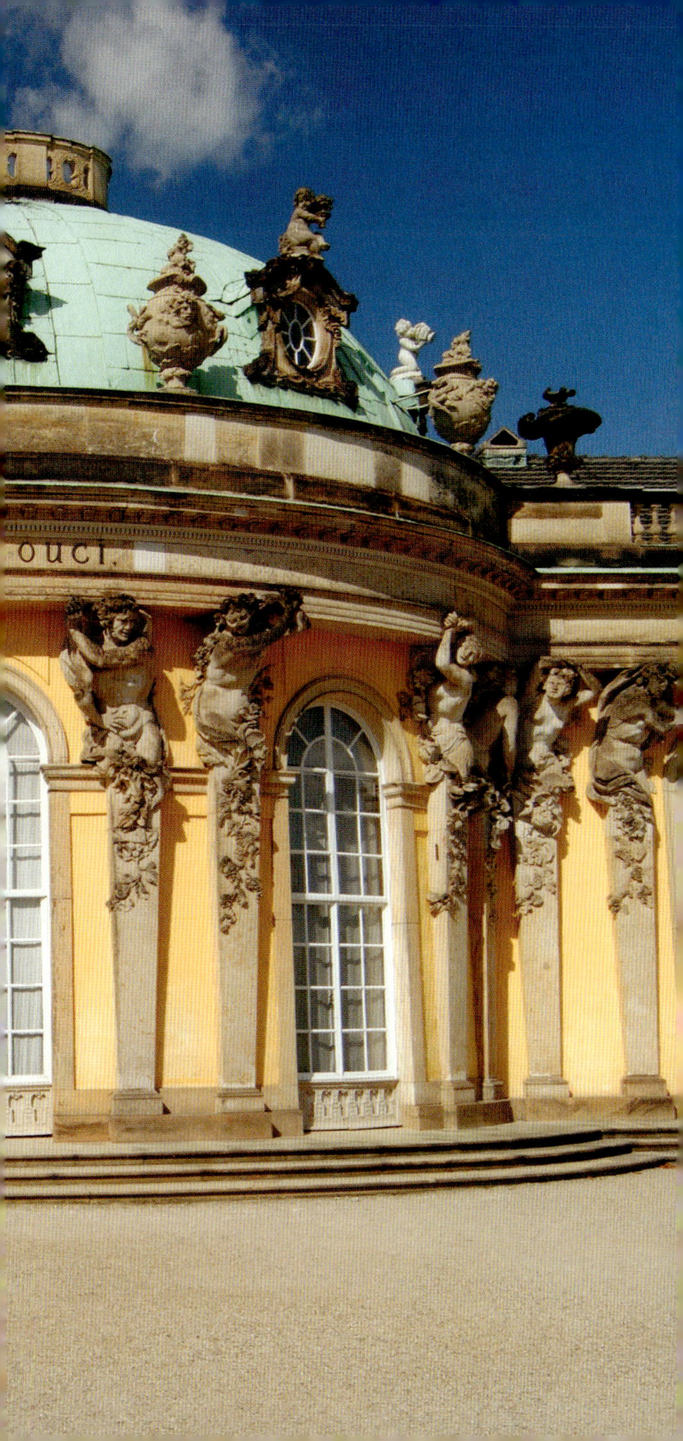

Schloss Charlottenhof; Chinesisches Haus; Vestibül in Neues Palais

Potsdam e Sanssouci

POTSDAM É UMA REFERÊNCIA IMPORTANTE *na história cultural da Europa – um centro esplêndido do Iluminismo europeu e uma cidade que alcançou seu apogeu no século XVIII com o projeto arquitetônico e artístico do palácio de Frederico, o Grande. O complexo palaciano de Sanssouci, com seu belo e amplo parque, é magnífico e divertido, e considerado Patrimônio Mundial da Unesco. Todo ano, ele encanta milhões de visitantes do mundo inteiro. A cidade de Potsdam, com população de 300 mil habitantes, é a capital da província federal de Brandemburgo. Esta antiga cidade-fortaleza tem muito a oferecer ao turista, desde os seus pequenos palácios e igrejas antigas aos seus parques maravilhosos e históricos assentamentos de imigrantes.*

Frederico, o Grande, tocando flauta no palácio Sanssouci

Destaques

1. Schloss Sanssouci
2. Neues Palais
3. Schlosspark Sanssouci
4. Schloss Cecilienhof
5. Schloss Charlottenhof
6. Marmorpalais
7. Holländisches Viertel
8. Nikolaikirche
9. Marstall (Filmmuseum)
10. Filmpark Babelsberg

Nas páginas anteriores, **Schloss Sanssouci**

Schloss Sanssouci

O rei prussiano Frederico, o Grande, queria viver *sans souci* ("sem preocupações") num palácio fora dos limites da odiosa cidade. Em 1745, encomendou ao seu arquiteto predileto, Georg Wenzeslaus von Knobelsdorff, o projeto e a construção deste magnífico palácio rococó a partir de seus próprios esboços.

O edifício principal, com sua fachada amarela, ergue-se imponente acima dos vinhedos em terraços. Uma grande escadaria leva até a entrada do edifício, com sua cúpula e o elegante saguão de mármore, que ocupa o centro do complexo do palácio. Tanto em seu desenho como na forma, este saguão de mármore presta homenagem ao Pantheon de Roma. À sua direita e à sua esquerda há algumas salas muito atraentes, projetadas por von Knobelsdorff e Johann August Nahl; entre elas fica a famosa sala de concerto, com pinturas de Antoine Pesne, e a biblioteca de Frederico. Em sua ala, o monarca gostava de tocar flauta ou de trocar ideias com Voltaire. Valiosas obras de seu pintor favorito, o francês Antoine Watteau, enfeitam as paredes do palácio. Ⓢ *Maulbeerallee*
• *Abr-out: 10h-18h ter-dom; nov-mar: 10h-17h ter-dom; visita guiada obrigatória* • *(0331) 969 42 00* • *Entrada paga*

Vaso no Park Sanssouci

Neues Palais

Ao norte do parque do palácio Sanssouci ergue-se o Neues Palais, em estilo barroco. Trata-se de um dos mais bonitos palácios da Alemanha, construído entre 1763 e 1769 para Frederico, o Grande, segundo projetos de Johann Gottfried Büring, Jean Laurent Le Geay e Carl von Gontard. A grande edificação de dois andares tem 200 quartos, entre eles o Marmorsaal (Sala de mármore), espaço para dança ricamente mobiliado, e o Schlosstheater, onde hoje novamente são apresentadas peças. Os aposentos privados de Frederico são também esplêndidos, especialmente seu estúdio, todo mobiliado em estilo rococó, além da galeria superior, com um valioso assoalho de parquete e o Oberes Vestibül, uma sala inteira revestida de mármore. O centro de visitantes é próximo ao portão sul. Ⓢ *Am Neuen Palais*
• *10h-18h qua - seg (nov-mar: até 17h); guia de áudio disponível* • *(0331) 969 42 00* • *Entrada paga*

Schlosspark Sanssouci

Pode-se gastar facilmente o dia inteiro andando pelo imenso parque do palácio, de 287ha. Entre os muitos edifícios charmosos escondidos em meio aos elaborados jardins, vale a pena ver a Chinesisches Haus, em estilo rococó,

Neues Palais; Sala de concertos no Schloss Sanssouci

> *A S-Bahn S7 leva até Potsdam, partindo de Berlim. São cerca de 45 minutos de viagem, saindo da estação S Friedrichstr.*

Rua em Holländisches Viertel; Marmorpalais; Marstall (Filmmuseum)

construída entre 1754 e 1756 por Johann Gottfried Büring. Originalmente era uma casa de chá e salão de jantar, e hoje abriga uma exposição de peças de porcelana do Leste Asiático.

Os Römische Bäder (Banhos Romanos), grupo de pavilhões junto ao lago, seguem o modelo da mansão italiana do Renascimento. Foram construídos entre 1829 e 1840 por Friedrich Karl Schinkel como casa de hóspedes e para banhos.

A Orangerie, construída em 1851-60 por Friedrich August Stüler, originalmente acomodava os hóspedes do rei. Hoje abriga uma pequena galeria de pinturas.

◊ *Chinesisches Haus: Am Grünen Gitter • Mai-out: 10h-18h ter-dom • (0331) 969 42 25* ◊ *Römische Bäder: Lennéstr. • Fechado para restauração até novas informações • (0331) 969 42 25* ◊ *Orangerie: Am der Orangerie 3-5 • Abr: 10h-18h sáb e dom, mai-out: 10h-18h ter-dom • (0331) 969 42 80*

A Conferência de Potsdam

Em julho e agosto de 1945, os chefes de governo dos Estados Unidos (Harry Truman), União Soviética (Joseph Stalin) e Grã-Bretanha (Winston Churchill) reuniram-se no Schloss Cecilienhof para selar o futuro da Alemanha num tratado e decidir pontos vitais, como a desmilitarização da Alemanha, o nível das reparações a serem pagas, a punição de criminosos de guerra, o reassentamento de alemães que estavam na Polônia e as novas fronteiras da Alemanha.

Schloss Cecilienhof
4 Este pequeno palácio, que segue o estilo de uma mansão rural inglesa, entrou para os livros de história em 1945, quando o destino da Alemanha foi selado pela Conferência de Potsdam. Construído em 1914-7, o palácio é Patrimônio Mundial da Unesco e funciona hoje como um hotel. Também abriga uma pequena exposição sobre a Conferência e o mobiliário do palácio. ◊ *Im Neuen Garten • Abr-out: 10h-18h ter-dom; nov-mar: 10h-17h ter-dom • (0331) 969 42 44*

Schloss Charlottenhof
5 Este pequeno palácio neoclássico, no Park Sanssouci, foi construído em 1829 por Schinkel para o príncipe herdeiro, Frederico Guilherme IV. Vale a pena ver particularmente a Humboldtsaal, em forma de tenda.
◊ *Geschwister-Scholl-Str. 34a • Mai-out: 10h-18h ter-dom • (0331) 969 42 28*

Marmorpalais
6 Pequeno palácio do início do período neoclássico, à beira do lago Heigersee, construído em 1791-7 por Carl Gotthard Langhans e outros. Tem uma elegante sala de concerto, além de mobília e porcelana contemporâneas.
◊ *Heiliger See (Neuer Garten) • Mai-out: 10h-18h ter-dom; nov-abr: 10h-16h sáb e dom • (0331) 969 4550*

Holländisches Viertel
7 Um modo agradável de explorar o distrito de Potsdam é andar pelo Centro Histórico,

Veja mais sobre palácios e jardins em **www.potsdam-park-sanssouci.de**

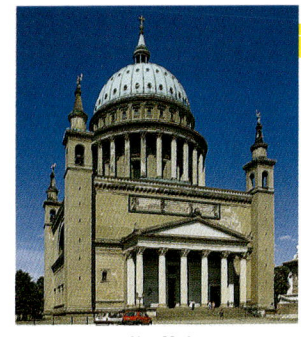

Nikolaikirche, em Alter Markt

apreciando suas galerias de arte, cafés e restaurantes. Construída entre 1733 e 1742, a área era originalmente um assentamento para trabalhadores holandeses, daí seu nome. Os pequenos edifícios de tijolo vermelho são decorados com atraentes ornamentos de estuque. ⓢ *Friedrich-Ebert-, Kurfürsten-, Hebbel-, Gutenbergstr.*

Nikolaikirche
Esta é a igreja mais bonita de Potsdam, projetada por Schinkel em 1830 em estilo neoclássico. Um de seus destaques é a cúpula gigantesca. ⓢ *Am Alten Markt • 9h-18h seg-sáb; 11h30-17h dom • (0331) 270 86 02*

Marstall (Filmmuseum)
O pequeno museu, nos edifícios barrocos dos antigos estábulos da residência urbana do rei, usa velhas câmeras e projetores para documentar a história do cinema alemão. ⓢ *Breite Str. 1a • 10h-18h ter-dom • (0331) 27 18 10*

Filmpark Babelsberg
O Filmpark oferece um passeio pelos lendários UFA-Studios, que eram um dos mais importantes do mundo quando em atividade aqui em Babelsberg, de 1917 a 1945, e mostra passeios em submarinos, atuações de dublês e efeitos especiais. ⓢ *Großbeerenstr. • Abr-out: 10h-18h diariam (abr e set: fechado seg) • (0331) 721 27 50*

Um Dia em Potsdam

Manhã
Comece seu passeio pelo **Schlosspark Sanssouci** *(pp. 153-4)*, e procure chegar o mais cedo possível, a fim de evitar o horário de maior concentração de visitantes. Veja primeiro o **Schloss Sanssouci** e o **Neues Palais** *(ambos na p. 153)*, e depois visite a Chinesisches Haus, o Römische Bäder e a Orangerie. Do terraço desta você tem magníficas vistas de todo o complexo do palácio. Se estiver disposto, suba até o Schloss Belvedere, no alto da montanha. Do Schlosspark ande pelo Voltaireweg até o Neuer Garten, na região nordeste de Potsdam, onde você pode descansar e repor as energias com um saboroso almoço no **Schloss Cecilienhof** *(p.157)*.

Tarde
Inicie a tarde com um passeio pelo Neuer Garten. Visite **Schloss Cecilienhof** e, se quiser, faça uma parada no Heiliger See. Depois, ande ou dirija até o centro de Potsdam. Veja primeiro o **Holländisches Viertel** (bairro holandês), onde você pode parar num dos inúmeros cafés. Em seguida, continue em um passeio circular, passando pela Peter-und-Paul-Kirche, a igreja francesa, **Nikolaikirche**, e a prefeitura. Termine o dia fazendo uma visita ao **Marstall** e aos museus de cinema de Potsdam e Babelsberg. Dê uma olhada no palácio e no monte do telégrafo. Há uma deliciosa refeição noturna esperando por você no restaurante **Pino** *(p. 157)*, para você encerrar em grande estilo o seu dia de visita a Potsdam.

Veja mais sobre o Filmpark Babelsberg em **www.filmpark-babelsberg.de**

Schloss Babelsberg; Alexandrowka; Wasserwerk Sanssouci

O Melhor de Tudo

1. Alexandrowka
Visitar a colônia russa de Potsdam é como viajar até a própria Rússia antiga. Cabanas de troncos decoradas e jardins pitorescos foram construídos aqui em 1826 para um coro militar russo. Não perca o museu e a igreja Alexander Newski. ✪ *Russische Kolonie/Puschkinallee*

2. Wasserwerk Sanssouci
Este edifício, que lembra uma mesquita com minaretes, abriga a estação de bombeamento de água para o Schlosspark Sanssouci. A antiga bomba, de 1842, ainda pode ser vista.
✪ *Breite Str. • Mai-out: 10h-18h diariam • (0331) 969 42 25*

3. Telegrafenberg
A elegante torre Einstein no alto do monte do telégrafo foi projetada em 1920 por Erich Mendelssohn para observar o sol. ✪ *Albert-Einstein-Str. • Visitas guiadas Einsteinturm out-mar: (0331) 29 17 41 • Entrada paga*

4. Schloss Babelsberg
Construído por Schinkel em 1833-5, este palácio neogótico fica situado num parque idílico às margens do rio Havel. ✪ *Park Babelsberg • Fechado para reforma até 2015*

5. Potsdamer Stadtschloss
O palácio Hohenzollern, que serviu como residência de Frederico, o Grande, foi fortemente bombardeado na Segunda Guerra Mundial e demolido em 1960. Está sendo reconstruído como centro cultural e sede da Assembleia Legislativa de Potsdam. ✪ *Neuer Markt*

6. Altes Rathaus
A velha prefeitura, construída em 1753, é decorada com esculturas e o brasão de armas de Potsdam – duas figuras douradas de Atlas, cada uma carregando um globo. ✪ *Am Alten Markt*

7. Biosphäre
Este jardim botânico coberto faz o visitante se sentir em uma floresta tropical, com cachoeiras, iguanas e borboletas. ✪ *Georg-Hermann-Allee 99 • 9h-18h seg-sex, 10h-18h sáb e dom • (0331) 55 07 40 • Entrada paga*

8. Französische Kirche
Em 1752, Johann Boumann construiu esta igreja huguenote elíptica com seu imenso pórtico com colunas. Schinkel projetou o belo interior na década de 1830. ✪ *Am Bassinplatz • fim mar-meados out: 13h30-17h ter-dom • (0331) 29 12 19*

9. St.-Peter-und-Paul-Kirche
Igreja católica de São Pedro e São Paulo, inspirada na Hagia Sofia de Istambul e construída em 1867-70 por Stüler. ✪ *Am Bassinplatz • 10h-18h diariam (inverno até 17h) • (0331) 230 79 90*

10. Brandenburger Tor
O mais atraente dos cinco portões antigos da cidade, foi construído por Gontard e Unger em 1770 para celebrar a vitória prussiana na Guerra dos Sete Anos. ✪ *Luisenplatz*

Schloss Cecilienhof

Categorias de Preço
Refeição para uma pessoa com três pratos e meia garrafa de vinho, impostos e serviço.
€ até €20
€€ €20-€30
€€€ €30-€45
€€€€ €45-€60
€€€€€ acima de €60

Onde Comer

Speckers Landhaus
Interior prussiano, serviço atencioso e cozinha leve fazem do Speckers Landhaus um dos melhores restaurantes de Potsdam. ⊗ *Jägerallee 13* • *12h-14h e 18h-23h ter-sáb* • *(0331) 280 43 11* • *€€€*

Schloss Cecilienhof
O histórico palácio abriga hoje um hotel de luxo. Seu restaurante serve comida alemã autêntica. ⊗ *Neuer Garten* • *12h-23h diariam* • *(0331) 370 52 33* • *€€€*

Pino
Em uma tranquila rua perto do Park Sanssouci, o Pino serve um menu diferente a cada dia, sempre com deliciosas receitas sicilianas e serviço refinado. A carta de vinhos é um Who's Who dos rótulos vintage italianos. ⊗ *Weinbergstr. 7* • *18h-24h seg-sáb* • *(0331) 270 30 30* • *€€€*

Restaurant Juliette
Uma antiga mansão senhorial abriga este restaurante francês, um dos mais charmosos da cidade. Serve ótimos clássicos franceses. ⊗ *Jägerstr. 39* • *12h-15h30 e 18h-24h qua-seg* • *fechado jul* • *(0331) 270 17 91* • *€€€*

Brauhaus
Restaurante rústico, na cervejaria de uma velha mansão rural – Krongut Bornstedt –, serve pratos de peixe, caça, salsichas, acompanhados por cerveja caseira. ⊗ *Ribbeckstr. 6-7* • *11h-22h diariam* • *(0331) 550 65 48* • *€€*

Maison Charlotte
Vinheria à moda antiga em casa holandesa de tijolo vermelho, especializada em comida francesa rural e bons vinhos. ⊗ *Mittelstr. 20* • *12h-23h diariam* • *(0331) 280 54 50* • *€€€€*

Friedrich-Wilhelm
Restaurante gourmet clássico com estrelas Michelin, talvez o melhor de Potsdam. Serve pratos alemães leves com preparo e apresentação requintados. ⊗ *Im Wildpark 1* • *18h-até tarde ter-sáb* • *(0331) 550 50* • *€€€€€*

Waage
Atraente restaurante histórico, com localização central. Vale a pena provar sobretudo os pratos regionais de caça e de peixe, em variações pouco usuais. ⊗ *Am Neuen Markt 12* • *12h-24h ter-dom* • *(0331) 817 06 74* • *€€€*

Café Heider
Este café adorável no meio do Centro Histórico de Potsdam oferece um café da manhã fantástico, que você pode tomar no terraço no verão. ⊗ *Friedrich-Ebert-Str. 29* • *8h-1h seg-sex, 9h-1h sáb, 10h-1h dom* • *(0331) 270 55 96* • *€€*

La Madeleine
Pequeno bistrô, serve todos os tipos de crepes, desde os doces com geleias aos salgados com bacon – local ideal para um lanche rápido. ⊗ *Lindenstr. 9* • *12h-24h diariam* • *(0331) 270 54 00* • *não aceita cartões* • *€*

Área por Área – Potsdam e Sanssouci

Todos os restaurantes aceitam cartões de crédito e servem pratos vegetarianos, exceto quando há indicação do contrário.

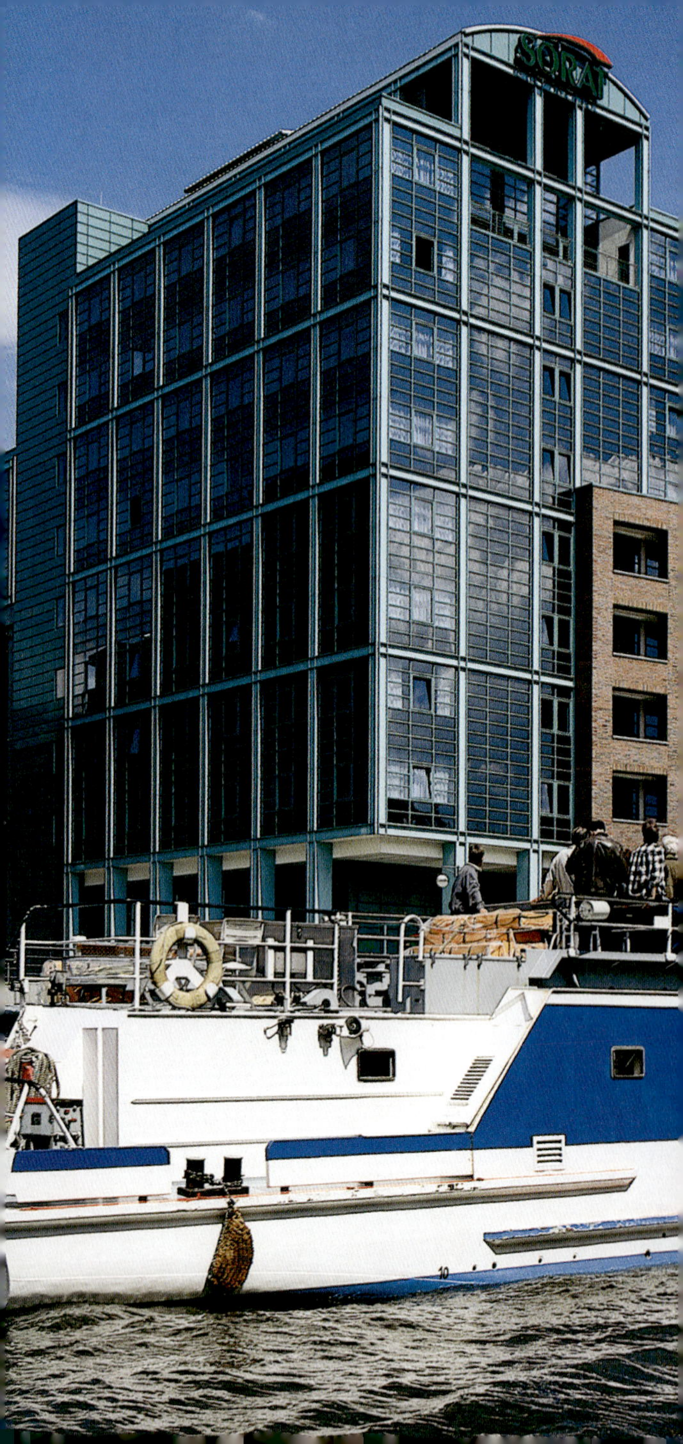
SORAT

DICAS DE VIAGEM

Planejamento
160

Como Chegar
161

Como Circular
162

Informações Práticas
163

Portadores de Deficiência
164

Bancos e Comunicações
165

Segurança e Saúde
166

Excursões e Passeios
167

Passeios Guiados
168

Longe da Multidão
169

Dicas de Compras
170

Berlim Econômica
171

Onde Ficar
172-9

TOP 10 BERLIM

Kurfürstendamm; A parada gay do Christopher Street Day, em junho

TOP 10 Planejamento

Dicas de Viagem

1 Quando Viajar
O tempo em Berlim é melhor do que se diz. O clima continental que caracteriza toda a região garante um tempo ameno e seco durante a maior parte do período de férias, de maio a setembro. Na primavera e no outono pode ficar frio e úmido, e talvez seja melhor não viajar para Berlim entre novembro e fevereiro, quando a cidade fica nublada, bem fria, e o vento do leste sopra e assobia pela cidade.

2 O que Levar
No verão você só vai precisar de roupas leves. Mas na primavera e no outono leve jaqueta impermeável e guarda-chuva. Os berlinenses se vestem de um jeito mais informal e vistoso do que os alemães de outras cidades – adotam o estilo "qualquer coisa que você gostar serve". Mas desde que é capital, Berlim está mais chique, e talvez você se sinta deslocado em restaurantes ou teatros sem paletó e gravata ou um vestido de noite.

3 Moeda
Se você vem de fora da União Europeia, poderá comprar euros em todos os bancos e agências de câmbio (há muitas ao redor das estações de trem). No centro da cidade, cartões de crédito, traveller's cheques e EC-cards são aceitos em quase toda parte.

4 Seguro
É bom fazer um seguro-saúde abrangente, com cobertura para assistência médica e odontológica, válido pelo período de sua estada; talvez lhe peçam este seguro na alfândega. Faça também um seguro de viagem, para o caso de perda de bagagem etc.

5 Dirigir
O turista brasileiro pode dirigir na Alemanha por até 6 meses usando sua CNH brasileira válida. Porém, talvez lhe peçam uma tradução oficial em alemão do documento. O melhor é tirar uma Carteira Internacional expedida pelo Detran.

6 Visto e Alfândega
Para entrar em Berlim o cidadão brasileiro a passeio ou negócios não precisa de visto para ficar até 90 dias no país, mas deve ter passaporte válido no mínimo por 6 meses, passagem de ida e volta e comprovante de recursos financeiros. Vacinas não são exigidas.

7 Eletricidade e Tomadas
A voltagem é de 220 volts; lembre-se de trazer adaptadores com dois pinos redondos.

8 Fuso Horário
Berlim tem quatro horas a mais em relação a Brasília. Dependendo da época do ano, lembre-se de considerar o horário de verão em vigor nos dois países.

9 Crianças
Se você viaja com crianças, reserve um hotel que as receba bem e veja se há descontos para famílias. É divertido explorar a cidade junto com as crianças, mas é bom evitar os horários de pico no U-Bahn e nos ônibus, ainda mais com bebês ou crianças de colo.

10 Estudantes
Muitos museus, teatros e outras instituições culturais oferecem descontos para estudantes, desde que se apresente um documento que comprove essa condição.

Embaixadas e Consulados

Embaixada do Brasil em Berlim
Wallstrasse 57 • (030) 72 62 80 e (030) 72 62 82 00 • www.brasilianische-botschaft.de

Setor Consular
Wallstr. 57 • seg-sex 8h30-13h (exceto feriados) • http://brasilianische-botschaft.de/setor-consular/

Embaixada da Alemanha do Brasil
SES Av. das Nações, quadra 807, lote 25, DF • (61) 3442 7000 • www.brasilia.diplo.de

Consulado-Geral da Alemanha em S. Paulo
Av. Brig. Faria Lima, 2092, 12º andar • seg-sex 8h-11h30 • (11) 3097 6644

Veja mais sobre o mapa de Berlim em **www.berlin.de/stadtplan**

Hauptbahnhof; O ICE para Berlim

🔟 Como Chegar

1. Aeroportos de Berlim
Berlim possui dois aeroportos internacionais, Tegel e Schönefeld. Um novo aeroporto, Berlin--Brandenburg (BER, ou Willy-Brandt-Flughafen), deve ser inaugurado nos próximos anos. Localizado cerca de 8km ao noroeste do centro da cidade, Tegel (TXL) conta com excelentes ligações de transporte público. Os ônibus 109, 128, X9 e TXL vão a importantes estações de U- e S-Bahn, bem como às estações de trem Hauptbahnhof e Zoologischer Garten (em cerca de 20 minutos). Schönefeld (SXF) fica cerca de 18km a sudeste do centro, e o modo mais rápido de alcançar a cidade é via trem expresso Deutsche Bahn RE7, que deixa os passageiros na Alexanderplatz em aproximadamente 25 minutos.
⊛ *Informação sobre aeroportos: (01805) 00 01 86*

2. Outros Aeroportos
Quem pretende voar para Hamburgo ou para Leipzig e de lá pegar um trem até Berlim (aproximadamente 1h de viagem) pode optar pelo ICE (Inter-City Express), um bilhete de trem comprado on-line com antecedência que oferece tarifas vantajosas em relação a passagens adquiridas no dia da viagem. ⊛ *www.bahn.de*

3. Companhias Aéreas
A Lufthansa tem um escritório no centro na Ku'damm, e empresas aéreas como a Air Berlin têm balcões de passagens no aeroporto.
⊛ *Lufthansa: Kurfürstendamm 132 • Mapa A5 • 10h-19h seg-sex • (030) 896 99 60* ⊛ *Air Berlin: (030) 34 34 34 34*

4. Hauptbahnhof
A estação central mais moderna da cidade é a Hauptbahnhof, e fica no bairro das repartições do governo. É o ponto de chegada e partida dos trens de longa distância.
⊛ *Europaplatz 1 • Mapa E3 • (0800) 150 70 90*

5. Zoologischer Garten
A Bahnhof Zoo é um núcleo importante do transporte local por suas muitas linhas de S- e U-Bahn e de ônibus.
⊛ *Hardenbergplatz • Mapa N4 • (030) 297 10 55*

6. Outras estações de trem
Ostbahnhof e Lichtenberg são as melhores estações para quem deseja ir ao lado oriental da cidade. A Berlin-Spandau é uma escolha melhor, se seu hotel fica no lado ocidental. Se for ficar no sul de Berlim, procure a estação Südkreuz. Diversos trens param no Potsdamer Platz, um ponto bem central da cidade.

7. Zentraler Omnibusbahnhof (ZOB)
O terminal de ônibus fica perto de Funkturm em Charlottenburg tem conexões rápidas e baratas para cidades da Alemanha e da Europa.
⊛ *Masurenallee 4-6 • Mapa A4 • (030) 30 10 01 75*

8. Estradas
Se você vem a Berlim de carro, terá que entrar pela Berliner Stadtring, um anel viário em volta da cidade. Vindo do norte, você chega à estrada da cidade pela A111 via Stolpe, na direção da Autobahndreieck Funkturm; vindo do sul, você chega ao centro pela A115 – a famosa rodovia Avus.

9. De Carro
O limite de velocidade no Berliner Ring é geralmente de 100km/h; nas estradas urbanas de Berlim, o limite fica em 80-100km/h. Preste atenção, pois há muitos controles de velocidade por radar espalhados pela cidade.

10. Zona Ambiental
A partir de 2008, toda a área do centro de Berlim (limitada pelo anel S-Bahn) foi declarada zona verde, o que significa que apenas veículos com um selo de aprovação ambiental têm permissão de circular, sejam eles da Alemanha ou de outros países. Para mais informações veja o site www.umwelt-plakette.de, onde é possível também comprar o selo adesivo.

Dicas de Viagem

Veja mais sobre os aeroportos de Berlim em **www.berlin-airport.de**

S-Bahn; Ponto de ônibus; Explorando Berlim de Velotáxi

TOP 10 Como Circular

1 U-Bahn
O U-Bahn, metrô de Berlim, tem uma das maiores redes da Europa, e é o meio mais rápido e prático de circular pela cidade. São dez linhas de U-Bahn, cada uma de uma cor, que funcionam das 5h à 1h; nos fins de semana a maioria das linhas circula a noite inteira. A estação indicada na plataforma é o destino final do trem. ◊ *BVG serviço ao cliente (030) 194 49*

2 S-Bahn
A S-Bahn ou Stadtbahn (trem urbano) tem quinze linhas e liga o centro aos subúrbios. Há trens com intervalos de 5 a 20 minutos. Muitas linhas usam as mesmas plataformas, por isso fique atento aos painéis indicativos. ◊ *Informação S-Bahn • Bhf. Alexanderplatz, Friedrichstr., Hauptbahnhof • 6h-22h seg-sex, 7h-22h sáb, dom • (030) 29 74 33 33*

3 Ônibus
Berlim tem uma densa rede de linhas de ônibus. Os amarelos de dois andares operam mais no centro. As linhas de ônibus têm três dígitos, exceto os serviços expressos, que têm um prefixo "X". Linhas de ônibus e bonde iniciadas por "M" atendem áreas sem conexão direta com os U- ou S-Bahn. O embarque é pela porta dianteira (mas quem leva carrinho de bebê usa a porta de trás) e você deve apresentar seu bilhete ao motorista ou comprar um, dele mesmo. ◊ *BVG serviço ao cliente (030) 194 49*

4 Bilhetes
Você compra bilhetes para os trens U- e S-Bahn e para ônibus em todas as estações e pontos de ônibus e com os próprios motoristas. Berlim está dividida em três zonas: A, B e C. A maioria dos destinos é coberta com um bilhete AB. O mais em conta é comprar um AB para 1 dia por €6,50, que é válido até as 3h da madrugada do dia seguinte. Uma viagem única AB custa €2,60 e é válida por 2 horas em apenas uma direção. Um "Kurzstrecke" (trajeto curto) equivale a três estações U- ou S-Bahn ou seis pontos de ônibus, e custa €1,40. Menores de 14 anos pagam tarifa reduzida; menores de 6 anos não pagam. É preciso validar o bilhete numa máquina vermelha na estação, ou numa amarela no ônibus, antes de começar a viagem. ◊ *BVG serviço ao cliente (030) 194 49*

5 Bondes
Os bondes – que operam sobretudo no leste da cidade – também integram a rede (BVG).

6 Táxis
Há pontos de táxi em toda a Berlim. Nem sempre é fácil pegar um táxi fora do ponto. A tarifa inicial é de €3,40, e cobra-se mais €1,30-€1,79 por quilômetro rodado. Se você pega o táxi na rua, pode andar até 2km por €4, mas é preciso pedir por um "Kurzstrecke" (tarifa de curta distância). ◊ *Táxi: (030) 26 10 26, 443 322, 21 01 01, 21 02 02, 20 20 20*

7 Locação de Carro
Você pode alugar um carro em qualquer uma das grandes locadoras. Terá que apresentar habilitação, passaporte e cartão de crédito; algumas só aceitam clientes maiores de 21 anos. Há locadoras nos aeroportos e no centro de Berlim. ◊ *Avis: (030) 230 93 70; Europcar: (030) 20 62 46 00; Hertz: (030) 20 64 93 28; Sixt: (01805) 25 25 25*

8 Velotáxis
Este é um jeito incomum de andar por Berlim – uma bicicleta tipo riquixá, que você encontra no centro (somente abr-out).

9 Aluguel de Bicicletas
Há muitas locadoras de bicicletas por toda a cidade. ◊ *Fahrradstation, Dorotheenstr. 30 • (030) 20 45 45 00* ◊ *Pedalpower, Grossbeerenstr. 53 • (030) 55 15 32 70* ◊ *Prenzlberger Orange Bikes, Kolle 37 • (030) 44 35 68 52*

10 Berlim a Pé
Circular a pé por Berlim pode cansar, mas é compensador. Vale a pena passear pela Unter den Linden e pela Ku'damm. Cuidado ao atravessar as ciclovias (pintadas de vermelho).

Veja mais sobre transporte público em www.vbbonline.com ou www.bvg.de

Guias de Berlim; Banca de jornais; Logo do centro de informação turística

Dicas de Viagem

Informações Práticas

1. Berlin Tourist Info
O serviço municipal de informação turística tem escritórios na Hauptbahnhof, no Portão de Brandemburgo, na Ku'damm e no aeroporto BER. ◎ www.visitberlin.de ◎ Hauptbahnhof, Europaplatz 1, nível 0, entrada norte • 8h-22h diariam ◎ Portão de Brandenburgo (Casa da Porta Sul), Pariser Platz • 9h30-18h diariam ◎ Neues Kranzler-Eck, Kurfürstendamm 22 • 9h30-20h seg-sáb, 10h-18h dom

2. Museus Estatais de Berlim
Você pode obter informações detalhadas sobre os museus estatais e todos os estabelecimentos da Museumsinsel em www.smb.museum ou pelo telefone abaixo. Esses serviços fornecem, ainda, a programação de eventos da cidade (pesquise sobre a chamada Longa Noite dos Museus). ◎ (030) 266 42 42 42

3. Sanssouci
O serviço de orientação aos visitantes dos palácios e jardins de Potsdam e Sanssouci fornece informação precisa, dicas e visitas guiadas através de sua linha telefônica. ◎ (0331) 969 42 00 • www.spsg.de

4. Informação sobre Potsdam
Potsdam tem seu próprio escritório de informação turística, que fornece livretos, um serviço de hospedagem e visitas guiadas. ◎ Brandenburger Str 3 (também em Potsdam Hauptbahnhof) • Abr-out: 9h30-18h seg-sex, 9h30-16h sáb e dom; nov-mar: 10h-18h seg-sex, 9h30-14h sáb e dom • Tel (0331) 27 55 80

5. Onde Ficar
A Berlin Tourismus Marketing GmbH (BTM) tem uma linha de telefone especial que pode ajudá-lo a fazer reservas de quarto em hotéis (cobrando uma taxa). Existem várias agências que arrumam hospedagem em casas particulares, como vagas em apartamentos compartilhados por período de dias ou semanas. ◎ (030) 25 00 23 33 (também do exterior) • www.visitberlin.de

6. Eventos na Cidade
Há duas revistas quinzenais com roteiros de eventos e espetáculos em Berlim – a *tip* (www.tip-berlin.de) e a *zitty* (www.zitty.de). Também vale a pena consultar a mensal *Berlin-Programm* para a agenda de eventos na cidade. Duas outras revistas, a *prinz* e a *030* trazem informações sobre casas noturnas e bares. Jornais diários como *Tagesspiegel*, *Berliner Zeitung* e *Berliner Morgenpost* costumam publicar roteiros sobre eventos culturais às quartas e quintas respectivamente. Dicas e resenhas podem ser encontradas nos jornais todos os dias.

7. Internet
Sites como www.berlin.de e www.visitberlin.de, ambos com textos em inglês, dão informação sobre hospedagem, restaurantes e atrações turísticas.

8. Televisão
Além das tevês nacionais, a RBB (Berlin-Brandenburg Broadcasting) oferece uma programação regional; a tv berlin, estação privada, também transmite notícias e roteiros de eventos. Na tevê a cabo ou por satélite você pode sintonizar canais com programação em inglês ou espanhol.

9. Bürgertelefon
Essa linha de telefone especial foi criada para informar a autoridade ou o serviço que você deve procurar em qualquer tipo de ocorrência, como roubo, acidentes ou auxílio médico. ◎ 115

10. Orientação para Gays
Informação e orientação para gays e lésbicas podem ser obtidas no Mann-o-Meter (p. 58). ◎ Bülowstr. 106 • 17h-22h ter-sex, 16h-20h sáb-dom • (030) 216 80 08 ◎ Para lésbicas: Kulmer Str. 20a • (030) 215 20 00

Veja mais sobre o que acontece em Berlim em **www.exberliner.net** *(em inglês) e em Postdam em* **www.potsdamtourismus.de**

163

Vaga para portadores de deficiência; Porta de ônibus adaptada; Elevador para o U-Bahn

Portadores de Deficiência

Dicas de Viagem

1. Ruas e Calçadas
Quase todas as calçadas de Berlim têm guias rebaixadas nos cruzamentos, para facilitar a vida dos cadeirantes. Estes devem prestar atenção aos ciclistas que usam as ciclovias, sinalizadas em vermelho, muitas vezes com trânsito em ambas as direções.

2. U- e S-Bahn
Os trens do metrô e os trens comuns são acessíveis a cadeirantes, mas nem todas as estações têm elevadores. Se for viajar de U-Bahn, espere na cabeceira da plataforma. Depois que o trem parar, o condutor irá colocar uma rampa entre a plataforma e o vagão. Se for viajar de S-Bahn, fale com o chefe da estação antes da chegada do trem; ele ou ela irão instalar a rampa que você precisa para embarcar. Os mapas da rede de transporte BVG e S-Bahn mostram as estações com acesso para cadeira de rodas. Em Berlim, os passageiros portadores de deficiência têm direito à assistência gratuita de um funcionário durante o percurso. Ligue para (030) 34 64 99 40 (9h-16h seg-sex) pelo menos 24h antes da viagem. ⓢ *Berliner Verkehrsbetriebe • 24 horas • (030) 194 49.* ⓢ *Deutsche Bahn Berlin • 24 horas • (0180) 599 66 33*

3. Ônibus
Todos os ônibus que ostentam um símbolo de cadeira de rodas são equipados para o acesso de cadeirantes; a maioria dos ônibus do centro tem uma porta com uma rampa que pode ser abaixada até a calçada. Em certos horários, porém, esses ônibus só passam a cada 20 minutos.

4. Carros Adaptados e Visitas Guiadas
Portadores de deficiência que quiserem explorar Berlim e Brandemburgo dirigindo carro, ou dividir um carro com motorista com outros visitantes com deficiência, podem contatar agências especializadas. ⓢ *BBV Tours Behindertenfahrdienst, Bizetstr. 51-5 • (030) 92 70 36 30* ⓢ *Micky Tours, Rhinstr. 7 • (030) 515 33 36* ⓢ *Special Guides, www.mobile-sinne.de • (03327) 56 97 87*

5. Compras e Entretenimento
Os shopping centers Potsdamer-Platz-Arcaden e Alexa Shopping Centre na Alexanderplatz têm acesso para cadeirantes. Os shoppings têm portas automáticas, elevadores grandes e banheiros adaptados. No Potsdamer-Platz, todos os locais de eventos (CineStar Event, CinemaxX, etc.) têm acesso para portadores de deficiência.

6. Banheiros Públicos
Procure pelo aviso "City Toiletten". Eles estão em muitas áreas centrais de Berlim e mais de 160 são totalmente acessíveis.

7. Mobidat.net
O site www.mobidat.net tem uma versão em inglês e dá orientação sobre todas as questões relacionadas com acesso, serviços e eventos para o visitante com deficiência, incluindo um banco de dados com 20 mil edifícios de Berlim e suas instalações.

8. Landesamt
O Escritório Regional de Berlim para Saúde e Seguro Social tem um serviço de orientação ao cidadão, com um disque-ajuda. ⓢ *Sächsische Str. 28 • Mapa B6 • (030) 902 29 64 64 • Serviço para portadores de deficiência e idosos • (030) 859 40 10*

9. Aluguel de Cadeira de Rodas
A Cruz Vermelha Alemã (DRK) aluga cadeiras de rodas. Como alternativa, procure a Rolli King. ⓢ *DRK (030) 600 300 200 • Rolli King (0177) 941 04 61 • Conserto de cadeiras de rodas (030) 84 31 09 10*

10. Deficientes Visuais
A associação de cegos e deficientes visuais de Berlim orienta quanto às instalações disponíveis para visitantes cegos. ⓢ *Allgemeiner Blinden- und Sehbehindertenverein, Auerbacherstr. 7 • (030) 89 58 80*

▶ *Os adesivos amarelos* Berlin barrierefrei *indicam acesso para portadores de deficiência.*

Caixa de correio antiga; Telefone atual por cartão; Agência de câmbio

Bancos e Comunicações

Dicas de Viagem

1. Bancos
Todos os grandes bancos alemães têm filiais no centro da cidade. A maioria dos bancos funciona entre 9h-18h seg-sex; muitos ficam abertos por expedientes mais curtos às sextas e quartas. ◊ *Commerzbank, Kurfürstendamm 237* • *Mapa P4* • *9h-16h seg e qua, 9h-18h ter e qui, 9h-14h sex* ◊ *Deutsche Bank, Friedrichstr. 181* • *Mapa F4* • *10h-19h seg, ter, qui e sex, 10h-18h qua e sáb*

2. Trocar Dinheiro
Troca-se dinheiro na *Wechselstube* (agência de câmbio); existem várias perto da Bahnhof Zoo, nos aeroportos ou em bancos. Lembre-se de perguntar sobre comissão e taxas, pois variam de um lugar para outro. Os hotéis também trocam dinheiro, mas costumam cobrar taxas mais altas. ◊ *Exchange AG, Bayreuther Str. 37* • *Mapa P5* • *10h-18h30 seg-sex, 10h-13h sáb* • *(030) 21 17 62 92* ◊ *Reisebank no Hauptbahnhof Europlatz 1* • *Mapa E2* • *8h-22h diariam* • *(030) 20 45 37 31.* ◊ *Euro-change no Europa-Center Tauentzienstr. 9-12* • *Mapa D5* • *9h-20h seg-sáb* • *(030) 261 14 84*

3. Cartões de Crédito
Você pode usar cartões de crédito como Visa ou Euro/MasterCard para pagar na maioria dos restaurantes, cafés e lojas de Berlim, mas os cartões não são aceitos em toda parte e é bom sempre carregar um pouco de dinheiro. American Express e Diners Club são menos aceitos. Você também pode usar seu EC card (com senha) para sacar dinheiro de caixas automáticos. Se perder seu cartão, informe o banco imediatamente ou a empresa. ◊ *American Express* • *(069) 97 97 10 00* ◊ *EC Cards* • *(01805) 02 10 21* ◊ *Eurocard e MasterCard* • *(0800) 819 10 40* ◊ *Diners Club* •*(0) 7531 3633 111* ◊ *Visa* • *(0800) 811 84 40*

4. Telefones
Há telefones públicos, tanto de cabine como expostos, por todo o centro da cidade. Em geral, operam apenas com cartão. Você compra cartões telefônicos nos correios, em lojas de departamentos e em bancas de jornal.

5. Agências e Caixas de Correio
É difícil não reparar nas agências de correio de Berlim (chamadas de *Postbank Finanzcenter*) – elas são pintadas de amarelo-brilhante. Além disso, várias papelarias prestam serviço de correio. As caixas de correspondência nas ruas também são amarelas. ◊ *Center-Filiale, Joachimstaler Str. 7* • *Mapa P4* • *9h-20h diariam* ◊ *Bahnhof Friedrichstr., Georgenstr. 12* • *Mapa K4* • *6h-22h seg-sex, 8h-22h sáb e dom*

6. Postagem
Uma carta padrão (peso de até 20g) ou um cartão-postal para qualquer lugar fora da Alemanha custa €0,75. Selos podem ser adquiridos nos correios, em papelarias e máquinas de selos.

7. Wi-Fi/WLAN
Berlim tem mais de 400 pontos de internet sem fio em bares, cafés, hotéis, lojas de departamentos e locais públicos, como o Sony Center, na Potsdamer Platz. Muitos são gratuitos. O site mostra o ponto mais próximo de você. ◊ *www.hotspot-locations.de*

8. Serviços de Secretaria
Se seu hotel não oferece serviços de secretaria, use um serviço independente, conhecido como *Schreibbüro*. Veja detalhes nas "Páginas Amarelas" ou na lista telefônica.

9. Traveller's Cheques
Traveller's cheques em euros ou qualquer outra moeda podem ser trocados nos grandes bancos ou em filiais de quem os expediu. A maioria dos bancos cobra uma taxa.

10. Números Importantes
O disque-ajuda da Deutsche Telekom tem os seguintes números:
• auxílio à lista 118 33
• auxílio à lista internacional 118 34 • telefonista (0180) 200 10 33

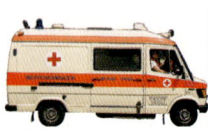

Ambulância; Farmácia no centro de Berlim; Estação do U-Bahn

Segurança e Saúde

1. Emergências
Como no resto da Alemanha, os telefones de emergência são 112 para ambulância e bombeiros, e 110 para polícia. Podem ser discados de graça das cabines de telefones públicos.

2. Segurança
Berlim é uma cidade relativamente segura. Como em qualquer outra metrópole, no entanto, é recomendável seguir algumas regras básicas. Fique sempre de olho em seus pertences, como carteira ou mochila, sobretudo nos trens da U- e da S-Bahn e nos ônibus. À noite, evite as seguintes áreas: atrás da GedächtnisKirche, a linha U9 do U-Bahn ao norte do zoológico, e também os bairros Lichtenberg (particularmente a estação) e Wedding. As áreas da região leste podem ser menos seguras; visitantes negros ou abertamente homossexuais são aconselhados a não pegar a S-Bahn à noite a leste da Alexanderplatz ou para Brandemburgo.

3. Roubo
Se possível, peça ao hotel para guardar seus documentos e valores num cofre ou carregue-os bem junto ao corpo. Mesmo que vá ficar pouco tempo, é bom fazer um seguro, a não ser que já tenha cobertura do seguro no seu país. Comunique a polícia imediatamente em caso de roubo; em geral é fácil encontrar policiais patrulhando as ruas no centro.
◉ *Polizeipräsidium, Platz der Luftbrücke 6*
• *(030) 46 64 46 64*

4. Objetos Perdidos
A Zentrales Fundbüro (central de objetos perdidos) concentra todos os objetos perdidos e achados em Berlim. Se perder algo no transporte público, vá até o Fundbüro der BVG. O Fundbüro der Deutschen Bahn AG é responsável por todos os itens perdidos nos trens S-Bahn ou nas estações.
◉ *Zentrales Fundbüro, Platz der Luftbrücke 6*
• *(030) 902 77 31 01*
◉ *Fundbüro der BVG, Potsdamer Str. 182* • *(030) 194 49* ◉ *Fundbüro der DB*
• *(0900) 199 05 99*

5. Hospitais
Visitantes que pertencem a países da União Europeia têm cobertura para tratamentos de emergência. Isso não se aplica aos brasileiros, que devem fazer um seguro-saúde especial, com cobertura abrangente para acidentes, despesas hospitalares, emergências médicas e odontológicas.

6. Farmácias
Há muitas *Apotheken* (farmácias) na cidade. Após as 20h, um telefone de emergência informa quais as farmácias de plantão. ◉ *(030) 31 00 31*
• *www.aponet.de*

7. Dentistas
O número para emergências dentárias informa o endereço do dentista mais próximo.
◉ *(030) 89 00 43 33*

8. Serviços de Emergência
Há vários outros serviços de emergência importantes, que costumam funcionar a noite toda. Eles podem dar orientação por telefone ou encaminhá-lo a outros serviços de emergência.
◉ *Chame um médico*
• *(01805) 321 303*
◉ *Médicos por telefone*
• *(030) 89 00 91 00* ◉ *Serviço de Resgate da Cruz Vermelha Alemã* • *(030) 19 27* ◉ *Emergências / envenenamento* • *(030) 192 40* ◉ *Emergências / Narcóticos* • *(030) 192 37*
◉ *Disque-ajuda para problemas emocionais* • *0800 111 0 111* • *0800 111 0 222 (ajuda espiritual)*

9. Fumo
É proibido fumar em todos os locais públicos, e na maioria dos bares, cafés, restaurantes e casas noturnas. Alguns locais criaram áreas separadas para fumantes.

10. Mulheres que Viajam Sozinhas
Berlim é bastante segura para mulheres que viajam sozinhas, mas evite parques e ruas escuras e desertas à noite. ◉ *Disque-ajuda confidencial para mulheres* • *(030) 615 42 43*

Veja mais sobre farmácias em **www.akberlin.de***; depois selecione "Notdienst" na lista de opções.*

De S-Bahn para os subúrbios; Passeio pelo Havel e o Spree; Spreewald

TOP 10 Excursões e Passeios

Dicas de Viagem

1. Spreewald
A paisagem de rio junto às cidadezinhas de Lübben e Lübbenau, no sudoeste de Berlim, é de uma beleza natural única e intocada. Daqui você pode explorar de barco os antigos assentamentos dos sorábios, um povo eslavo. Não deixe de provar as especialidades da região – peixe fresco com legumes, mas principalmente os famosos pepinos em conserva de Spreewald.
🔗 *Tourismusverband Spreewald e V, Lindenstr. 1, Raddusch • (035433) 722 99*

2. Campo de Concentração de Sachsenhausen
Uma visita ao primeiro campo de concentração nazista, o Sachsenhausen, é uma experiência desafiadora. Ele foi criado em 1933 como um "campo deserto" para presos políticos. De 1936 a 1945, 100 mil pessoas foram mortas aqui. Junto ao campo há uma exposição.
🔗 *Gedenkstätte und Museum Sachsenhausen, Straße der Nationen 22 • meados mar-meados out: 8h30-18h diariam; meados out-meados mar: 8h30-16h30 ter-dom • (03301) 20 02 00*

3. Schloss Rheinsberg
Este pequeno palácio é um excelente destino para um passeio de um dia. O palácio ficou famoso pela história de amor de Kurt Tucholsky. Hoje é um museu e só funciona com visitas guiadas.
🔗 *Rheinsberg, Mühlenstr. 1 • 10h-17h ter-dom • (033931) 72 60 • Entrada paga*

4. Werder
Rodeada pelos pomares da fruta de Havelland, esta pequena vila celebra a Baumblütenfest, quando florescem as árvores frutíferas em abril e maio.
🔗 *Escritório de Turismo de Werder, Kirchstr. 6-7 • (03327) 78 33 74*

5. Caputh
Pitoresca vila perto de Potsdam, cercada por lagos, com um charmoso palácio barroco, além da casa de verão de Albert Einstein, no nº 7 da Waldstraße. 🔗 *Potsdam-Information, Brandenburger Str. 3 • (0331) 27 55 88 99*

6. Frankfurt/Oder
Esta é uma outra Frankfurt, no rio Oder, 70km a leste de Berlim. Vale a visita mesmo que seja só pelo soberbo museu, dedicado ao dramaturgo Heinrich von Kleist.
🔗 *Faberstr. 7 • 10h-18h ter-dom • (0335) 53 11 55 • Entrada paga*

7. Bad Saarow
Velha cidade-spa, ex-refúgio de celebridades. As águas termais e o hotel garantem um fim de semana relaxante.
🔗 *Kur- und Fremdenverkehrs-GmbH, Am Kurpark 1 • (033631) 868 0 (informações turísticas)*

8. Buckow
A pequena vila de Buckow é o centro da região conhecida como Märkische Schweiz. Tem uma paisagem de lagos e montanhas que parecem quase intocados, ótima para caminhadas, para nadar e andar de barco. A melhor área é a que fica em torno de Schermützelsee. Aqui você também pode visitar a residência de verão de Bertolt Brecht.
🔗 *Kultur- und Tourismusamt Märkische Schweiz, Sebastian-Kneipp-Weg 1 • (033433) 659 82*

9. Sacrow
Esta pequena vila fica ao norte de Potsdam. Virou atração turística por causa da sua linda Igreja do Salvador, no lago de mesmo nome.
🔗 *Potsdam-Information, Brandenburger Str. 3 • (0331) 19 433*

10. Königs Wusterhausen
Vale a pena conhecer a bela paisagem de lagos que fica ao redor de Königs Wusterhausen, 27km a sudeste de Berlim. Há muitas vilas românticas aqui, como Grünau e Zeuthen, e um dos pontos mais atraentes é a vila de Teupitz, no lago de Teupitz. O hotel Schlosshotel é ideal para relaxar. 🔗 *Kulturund Tourismusverband Dahmeland, Am Bahnhof, Königs Wusterhausen • (03375) 252 00*

Veja mais sobre atrações turísticas em Brandemburgo em www.reiseland-brandenburg.de ou www.brandenburg-tourism.com

Ônibus de dois andares; Ônibus turístico; Passeio de velotáxi pela cidade

TOP 10 Passeios Guiados

Tour em Ônibus de Dois Andares
É sempre agradável fazer um passeio pela cidade num ônibus de dois andares, com teto aberto, no verão. Os ônibus partem do Café Kranzler na Ku'damm e você pode embarcar nas principais atrações. ✆ *Berlin City Tour* • *(030) 68 30 26 41* ✆ *Top Tour* • *(030) 89 06 64 25*

Ônibus 100 e 200
O jeito mais barato e rápido de ver a cidade é fazer um passeio nos ônibus nº 100 ou 200. São veículos de dois andares que vão da Bahnhof Zoo e da Alexanderplatz até Prenzlauer Berg, e passam por todas as atrações importantes entre o lado Ocidental e Oriental. Um passeio pela cidade custa apenas €2,60.

Passeios de Segway e Bicicleta
Uma operadora de localização central que oferece passeios tanto de Segway como de bicicleta pela cidade é a Fat Tire Bike Tours. ✆ *(030) 24 04 79 91* • *www.fattirebiketours berlin.com*

Passear de Ônibus pela Cidade
Os tradicionais passeios de ônibus pela cidade, muitos dos quais permitem a você embarcar e desembarcar onde quiser, são ótimos para ter uma visão geral rápida. Costumam durar de duas a quatro horas, e passam pelas principais atrações. Há passeios especiais até Potsdam. Pontos de partida: ✆ *Berolina Berlin-Service, Kurfürstendamm 220* • *(030) 88 56 80 30* ✆ *BEX Sightseeing, Kurfürstendamm 216 u. Alexanderplatz* • *(030) 880 41 90*

Passeios de Arte
Várias agências abrem uma trilha na selva artística de Berlim. Passeios curtos, bem conduzidos, levam os visitantes a museus e galerias selecionados, a designers de moda ou aos principais tesouros arquitetônicos da cidade. Os passeios estão disponíveis em vários idiomas. ✆ *art:berlin, Kurfürstenstr. 14* • *(030) 28 09 63 90* • *www.artberlin-online.de* ✆ *GoArt, Potsdamer Str. 81b* • *(030) 30 87 36 26* • *www.goart-berlin.de*

Passeios de Barco
Os cursos d'água de Berlim – os rios Havel e Spree, o Landwehrkanal e os lagos Wannsee e Müggelsee – podem ser explorados de barco, para ver as atrações históricas entre Charlottenburg e o centro. São passeios de duas a três horas e os cais ficam no Schloss Charlottenburg, junto à Haus der Kulturen der Welt in Tiergarten, perto da ponte Schlossbrücke e em Treptow. ✆ *Stern- und Kreis-Schifffahrt, Puschkinallee 15* • *(030) 536 36 00.* ✆ *Reederei Riedel* • *(030) 67 96 14 70* • *www.reedereiriedel.de*

Berlim Vista do Ar
Várias empresas oferecem passeios por Berlim e pela província de Brandemburgo, de helicóptero, aviões antigos e balões. ✆ *Air Service Berlin, aeroporto Schönefeld, Terminal C* • *(030) 53 21 53 21* • *www.air-service-berlin.de* ✆ *Sky Travel 24, aeroporto Strausberg* • *(0800) 759 87 28* • *www.skytravel24.de* ✆ *Rundflug, aeroporto Strausberg* • *(03341) 30 53 64* • *www.rundflug-berlinbrandenburg.de*

Passeios a Pé
A Berlin Walks promove passeios temáticos em inglês, partindo todo dia do ponto de táxi fora do Zoologischer Garten e do Hackescher Markt. A Insider Tour também oferece esses passeios e outros de bicicleta, além de uma ronda por bares. ✆ *Berlin Walks* • *10h diariam (abr-out: também 13h30) e por agendamento* • *(030) 301 91 94* • *www.berlinwalks.com* ✆ *Insider Tour* • *(030) 692 31 49* • *www.insidertour.com*

Velotáxis
Um meio barato e bem pessoal de percorrer a cidade (p. 162).

Berlim Subterrânea
Este passeio guiado percorre os sombrios subterrâneos de Berlim, permitindo visitar abrigos antiaéreos e túneis antigos. ✆ *(030) 49 91 05 17* • *www.berliner-unterwelten.de*

Veja mais sobre passeios guiados em **www.sightseeing.de**, **www.berlinerstadtrundfahrten.de** *e* **www.wirsindberlin.eu**

Relaxe no Sanssouci Park de Potsdam; Explorando Berlim a pé

10 Longe da Multidão

Dicas de Viagem

1 Horários de Pico
Se dirigir em Berlim, procure evitar os horários de pico – entre 7h e 9h, e entre 16h30 e 19h ao entardecer. Ônibus e trens U- e S-Bahn também andam lotados nesses horários.

2 Hora do Almoço
Nos restaurantes, cafés e lanchonetes do centro, se você chegar entre 12h30 e 14h provavelmente terá de fazer fila ou esperar para conseguir mesa. Mas a maioria desses locais continua atendendo até mais tarde. Por isso, se quiser fazer sua refeição com mais tranquilidade, procure chegar depois das 13h30.

3 Sair à Noite
Restaurantes populares, principalmente aqueles na área da Savignyplatz, Gendarmenmarkt e Kollwitzplatz, em geral têm seu pico de clientes entre 19h e 20h, especialmente no verão, mesmo durante os dias de semana. Assim, faça reserva ou então chegue um pouco mais tarde, por volta das 21h.

4 Madrugadores
Muitas das atrações mais populares ficam lotadas, em particular de quinta a domingo. Por isso é uma boa ideia chegar bem cedo, e iniciar a visita assim que o lugar abrir – especialmente no caso dos museus.

5 Fins de Semana
A maioria dos turistas vem a Berlim para os fins de semana, por isso a Ku'damm e a Friedrichstraße ficam totalmente lotadas de visitantes num sábado de manhã. À noite, muitos eventos, sobretudo os concertos da Filarmônica de Berlim e os melhores espetáculos de teatro, estão com ingressos esgotados. Procure organizar sua visita de modo que comece no domingo e inclua os primeiros dias da semana.

6 Férias
A alta estação turística de Berlim vai de maio a julho. Mas a partir do fim de julho ou do início das férias escolares, a cidade fica mais calma, pois muitos locais saem de férias. Então é mais fácil achar vaga para estacionar e os restaurantes ficam bem mais vazios do que o usual – principalmente em agosto. A única desvantagem é que os teatros e salas de concertos também fecham no verão.

7 Parques de Berlim
Se depois de uns dois dias você ficar cansado da agitação da cidade grande, vá até um dos seus parques para relaxar – Viktoriapark em Kreuzberg, Jungfernheide em Charlottenburg e a área em volta do Tegeler See são locais pitorescos onde você pode relaxar e desfrutar de sossego.

8 Domingo de Manhã
Mesmo as áreas centrais de Berlim costumam ficar desertas nos domingos de manhã bem cedo – hora ideal para um passeio tranquilo a pé ou de bicicleta pela Kurfürstendamm ou pela Unter den Linden. A maioria dos cafés e museus abre às 10h, e você também poderá contar com isso.

9 Reservas
Seja para ir ao teatro, à ópera, a um concerto da Filarmônica, a um cinema multiplex ou a um evento especial, sempre vale a pena tentar obter entradas com boa antecedência, por telefone ou em alguma das agências – dificilmente você terá a sorte de conseguir ingressos para os eventos mais concorridos no dia.

10 Vida Noturna
Berlim é uma cidade que não dorme – funciona 24 horas. Se não tiver que se ater a horários, para jantar, por exemplo, você pode aproveitar ao máximo sua liberdade – em muitos dos restaurantes você desfruta de uma boa refeição mesmo depois das 23h. Isso também vale para os bares – muitos fecham às 3h ou 4h ou nem fecham. O agito nas casas noturnas começa lá pela meia-noite ou mais tarde, mesmo em dias de semana. E alguns museus ficam até as 20h às quintas-feiras.

Europa-Center; Galeries Lafayette; Banca de venda de suvenires

TOP 10 Dicas de Compras

1. Ruas de Compras
Kurfürstendamm, Tauentzienstraße e Friedrichstraße são as principais ruas de compras de Berlim. Você encontra lojas baratas em volta da Tauentzienstraße e da Alexanderplatz. A loja de departamentos Galeries Lafayette e o comércio da Ku'damm são mais chiques. Um bom conjunto de lojas pode ser encontrado nas arcadas da Potsdamer Platz, no shopping center Alexa (na Alexanderplatz), na Schlossstraße, no sul de Berlim, e no Gesundbrunnencenter, no norte.

2. Horários
As lojas normalmente ficam abertas das 10h às 20h, de segunda a sábado. Lojas menores, porém, fecham às 14h ou às 16h aos sábados, exceto nas quatro semanas antes do Natal, quando ficam abertas até as 18h. Os estabelecimentos maiores ficam abertos até as 22h nos sábados. Quando há eventos especiais (por exemplo, a IFA – Exposição Internacional de Radiodifusão –, ou o Festival de Cinema Berlinale), são adotados horários diferenciados.

3. Como Pagar
As lojas do centro aceitam cartões de crédito como Visa, MasterCard e American Express, e com menor frequência Diners Club. Quase todas aceitam cartões Maestro.

4. Proteção ao Consumidor
Se você achar que foi tratado de modo incorreto ou se um produto adquirido tiver falhas (e a loja se recusar a trocar), contate a associação de proteção ao consumidor.
◈ *Verbraucherzentrale Berlin, Hardenbergpl. 2, 3º andar* • *9h-13h seg, 9h-16h30 ter e sex, 9h-19h qua e qui* • *(030) 21 48 50*

5. Liquidações
Liquidações de fim de estação acontecem no final de janeiro e de julho. Mas você encontra ofertas o ano todo em lojas de departamentos e lojas comuns, quase sempre em bancas colocadas na entrada.

6. Moda
As melhores lojas de grife de moda, com marcas de prestígio como Gucci, Versace, Jil Sander, DKNY ou Prada, ficam no lado oeste da Ku'damm e na Friedrichstraße. A Kaufhaus des Westens vende grande variedade de moda feminina e masculina (p. 60).

7. Música
Além de grandes lojas multimídia e das redes que vendem CDs, como Saturn, MediaMarkt, Promarkt e Kaufhof, você encontra grande variedade de CDs na Kulturkaufhaus Dussmann (p. 119), assim como na loja de departamentos Kaufhaus des Westens, a KaDeWe (p. 60).

8. Presentes e Suvenires
Se você procura presentes e suvenires para levar para casa, visite o Europa-Center (p. 24) e a KaDeWe (p. 60). Também há lojas de suvenires na Unter den Linden (perto da Pariser Platz), na Potsdamer Platz e no Checkpoint Charlie.

9. Arte e Antiguidades
A maioria das lojas de antiguidades concentra-se ao sul da Nollendorfplatz (p. 104) e nas ruas menores junto à Kurfürstendamm. Mas a feira de usados e de arte na Straße des 17 Juni (p. 60) e as lojas de antiguidades nos arcos da S-Bahn entre a Friedrichstraße e a Museumsinsel costumam ter preço melhor e oferecer maior variedade.

10. Arredores de Berlim
Em Potsdam, como em outras cidades menores, há vários lugares para comprar arte e artesanato ou roupas. Uma boa opção para quem está atrás de ofertas é o B5 Designer Outlet, situado na rodovia de mesmo número. Aqui muitas peças da moda são vendidas com ótimos descontos.
◈ *B5, saída Demex Park/B5 Centre* • *10h-19h seg-qui, 10h-20h sex e sáb*

Veja mais sobre lojas e mercados nas **pp. 60-1**

Bilheteria de teatro; Você pode desfrutar de graça dos parques de Berlim

TOP 10 Berlim Econômica

1. Hospedagem
Se você quer hospedagem a baixo custo procure albergues da juventude, pousadas da ACM ou pensões para mochileiros. Ou contate a Mitwohnzentrale, agência que arruma vagas em casas particulares por baixo custo *(p. 163)*.

2. Restaurantes
Restaurantes indianos e turcos costumam ter bom preço. Uma alternativa econômica são os bares de lanches turcos, que servem *doner kebab*, e as bancas de salsicha alemã – estas também costumam vender outros tipos de lanches baratos.

3. Museus
Você pode visitar os museus municipais de Berlim, como os da Museumsinsel, com um ingresso para três dias que custa €24. Algumas atrações, como o Holocaust-Denkmal, o Memorial para as Vítimas do Muro e a Topographie des Terrors, são grátis.

4. WelcomeCard
O BVG WelcomeCard é o jeito mais barato de visitar exposições e museus em Berlim e de usar o transporte público por toda a cidade. Ele custa a partir de €20,50 para um adulto e até três crianças menores de 14 anos (menores de 6 não pagam). Ele permite dois, três ou cinco dias de viagens em todos os ônibus e trens de Berlim-Brandemburgo, e valem para as três zonas A, B e C, além de dar 50% de desconto em várias atrações turísticas.

5. Ingressos com Desconto
Os teatros e as casas de ópera vendem entradas a preços reduzidos na porta, no dia do espetáculo, principalmente para estudantes, com apresentação da devida identificação. Outra opção é comprar os ingressos com antecedência em qualquer uma das agências de ingressos, como a Hekticket. ◎ *Hekticket (030) 230 99 30*

6. Artistas de Rua
Berlim sempre foi um lugar com muitos artistas de rua, especialmente na Breitscheidplatz e ao longo da Ku'damm. Há um legendário artista de mímica, vestido de palhaço, que imita os passantes nas calçadas dos cafés do lado leste da Ku'damm. No verão, em Charlottenburg e Prenzlauer Berg, é comum músicos e cantores de rua virem às mesas ou ficarem do lado de fora de restaurantes e cafés.

7. Dia das Portas Abertas
Como Berlim é a capital política e cultural da Alemanha, muitas instituições públicas e privadas oferecem regularmente a oportunidade de visitar seus bastidores, de graça. Visitar um dos ministérios federais é algo muito interessante. Os jornais diários publicam roteiros de eventos desse tipo. Todo ano, no verão, o "Schaustelle Berlin" (trocadilho com "Baustelle", que significa canteiro de obras) faz visitas guiadas a grandes canteiros de obras de Berlim e a outros projetos *(ver www.berlin.de)*.

8. Concertos Gratuitos
Igrejas e salas de concertos menores na periferia da capital costumam promover concertos com ingresso barato ou mesmo de graça. As revistas e jornais da cidade trazem o roteiro desses eventos em seções especiais. Veja a programação cultural da cidade em http://berlin.eintritt-frei.org.

9. Mercados
Na feira semanal de usados de Berlim há sempre boas ofertas e nelas você tem também a oportunidade de testar sua habilidade em pechinchar *(pp. 60-1)*.

10. Parques
Todos os parques e espaços verdes de Berlim são gratuitos. Você pode usar as suas instalações esportivas e também assistir aos concertos ao ar livre, sem ter que se preocupar com ingressos *(pp. 68-9)*.

Dicas de Viagem

Veja mais sobre lojas e mercados na periferia de Berlim nas pp. 85, 107 e 119

Hotel-Pension Funk; Suíte no die fabrik; Arte Luise Kunsthotel

TOP 10 Hotéis Simples e Pousadas

1 die fabrik
Este hotel, cujo nome significa "a fábrica", é meio pousada, meio albergue da juventude. Trata-se de um centro de artes e de jovens alternativos no meio de Kreuzberg, e atrai mochileiros do mundo todo. ✆ *Schlesische Str. 18* • *(030) 611 71 16* • *www.diefabrik.com* • *não aceita cartões* • *€*

2 Arte Luise Kunsthotel
Os 50 quartos deste charmoso hotel foram decorados de modo individual e criativo por vários artistas locais, com temas que vão da arte pop ao Modernismo clássico. É bem central, perto da Hauptbahnhof e da Unter den Linden. ✆ *Luisenstr. 19* • *Mapa J/K3* • *(030) 28 44 80* • *www.luise-berlin.com* • *€€€*

3 Myer's Hotel
Hotel dirigido por família no centro de Prenzlauer Berg, ideal para famílias ou casais. Os quartos têm decoração e o hotel fica numa parte histórica da cidade. O serviço é atencioso e o ambiente tranquilo. ✆ *Metzer Str. 26* • *Mapa H2* • *(030) 44 01 40* • *€€€* • *www.myershotel.de*

4 Hotel Johann
Este pequeno hotel oferece atendimento atencioso e conforto por preço moderado. Está localizado numa rua tranquila perto do Museu Judaico e de um complexo de piscinas a céu aberto. ✆ *Johanniterstr. 8* • *Mapa G5* • *(030) 225 07 40* • *www.hotel-johann-berlin.de* • *€€-€€€*

5 Hotel-Pension Dittberner
Melhor pousada de Berlim perto da Ku'damm. Tem vários quartos num velho edifício, ligados por intermináveis corredores – bom ambiente. ✆ *Wielandstr. 26* • *Mapa P2* • *(030) 881 64 85* • *www.hotel-dittberner.de* • *€€€*

6 Hotel-Pension Funk
Uma pousada venerável, um pouco antiquada, perto da Ku'damm, baseada no apartamento da artista do cinema mudo Asta Nielsen. Os preços são imbatíveis, e a mobília e o serviço são pessoais e atenciosos. Mas tem apenas quinze quartos, por isso reserve com antecedência. ✆ *Fasanenstr. 69* • *Mapa N/P4* • *(030) 882 71 93* • *www.hotel-pension-funk.de* • *€€-€€€*

7 Pension Kreuzberg
Limpo e acolhedor, este hotel-pousada em Kreuzberg possui um excelente ambiente. A dona cuida bem dos hóspedes e tem prazer em dar dicas de vida noturna e cultura em Berlim. Todos os quartos têm banheiro e internet gratuita, mas nenhum conta com televisão. ✆ *Großbeerenstr. 64* • *Mapa F5/6* • *(030) 251 13 62* • *www.pension-kreuzberg.de* • *não aceita cartões* • *€€*

8 Hotel Transit
Alojado em dois andares de um antigo prédio industrial, este albergue internacional da juventude fica em área movimentada junto ao centro. Tem quartos grandes, para até seis pessoas. ✆ *Hagelberger Str. 53-4* • *Mapa F6* • *(030) 789 04 70* • *www.hotel-transit.de* • *€€*

9 Ostel
No moderno bairro de Mitte, o Ostel foi projetado para parecer um hotel da era comunista. Tem vários tipos de quartos, inclusive de casal, com banheiro no quarto ou compartilhado, quartos com beliches duplos ou triplos e apartamentos que acomodam até seis pessoas. ✆ *Wriezener Karree 5* • *Mapa H4* • *(030) 25 76 86 60* • *www.ostel.eu* • *€-€€*

10 EastSeven Berlin Hostel
Num trecho movimentado de Prenzlauer Berg, cheio de bares e cafés, esta pousada acolhedora também fica a curta distância a pé da Museumsinsel e da Alexanderplatz. Tem um jardim e acesso Wi-Fi gratuito. ✆ *Schwedter Str. 7* • *Mapa H6* • *(030) 93 62 22 40* • *www.eastseven.de* • *€-€€*

Todos os hotéis aceitam cartões de crédito e têm banheiro nos quartos, exceto quando há indicação do contrário.

Quarto pequeno no Bleibtreu-Hotel; Pátio do hotel Hackescher Markt

Categorias de Preço
Diária de quarto de casal (com café da manhã, se houver), impostos e taxa de serviço.	€ até €60 €€ €60-€100 €€€ €100-€150 €€€€ €150-€200 €€€€€ acima de €200

Hotéis de Preço Médio

Dicas de Viagem

1. Bleibtreu-Hotel
Aqui você se sente na Toscana – o belo pátio interno do hotel e os quartos claros e bem mobiliados são um oásis de tranquilidade dentro da agitação do lado oeste da cidade. Recebe clientela internacional muito chique. Dispõe de restaurante, piscina, sauna e massagista, e fica perto de várias lojas. ✆ *Bleibtreustr. 31 • Mapa P3 • (030) 88 47 40 • www. bleibtreu.com • €€€€*

2. Hackescher Markt
Hotel charmoso em localização imbatível, bem em frente ao Hackesche Höfe. Quartos grandes, claros, com mobília elegante, serviço atencioso, um restaurante ótimo e muitos extras agradáveis, como o atraente pátio, garantem uma estadia prazerosa. ✆ *Große Präsidentenstr. 8 • Mapa J5 • (030) 28 00 30 • http:// classik-hotelcollection.com • €€€*

3. Alsterhof
Hotel clássico, tranquilo, com atendimento atencioso, quartos rústicos e uma cervejaria no jardim no verão, tudo isso em excelente localização perto da KaDeWe. Peça um quarto reformado e informe-se sobre tarifas especiais para fins de semana. Há quartos para não fumantes. ✆ *Augsburger Str. 5 • Mapa P5 • (030) 21 24 20 • www. alsterhof.de • €€€*

4. Hotel Amano
Em uma rua estreita repleta de galerias, este elegante hotel é a base ideal para quem deseja explorar a região do Hackescher Markt, Scheunenviertel e a Ilha dos Museus. A vista do terraço é espetacular. Os banheiros abertos fazem deste hotel uma boa opção para casais. ✆ *Auguststr. 43 • Mapa J5 • (030) 80 94 150 • www. hotel-amano.com • €€€*

5. Hotel Augusta
Este hotel pequeno é um pouco antiquado e alguns quartos poderiam ser reformados, mas isso é mais que compensado por seu charme berlinense antigo, localização central e preço baixo. ✆ *Fasanenstr. 22 • Mapa P4 • (030) 883 50 28 • www. hotel-augusta.de • €€€*

6. Honigmond Garden Hotel
Nostalgia com um toque de luxo é a marca deste hotel, que possui antiguidades originais, tetos de estuque e um belo pátio com lago japonês. ✆ *Invalidenstr. 122 • Mapa F2 • (030) 28 44 55 77 • www. honigmond-berlin.de • €€€*

7. Hotel-Pension Kastanienhof
Hotel charmoso em edifício da virada do século XX. Os quartos são básicos mas bem equipados (com cofre, frigobar e secador de cabelo). Uma base ideal para explorar Prenzlauer Berg. ✆ *Kastanienallee 65 • Mapa G2 • (030) 44 30 50 • www. kastanienhof.biz • €€-€€€*

8. Riehmers Hofgarten
Aqui você pode viver a vida de um oficial prussiano. Os apartamentos da Velha Kreuzberg, com quartos sóbrios e banheiros elegantes, lembram o estilo de vida do século XIX. O hotel, parte de um grande complexo de edifícios neogóticos do século XIX, é com certeza notável. Há também um restaurante e Wi-Fi grátis, além de equipamentos para computador em todo quarto. ✆ *Yorckstr. 83 • Mapa F6 • (030) 78 09 88 00 • www. riehmershofgarten.de • €€€*

9. Hotel Berliner Hof
Você pode achar quartos mais atraentes em outro hotel, mas é difícil encontrar um com preço tão baixo e localização tão central, na Tauentzienstraße, em frente à loja de departamentos KaDeWe. ✆ *Tauentzienstr. 8 • Mapa P5 • (030) 25 49 50 • www. berliner-hof.com • €€-€€€*

10. DeragHotel Großer Kurfürst
O Großer Kurfürst oferece quartos e apartamentos mobiliados. O hotel também traz outras vantagens, como transporte público grátis e aluguel de bicicletas. ✆ *Neue Roßstr. 11-12 • Mapa L6 • (030) 24 60 00 • www. deraghotels.de • €€€-€€€€*

Veja mais sobre agendamento de hotel em **www.hrs.de**, **www.hotel.de** *ou* **www.booking.com**

Interior do art'otel berlin; Lobby e bar do Hecker's Hotel; O Ku'Damm 101

TOP 10 Hotéis de Estilo

1 art'otel berlin-mitte
Este hotel-butique, com ênfase em cada detalhe. Tudo aqui tem estilo, da mobília ao sabonete do banheiro. As paredes do histórico edifício são decoradas com pinturas de Georg Baselitz. A localização é central, perto de Nikolaiviertel.
⊛ *Wallstr. 70-3 • Mapa L6 • (030) 24 06 20 • www.artotels.de • €€€*

2 Ku'damm 101
Este hotel minimalista atende clientela voltada para as artes, a maioria europeus que gostam de quartos simples mas confortáveis. Tem banheiro grande, interior moderno e com estilo, e linda vista da sala do café da manhã. Os preços são competitivos e fica na parte ocidental da Ku'dammm, afastado do trecho de maior movimento.
⊛ *Kurfürstendamm 101 • Mapa G1 • (030) 520 05 50 • www.kudamm101.com • €€€-€€€€*

3 Brandenburger Hof
Um dos poucos hotéis de Berlim com influência da Bauhaus, o Brandenburger Hof tem assentos de couro de balanço e luminárias em forma de bola, o que cria um estimulante contraste com o edifício histórico. ⊛ *Eislebener Str. 14 • Mapa P4 • (030) 21 40 50 • www.brandenburger-hof.com • €€€€*

4 Casa Camper
Este hotel moderno, em uma área descolada de Mitte, é um primor. O serviço é excelente, e há Wi-Fi grátis e doca para iPod nos quartos. Além do pequeno spa, o café da manhã e os lanchinhos servidos no bar 24h da cobertura estão inclusos na diária. Os quartos dos andares superiores oferecem vistas maravilhosas da cidade. ⊛ *Weinmeisterstr. 1 • Mapa J6 • (030) 20 00 34 10 • www.casacamper.com/berlin • €€€€*

5 Hecker's Hotel
A fachada sóbria deste moderno hotel de negócios, com localização central numa rua junto à Ku'damm, camufla seu interior muito mais sofisticado – com muita arte moderna, um minimalismo inteligente, ótima iluminação e serviço de primeira classe. ⊛ *Grolmanstr. 35 • Mapa N3 • (030) 889 00 • www.heckers-hotel.com • €€€*

6 Lux Eleven
Este apart-hotel tem estilo moderno e design primoroso. Antigas mansões foram transformadas em quartos com predomínio do branco, linhas simples e tudo o que um hotel de negócios precisa ter. O restaurante e bar Luchs dá um toque adicional de modernidade e classe ao hotel. ⊛ *Rosa-Luxemburg-Str. 9-13 • Mapa H2 • (030) 936 28 00 • www.lux-eleven.com • €€€*

7 Park Plaza Wallstreet
O tema é a Bolsa de Nova York, com carpetes em forma de notas de dólar e murais retratando operadores e máximas do mundo dos negócios. Hotel agradável em localização central. ⊛ *Wallstr. 23-4 • Mapa L6 • (030) 847 11 70 • www.parkplaza.com/berlinde_wallstrasse • €€€*

8 Maritim proArte Hotel Berlin
Todo em verde e azul, este moderno hotel de negócios ostenta quase 300 pinturas modernas, que decoram os quartos. ⊛ *Friedrichstr. 151 • Mapa K/L4 • (030) 203 35 • www.maritim.de • €€€€*

9 nhow Hotel
Um antigo armazém no rio Spree foi convertido em um hotel de "música e estilo de vida" onde há também um estúdio de gravação. Entre as comodidades ultramodernas nos quartos, TVs de tela plana que também fazem as vezes de espelho. ⊛ *Stralauer Allee 3 • (030) 290 29 90 • www.nhowhotels.com • €€€-€€€€*

10 Q!
Discreto e com estilo, é o preferido pelas estrelas de Hollywood. Seus quartos são projetados como "paisagens vivas", com mobília integrada às paredes. ⊛ *Knesebeckstr. 67 • Mapa C5 • (030) 810 06 60 • www.loock-hotels.com • €€€*

Todos os hotéis aceitam cartões de crédito e têm banheiro nos quartos, exceto quando há indicação do contrário.

Jantar no Hilton Berlin; Saguão do Estrel Residence Congress Hotel

Categorias de Preço

Diária de quarto de casal (com café da manhã, se houver), impostos e taxa de serviço.	€ até €60
	€€ €60-€100
	€€€ €100-€150
	€€€€ €150-€200
	€€€€€ acima de €200

Hotéis de Negócios

1. Hilton Berlin
Os executivos gostam deste hotel de luxo por sua localização central, vistas do Gendarmenmarkt, ótimo café da manhã e pelos quartos executivos especialmente projetados. Tem serviço completo de secretaria. ◎ Mohrenstr. 30 • Mapa L4 • (030) 20 23 00 • www.hilton.de • €€€€

2. NH Berlin Heinrich-Heine
Este hotel é a melhor opção se seus negócios exigem uma estadia prolongada. Perto de Nikolaiviertel, tem apartamentos equipados com escrivaninha e cozinha, e os funcionários são especialmente treinados para atender às necessidades de quem viaja a negócios. ◎ Heinrich-Heine-Platz 11 • Mapa H4 • (030) 27 80 40 • www.nh-hotels.com • €€€

3. Estrel Residence Congress Hotel
Com mais de mil quartos, este hotel é o maior da Europa, e oferece serviço de três a quatro estrelas por preço moderado. Possui muitas salas de conferência e tecnologia de última geração, o que o torna ideal para palestras ou convenções internacionais de negócios. Mas também atende bem às exigências de quem viaja sozinho a negócios. ◎ Sonnenallee 225 • (030) 68 310 • www.estrel.com • €€€

4. Hotel Concorde
Este hotel projetado pelo famoso arquiteto Jan Kleiheus oferece os maiores quartos de Berlim e vistas espetaculares da Ku'damm. Outros pontos positivos incluem Wi-Fi grátis, serviço eficiente e simpático e um porteiro prestativo. ◎ Augsburger Str. 41 • Mapa C5 • (030) 800 99 90 • http://berlin.concordehotels.de • €€€€–€€€€€

5. Arcotel John F
Convenientemente localizado a uma caminhada de cinco minutos da Ilha dos Museus e do Gendarmenmarkt, este é um hotel elegante e moderno, rico em equipamentos para negócios e conferências. O café da manhã é excelente. ◎ Werdescher Markt 11 • Mapa K4 • (030) 40 50 460 • www.arcotelhotels.com/JohnF • €€€

6. Mandala Suites
Uma pensão central, com suítes de 40 a 100m², bem equipadas como escritórios. Oferece serviços de secretaria. ◎ Friedrichstr. 185-190 • Mapa K/L4 • (030) 20 29 20 • www.themandala.de • €€€€

7. Leonardo Airport Hotel Berlin Schönefeld
Com localização muito prática, perto do aeroporto BBI, em Schönefeld, este hotel é ideal para estadias curtas a negócios ou para turistas que querem gastar pouco. O serviço que é eficiente e simpático. ◎ Schwalbenweg 18 • (030) 67 90 20 • www.leonardo-hotels.com • €€

8. Excelsior Hotel Berlin
Membro da prestigiosa World Hotels First Class Collection, o Excelsior é decorado com estilo elegante e discreto. Tem preços moderados, equipe solícita e uma vasta gama de serviços para negócios, como salas de reunião, além de spa, academia de ginástica e brasserie. ◎ Hardenbergstr. 14 • Mapa N4 • (030) 315 50 • www.hotel-excelsior.de • €€€

9. NH Jolly Berlin Friedrichstrasse
Este hotel de luxo fica num edifício da Friedrichstrasse inaugurado em 2002. Além de bem localizado na parte leste de Berlim, o hotel se destaca por seus quartos espaçosos, grande saguão e bar sedutor, todos decorados com os melhores materiais. ◎ Friedrichstr. 96 • Mapa F3/K4 • (030) 206 26 60 • www.nh-hotels.de • €€€

10. Pulman Berlin Schweizerhof
Um dos hotéis de luxo de Berlim, o Schweizerhof tem linhas sóbrias e bonitas, madeiras de lei e uma academia de ginástica bem projetada – tudo no meio da parte oeste da cidade. ◎ Budapester Str. 25 • Mapa N5 • (030) 269 60 • www.pullmanhotels.com • €€€€

Veja mais sobre hotéis nas **pp. 72-3**

Schlossparkhotel; Piscina do Hotel zur Bleiche; Relexa Schlosshotel Cecilienhof

TOP 10 Hotéis em Áreas Verdes

1 Relexa Schloss-hotel Cecilienhof
Melhor hotel de Potsdam, o Relexa fica num edifício histórico no meio do Neuer Garten. À noite a paz retorna, depois que os turistas do dia vão embora. ⦿ *Am Neuen Garten Potsdam* • *(0331) 370 50* • *www.relexa-hotels.de* • €€€€

2 Landhaus Schlachtensee
Esta mansão, perto de Schlachtensee e Krumme Lanke, hoje uma pequena pensão, exala o charme dos dias de outrora na Berlim rural. A mobília de seus vinte quartos é um pouco antiquada, mas o serviço é muito atencioso. ⦿ *Bogotastr. 9* • *(030) 809 94 70* • *www.hotel-landhaus-schlachtensee.de* • €€-€€€

3 Schlossparkhotel
A alguns minutos da parte oeste da cidade, este é o único hotel perto do Schloss Charlottenburg, bem junto ao Schlosspark. Tem ao lado um spa e academia – com instalações e serviço surpreendentemente bons para um local tão pequeno: o hotel tem só 40 quartos. ⦿ *Heubnerweg 2a* • *Map A/B3* • *(030) 326 90 30* • *www.schlossparkhotel.de* • €€€-€€€€

4 Hotel Seehof am Lietzensee
Um hotel bem dirigido, com localização central em Charlottenburg, não longe de Messegelände (local de feiras), num ponto pitoresco de Lietzensee. Além de uma bela piscina coberta, o hotel tem um terraço de sol muito agradável. ⦿ *Lietzenseeufer 11* • *Mapa A4* • *(030) 32 00 20* • *www.hotel-seehof-berlin.de* • €€€-€€€€

5 Hotel Müggelsee Berlin
Um hotel confortável em Müggelsee, com natureza quase intocada e perto da cidade. Tem pista de boliche, academia, quadras de tênis, sauna e bilhar, aluga barcos e bicicletas e tem vasta programação de eventos de lazer. ⦿ *Müggelheimer Damm 145* • *(030) 65 88 20* • *www.hotel-mueggelsee-berlin.de* • €€-€€€

6 Haus La Garde
Esta pequena pousada com apenas quatro quartos fica escondida numa mansão romântica, só para não fumantes, em Schlachtensee. Se você não é muito de lagos, pode relaxar nos jardins. ⦿ *Bergengrünstr. 16* • *(030) 801 30 09* • *www.haus-la-garde.de* • €€

7 Spreeidyll-Hotel am Yachthafen
Casa dirigida por família, no Müggelspree, perto de uma praia boa para nadar e de um quiosque que aluga barcos – lugar ideal para relaxar e fugir da agitação da cidade grande, que no entanto está localizada poucos quilômetros a noroeste. ⦿ *Müggelseedamm 70* • *(030) 641 94 00* • *www.spree-idyll.de* • €€

8 Forsthaus Paulsborn
Hotel em Grunewaldsee, na floresta de Grunewald a sudoeste, num belo edifício antigo. Tem restaurante e um ótimo terraço, e fica perto de um local que aluga cavalos. ⦿ *Hüttenweg 90* • *(030) 818 19 10* • *www.forsthaus-paulsborn.de* • €€€

9 Penta Hotel Berlin-Köpenick
A atmosfera um pouco impessoal deste hotel é mais do que compensada por sua localização. Fica bem no centro do bairro de Köpenick, no sudeste de Berlim, às margens do rio Dahme – a poucos minutos tanto do aeroporto Müggelsee como do BER, de carro ou de S-Bahn. ⦿ *Grünauer Str. 1* • *(030) 65 47 90* • *www.pentahotels.com/en/berlin-koepenick* • €€

10 Hotel zur Bleiche
Este hotel numa mansão rural, localizado no meio do distrito do lago Spreewald, tem ótima infraestrutura, com piscina, sauna e um esplêndido restaurante excelente – um paraíso para aqueles que valorizam saúde e forma física. ⦿ *Bleichestr. 16, Burg* • *(035603) 620* • *www.hotel-zur-bleiche.de* • €€€€-€€€€€

Todos os hotéis aceitam cartões de crédito e têm banheiro nos quartos, exceto quando há indicação do contrário.

Categorias de Preço

Diária de quarto de casal (com café da manhã, se houver), impostos e taxa de serviço.	€	até €60
	€€	€60–€100
	€€€	€100–€150
	€€€€	€150–€200
	€€€€€	acima de €200

O BaxPax Mitte Hostel; No BaxPax Kreuzberg, você dorme dentro de um Fusca

TOP 10 Hotéis Econômicos e Pousadas

1 BaxPax Kreuzberg
Bem melhor do que um albergue da juventude e mais barato que uma pousada, o BaxPax é um lugar incomum para descansar. Aqui você dorme em camas dentro de fuscas desativados, por menos de €20 a diária. Além disso, convive com jovens do mundo todo. Fica em Kreuzberg, e não é muito adequado para maiores de 30. ⌕ *Skalitzerstr. 104 • Mapa H5 • (030) 69 51 83 22 • www.baxpax.de • €*

2 Michelberger Hotel
No centro de Friedrichshain, um bairro que se destaca pelas opções de lazer, este hotel oferece sofisticação urbana e ambiente dinâmico e jovial. Entre os confortos, Wi-Fi grátis e área lounge com revistas e livros. ⌕ *Warschauer Str. 39 • (030) 29 77 85 90 • www.michelbergerhotel.com • €€*

3 Grand Hostel Berlin
Instalado em um edifício do século XIX, este albergue acolhedor tem localização central, perto do estiloso Kreuzberg. Oferece dormitórios e quartos seguros, limpos e espaçosos; farto bufê de café da manhã; um saguão com computadores; Wi-Fi grátis; aluguel de bicicletas; e equipe prestativa. ⌕ *Tempelhofer Ufer 14 • Mapa F5 • (030) 20 09 54 50 • www.grandhostel-berlin.de • €*

4 Generator Hostel
Popular entre viajantes em grupo e com orçamento reduzido, este é o maior albergue moderno de Berlim, com bar e clube anexados. Talvez seja um pouco barulhento e esteja longe da ação, mas vale o que cobra. ⌕ *Storkower Str. 160 • (030) 417 24 00 • www.generatorhostels.com • €*

5 Jugendherberge am Wannsee
Uma das pousadas para jovens mais antigas de Berlim, recebe grupos de estudantes e não é o lugar ideal para quem quer tranquilidade. A pitoresca localização no Wannsee compensa os chuveiros e dormitórios coletivos, sobretudo no verão. ⌕ *Badeweg 1 • (030) 803 20 34 • www.jh-wannsee.de • €*

6 Bed & Breakfast
O Bed and Breakfast Ring providencia hospedagem compartilhada em casas particulares por toda a cidade, a baixo custo. Em geral, você consegue seu próprio quarto com uma ou duas camas ou um apartamento só para você. A qualidade varia consideravelmente mas os quartos em geral saem a partir de €25 por pessoa. ⌕ *www.bandb-ring.de 78 • não aceita cartões • €*

7 Gay Hostel
No coração do bairro gay de Schöneberg, este albergue limpo, hospitaleiro e bem equipado oferece muita informação sobre descontos para quem deseja mergulhar na cena gay berlinense. Quartos com cofres, TVs de última geração e Wi-Fi e café grátis. ⌕ *Motzstr. 28 • Mapa D5 • (030) 21 00 57 09 • www.gay-hostel.de • €*

8 BaxPax Mitte Hostel
Este albergue tem vinte quartos temáticos e descolados, fica perto das atrações de Mitte, além de oferecer um cibercafé e serviço de lavanderia. ⌕ *Chausseestr. 102 • Mapa F2 • (030) 28 39 09 65 • www.backpacker.de • €*

9 The Circus Hotel
Pousada junto à Alexanderplatz com ótimo custo-benefício e perto de muitas atrações da cidade. Tem quartos com beliches, individuais, de casal e para três pessoas, além de um apartamento de cobertura com vistas da cidade. Tem ainda internet sem fio gratuita nos quartos, pátio ajardinado, restaurante, e aluga moto e bicicleta. ⌕ *Weinbergsweg 1a • Mapa G2 • (030) 20 00 39 39 • www.circus-berlin.de • €€*

10 Hotel Christophorus-Haus
Pouco mais caro que outros da mesma categoria, mas situado no meio de área verde, é perfeito para famílias que viajam de carro. Dirigido pela igreja protestante. ⌕ *Johannesstift, Schönwalder Allee 26 • (030) 33 60 60 • www.vch.de • €€*

Dicas de Viagem

▶ *Veja mais sobre a Associação Alemã de Albergues da Juventude em www.jugendherberge.de*

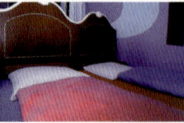

Louisa's Place; Spa do Alexander-Plaza; Propeller Island City Lodge

TOP 10 Hotéis e Pousadas com Estilo

1 Hotel Residenz Berlin
Apesar de ser de uma rede americana, este hotel fica numa das mais bonitas mansões antigas de Berlim junto à Ku'damm, e tem uma atmosfera intimista e envolvente. Os quartos do final do século XIX são mobiliados com bom gosto e o restaurante tem mesas ao ar livre no verão. ⓧ *Meinekestr. 9 • Mapa P4 • (030) 88 44 30 • www. hotel-residenz.com • €€€*

2 Ellington Hotel Berlin
Este hotel é um oásis de design moderno dentro de uma arquitetura Bauhaus da década de 1920, perto das agitadas Tauentzien e Kurfürstendamm. É uma alternativa mais barata e com estilo no centro, para uma clientela internacional jovem. ⓧ *Nürnberger Str. 50–55 • Mapa E2 • (030) 68 31 50 • www.ellingtonhotel. de • €€€€*

3 Alexander-Plaza
Localizado num edifício histórico do final do século XIX, combina perfeitamente aspectos antigos e modernos. Os quartos elegantes são decorados com teto de gesso e equipados com mobília e adereços de uma sofisticação atemporal. É um hotel muito agradável de se ver e de ficar. ⓧ *Rosenstr. 1 • Mapa J5 • (030) 24 00 10 • www.hotel-alexander-plaza.de • €€€*

4 DeragResidenzhotel Henriette
Hotel com estilo e decoração clássica – paredes com painéis de carvalho e grossos tapetes e cortinas enfeitam os quartos, dispostos em volta de um pátio interno. Há poucos hotéis melhores do que este na cidade, e o serviço é muito atencioso. ⓧ *Neue Roßstr. 13 • Mapa L6 • (030) 24 60 09 00 • www.deraghotels.de • €€€*

5 Hotel Gendarm Nouveau
Este pequeno hotel na Gendarmenmarkt fica numa venerável mansão. Os quartos de designers exalam sofisticação e elegância, embora a falta de ar-condicionado possa ser um problema nos meses quentes de verão. ⓧ *Charlottenstr. 61 • Mapa L4 • (030) 206 06 60 • www.hotel-gendarm-berlin.de • €€€€*

6 Ackselhaus & Blue Home
Este pequeno hotel-butique possui um jardim mediterrâneo e oferece quartos temáticos decorados com estilo. Fica perto da Kollwitzplatz, uma área popular com muitos bares e cafés. ⓧ *Belforter Str. 21 • Mapa H2 • (030) 44 33 76 33 • www.ackselhaus.de • não aceita cartões • €€€*

7 Art Nouveau Hotel
Esta pousada à moda antiga fica num bonito edifício art nouveau. Os quartos são mobiliados em estilo moderno discreto, e o hotel é típico dos edifícios mais antigos de Berlim. ⓧ *Leibnitzstr. 59 • Mapa P2 • (030) 327 74 40 • www.hotelartnouveau.de • €€€-€€€€*

8 Artist Riverside Hotel Berlin-Mitte
Instalado em uma antiga revenda de carros da Alemanha Oriental, este pequeno hotel combina spa, detalhes barrocos e excelente localização, com vista para o rio Spree. O interior sofisticado e o excelente serviço atraem muita gente. ⓧ *Friedrichstr. 106 • Mapa K/L4 • (030) 28 49 00 • www.tolles-hotel.de • €€-€€€*

9 Louisa's Place
Este hotel-butique cinco-estrelas homenageia no nome uma rainha prussiana do século XIX. Está instalado em um antigo e requintado edifício na Ku'damm e oferece suítes elegantes e serviço impecável. ⓧ *Kurfürstendamm 160 • Mapa B4 • (030) 631 030 • www. louisasplace.net • €€€€*

10 Propeller Island City Lodge
Se ficar neste alojamento, irá compartilhá-lo com o artista Lars Stroschen, responsável pelo design dos quartos. ⓧ *Albrecht-Achilles Str. 58 • (030) 891 90 16 • www. propeller-island.com • não aceita cartões • €€€*

Todos os hotéis aceitam cartões de crédito e têm banheiro nos quartos, exceto quando há indicação do contrário.

Categorias de Preço

Diária de quarto de casal (com café da manhã, se houver), impostos e taxa de serviço.	€ até €60
	€€ €60-€100
	€€€ €100-€150
	€€€€ €150-€200
	€€€€€ acima de €200

O Sofitel Berlin Gendarmenmarkt; Uma suíte no Hotel Palace

TOP 10 Hotéis de Luxo

1 Hotel Palace
Este hotel, que passou por uma boa reforma e fica no segundo andar do Europa-Center, é um achado – todos os quartos têm design refinado, e duas das suítes (Panda e Zackenbarsch) foram decoradas pelo próprio diretor. O atendimento é muito eficiente. ◉ *Budapester. Str. 45 • Mapa N/P5 • (030) 250 20 • www.palace.de • €€€€*

2 Sofitel Berlin Gendarmenmarkt
Relativamente econômico e o menor dos hotéis de primeira classe (70 quartos, 21 suítes), o Sofitel é talvez um dos mais atraentes, e tem excelentes vistas do Gendarmenmarkt.
◉ *Charlottenstr. 50-2 • Mapa L4 • (030) 203 750 • www.sofitel.de • €€€€*

3 Hotel Intercontinental Berlin
Hotel de luxo no Tiergarten, com grandes vistas do parque central, este hotel é bastante procurado por homens de negócios. Embora o edifício em si não seja muito atraente, os quartos são mobilados num estilo de elegância atemporal. Seus três restaurantes oferecem comida de alta qualidade, e os bares, piscina e academia são também excelentes.
◉ *Budapester Str. 2 • Mapa N5/6 • (030) 260 20 • www.berlin.intercontinental.com • €€€€*

4 Westin Grand Hotel
Situado num ponto histórico, na esquina da Friedrichstraße com Unter den Linden, oferece quartos grandes, elegantes e serviço estilo americano. O lobby e as escadarias são de tirar o fôlego. Tem ainda um café e um bar. ◉ *Friedrichstr. 158-64 • Mapa K4 • (030) 202 70 • www.theberlingrandhotel.de • €€€€-€€€€€*

5 Grand Hotel Esplanade
Tem esplendor e modernidade, e um mobiliário que combina sobriedade funcional e estilo Bauhaus. O serviço é excelente e as instalações de alto nível incluem uma academia sofisticada e o popular Harry's New York Bar. ◉ *Lützowufer 15 • Mapa N6 • (030) 25 47 80 • www.esplanade.de • €€€-€€€€*

6 Swissôtel Berlin
Um dos hotéis de luxo de Berlim, o Swissôtel fica na movimentada esquina da Ku'damm com a Joachimsthaler Straße. Tem grandes vistas da cidade, especialmente à noite. ◉ *Augsburger Str. 44 • Mapa P4 • (030) 22 01 00 • www.berlin.swissotel.com • €€€€*

7 The Mandala Hotel Potsdamer Platz
Este apart-hotel, num excelente ponto na Potsdamer Platz, tem suítes de 35 a 200m² com cozinha, som, área de ginástica, sauna, jornais diários e qualquer outra coisa que você possa desejar. ◉ *Potsdamer Str. 3 • Mapa K3 • (030) 590 05 00 00 • www.themandala.com • €€€€€*

8 Kempinski Hotel Bristol Berlin
Uma mistura magnífica e cosmopolita de elegância e conforto, este hotel – um dos mais famosos de Berlim – tem tudo isso. Sua reputação internacional tem atraído hóspedes famosos, de Fidel Castro a Tina Turner. ◉ *Kurfürstendamm 27 • Mapa P4 • (030) 88 43 40 • www.kempinskiberlin.de • €€€€*

9 Hotel de Rome
Junto à Bebelplatz, perto da Ópera e a alguns passos da Unter den Linden. O interior é um desfile de ideias pós-modernas, e o restaurante italiano, o café Opera e a área do spa atendem às expectativas de um hotel voltado para a clientela internacional chique.
◉ *Behrenstr. 37 • Mapa G3 • (030) 460 60 90 • www.hotelderome.com • €€€€€*

10 SAS Radisson Blue
Moderno hotel com imenso aquário no saguão. Alguns de seus quartos, bem iluminados, dão vista para a Berliner Dom. O restaurante é de cozinha asiática de fusão. ◉ *Karl-Liebknecht-Str. 3 • Mapa K5 • (030) 23 82 80 • €€€€*

Veja mais sobre hotéis nas pp. 72-3 e em http://tourist.visitberlin.de/en/book

Índice

1a Lauschgift 120

A
Aalto, Alvar 99
academias 69
Admiralspalast 57, 118
aeroportos 161
Ägyptisches Museum 46
Aigner 117, 121
Akademie der Künste 9
Alemanha Oriental
  capital 131
  design 142
  governo 13, 115-7, 141
  750-Jahr-Feier Berlin 140
  queda 141
  serviço de segurança 141, 145, 147
Aleppozimmer 21
Alexa 135
Alexanderplatz 130-1
Alexandrowka 156
Alliiertenmuseum 90
Alpenstück 129
Alt-Berliner Weissbierstube 136
Alte Bibliothek 113
Alte Kommandantur 118
Alte Nationalgalerie 114
Alte Pumpe 101
Alte Schönhauser Straße 126
Alter Krug Dahlem 93
Alter Markt 145
Altes Museum 39, 114
Altes Palais 113
Altes Rathaus (Potsdam) 156
Altes Schloss 28
Altes Zollhaus 109
Alt-Luxemburg 87
Ambulância 166
Ana e Bruno 87
Anhalter Bahnhof 104
Ankerklause 108
Appelt, Dieter 11
AquaDom e Sea Life Berlin 65, 134
Ararat 107
Arena 148
Argentinische Allee 90
arquitetura
  construções históricas 38-9
  construções modernas 40-1
  Kurfürstendamm 25
  Museumsinsel 23
  período nazista 68, 116
  Potsdamer Platz 19
  stalinismo 118, 133

Aspria 69
Assyrischer Palast 20
Astro Bar 148
Atena, deusa 21-2
Auguststraße 126-7
Auguststraße nº 21 Court 127
Ausberlin 135

B
Babelsberg 155-6
Bad Saarow 167
bancos 165
banheiros públicos 164
Bao-Bao (panda) 36
Bar jeder Vernunft 56-7
Barenboim, Daniel 56
bares e pubs **52-5**
  Centro de Berlim: Área da Alexanderplatz 136
  Centro de Berlim: Scheunenviertel 128
  Centro de Berlim: Unter den Linden 120
  Prenzlauer Berg 143
  Sudeste de Berlim 148
Barist 129
Bauhaus-Archiv 49
Bebelplatz 13, 113
Becherer, Christian Friedrich 123
Beckett's Kopf 52
Behnisch, Günter 9
Bellini Lounge 128
Belvedere 29
Bendlerblock 98
Berghain/Panorama Bar 148
Berlim Econômica 171
Berlim para crianças **64-5**, 160
Berlim e Brandemburgo, Aeroporto Internacional de (BER) 161
Berlin Story 119
Berlin Alexanderplatz 131
berlinenses famosos **50-1**
Berliner Antik- und Flohmarkt 60
Berliner Börse 81
Berliner Dom 44
Berliner Ensemble 126
Berliner Fernsehturm 131
Berliner Filmfestspiele 62
Berliner Kaffeerösterei 86
Berliner Rathaus 38, 131
Berliner Verkehrsbetriebe (BVG) 162, 164, 166, 168
Berlinische Galerie 49
Berndt, Kurt 39, 123
Beth-Café 129

Betty F 128
Beuys, Joseph 98
B-flat 128
bicicletas, aluguel 162
Biosphäre 156
Blockhaus Nikolskoe 92-3
Bocca di Bacco 74
Bode-Museum 114
Borchardt 74
Botanischer Garten 70-1
Botschaftsviertel 97
Boulevard der Stars 17
Boumann, Johann 156
Brandenburger Hof 73
Brandenburger Tor (Potsdam) 156
Brandenburger Tor 6, **8-9**, 38, 113
Brasserie Desbrosses 101
Brauhaus 157
Brauhaus Georgbräu 137
Brauhaus Lemke 120
Bräustübl 149
Brecht, Bertolt **50**, 124, 126
Brecht-Weigel-Gedenkstätte 50, 124
Breitscheidplatz 24
Brezhnev, Leonid 146
Bröhan-Museum 49
Bücherbogen 85
Bucherer 119
Buckow 167
Bundeskanzleramt 40
Büring, Johann Gottfried 153
Busse, August 35
Butter Lindner 85

C
Cabaret (musical) 104
Café am Neuen See 101
Café Berio 59
Café Einstein 101
Café Einstein Unter den Linden 120
Café Ephraim's 136
Café Filmbühne am Steinplatz 86
Café Hardenberg 86
Café Heider 157
Café Josty 16, 51
Café Kleine Orangerie 86
Café Krone 91
Café LebersArt 120
Café Leysieffer 86
Café M 53
Café Nö 121
Café Oliv 136
Café Savigny 86
Café Wintergarten im Literaturhaus 86

cafés
Alexanderplatz 136
CCCP Club 128
Centro de Berlim: Potsdam e Sanssouci 157
Charlottenburg e Spandau 86
Prenzlauer Berg 143

Camera Work 49

caminhadas
Centro de Berlim: Área da Alexanderplatz 133
Centro de Berlim: Scheunenviertel 125
Centro de Berlim: Unter den Linden 115, 117
Charlottenburg e Spandau 81, 83
Grunewald e Dahlem 91
Köpenick 147
Kreuzberg e Schöneberg 105
Potsdam e Sanssouci 155
Prenzlauer Berg 141
sudeste de Berlim 147

campos de concentração 125, 140, 167
Caputh 167
Carillon 100
Carmerstraße 80
carro, aluguel 162
cartões de crédito 160, 170
casas flutuantes 100
Casa Camper 174
Cassiopeia 148
Cecilienhof
ver palácios

cemitérios
Dorotheenstädtischer 124
Große Hamburger Straße 125
Hallesches Tor 106
Jüdischer Friedhof 125, 140
Schönhauser Allee 140

Centro de Berlim (Mitte)
Alexanderplatz 130-1
Gendarmenmarkt 114
Scheunenviertel 122-9
Unter den Linden 112-21

Centro Histórico (Köpenick) 145
Centrum Judaicum 123
cervejarias ao ar livre 136
Chalet Suisse 93
Chamäleon-Varieté 56
Charité 51, 126
Charlottenburg e Spandau **78-87**
Charlottenburger Rathaus 82
Chausseestraße 124
Checkpoint Charlie 47, 103, 108
Chefetage 136
chegada a Berlim 161
Chinesisches Haus (Sanssouci) 153

Chipperfield, David 23
Christi-Auferstehungskirche 45
Christopher Street Day 58, 62, 160
ciclismo 68

cinemas
Cinemaxx 17
Kulturbrauerei 139

Cinemaxx 17
circular em Berlim 162
Clärchens Ballhaus 55
Cochon Bourgeois 128

compras **60-1**, 170
Alexanderplatz 131, 135
Centro de Berlim: Área da Alexanderplatz 135
Centro de Berlim: Unter den Linden 119
Charlottenburg e Spandau 85
Fasanenstraße 81
Friedrichstraße 115, 119, 170
Galeries Lafayette 115, 119
Kreuzberg e Schöneberg 107
Kurfürstendamm 24-5, 170
Potsdamer Platz Arkaden 17, 170
Quartier 206 115, 119

comunidade francesa 45, 114
Concorde 175
Conferência de Potsdam 154
conjuntos habitacionais 92, 138-9
Connection 59
construções históricas **38-9**
construções modernas **40-1**
consulados e embaixadas 160
Cookies 55
Corbusier-Haus 84
correio 165
Coventry-Kreuz 27
Cranach, Lucas, o Velho 14
crianças, Atrações para **64-5**, 160
crimes 166
CSA 148
czar Nicolau 1º, 92

D
Dahlem 65, 88-9
Dahlem, museus 46, 89
Dalí Museum 118
Danziger Straße 139
Das Speisezimmer 75
DDR Museum 118
década de 1820 16, 18-9, 24, 42, 51, 118
deficiência, portadores 164
Defne 109
Depot 2 107
Der Alte Fritz 136
Der Kuchenladen 86
Derag Hotel Großer Kurfürst 173

destaques de Berlim **6-7**
Deutsche Kinemathek 16, 18
Deutsche Oper 56, 84
Deutsche Staatsoper 113
Deutscher Bundestag 10, 38, 43
Deutscher Dom 114
Deutsches Historisches Museum (DHM) 12, **14-5**, 39, 46
Deutsches Technikmusem 47, 103
Deutsches Theater 57
Deutsch-Russisches Museum 145
die mitte 135
Dietrich, Marlene 12, 18, 50
dinheiro 160, 165
Diplomatenviertel 97

discotecas
Centro de Berlim: Scheunenviertel 128
gays e lésbicas 59
Prenzlauer Berg 143

Distrito Federal 96-7
Döblin, Alfred 131
Doedens, Bruno 19, 35
Dorotheenstädtischer Friedhof 124
Dressler Unter den Linden 121
Düppel 91
Dutschke, Rudi 43
DZ Bank 8, 41

E
East Side Gallery 146
Édito de Potsdam 42, 114
Ehrenhalle 82
Eichmann, Adolf 89
Eiermann, Egon 26-7
Eierschale Haus Zenner 149
Eiffel 81, 87
Einstein Coffeeshop 86
Einstein, Albert 50
Eisenman, Peter 115
Embaixada da Estônia 100
Embaixada da Rússia 13, 118

embaixadas
Áustria 97
Estônia 100
EUA 9
França 9
Grã-Bretanha 116
Índia 97
Itália 97
Japão 97
México 97
Nórdicas 41, 97
Rússia 13, 118

embaixadas e consulados 160
emergências 166
empresas aéreas 161

índice

índice

Ende, Hermann 99
Endell, August 39, 123
Engelhart, Ludwig 132
Englischer Garten 100
Entrecôte 109
Ephraim-Palais 133
Ermisch, Richard 82
Erotik-Museum 84
Erzgebirgischer
  Weihnachtsmarkt 135
espetáculos, locais de **56-7**
esportes e lazer **68-9**
estações de rádio 163
estações ferroviárias
  Anhalter 104
  Ostbahnhof 161
  Zoo 161
estações S-Bahn
  Alexanderplatz 131
  Friedrichstraße 115, 118
  Mexikoplatz 90
  Nollendorfplatz 104
  Savignyplatz 80
estátua equestre de Frederico,
  o Grande 13, 113
estudantes (descontos) 160
Ethnologisches Museum 89
Eugen-Guttmann-Haus 9
Europa-Center 24
eventos esportivos 63
eventos históricos **42-3**
excursões e passeios 167

F

Facil 75
Fasanenplatz 81
Fasanenstraße 25, 80-1
Fashion Week 63
Fassbender & Rausch 119
feiras 62-3
Felix 54
ferrovias 161
Festival das Luzes 62
Festivais e feiras **62-3**
Fichte, Johann Gottlieb 124
Filmmuseum Potsdam 155
Filmpark Babelsberg 64-5, 155
Fire Bar 128
First Floor 87
Fischers Fritz 75
Flavin, Dan 113
Florian 87
Flussbad Köpenick 145
Focaccia, Pasta & Pizza 101
Fontane, Theodor 51
Forsthaus Paulsborn 93
Forum Fridericianum 12-3, 42, 113
Foster, Norman sir 10, 92

Francucci's 87
Frankfurt/Oder 167
Frankfurter Allee 42-3, 133
Franziskanerkirche 134
Französische Kirche 156
Französischer Dom 45, 114
Frederico 1º 30-1, 145
Frederico 2º, o Grande 12-3, 15,
  29-31, 42, 47, 113, 152-4
Frederico Guilherme 1º 29, 31, 42
  ver também Grande Eleitor
Frederico Guilherme 2º 29-30, 70
Frederico Guilherme 3º 29, 31
Frederico Guilherme 4º 31, 154
Frederico von Hohenzollern 31
Freie Universität (FU) 92
freiheit fünfzehn 149
Freilichtmuseum (Düppel) 91
Friedrichsfelde 147
Friedrichshagen 146-7
Friedrichshain 146
Friedrichstadtkirche 114
Friedrichstadt-Palast 57, 115
Friedrichstadtpassagen 115
Friedrichstraße 57, 118, 170
Friedrichswerdersche Kirche 45
Friedrich-Wilhem (restaurante) 157
Fritz 101, 121
Funkturm 82
Furtwänglerstraße 90

G

Galeria Kaufhof 131, 135
galerias de arte **48-9**
  ver também museus
Galeries Lafayette 60, 119
Galopprennbahn Hoppegarten 68
Gandino, Francesco Chiaramelle
  de 79
Gasometer Schöneberg 106
gays e lésbicas **58-9**
  Christopher Street Day 62
  informações 163
  perseguição nazista 104
Gedenkstätte Haus der Wannsee-
  -Konferenz 89
Gehry, Frank O. 8, 41
Gemäldegalerie 32, 34, 48
Gendarmenmarkt 73, 114, 120
Georg-Kolbe-Museum 84
Gethsemanekirche 141
Gipsformerei Staatliche
  Museen 61
Golgatha 108
Gontard, Carl von 153, 156
Gorgonzola Club 109
Grand Hostel Berlin 177
Grand Hyatt 19, 72

Grande Eleitor 15, 31, 42, 114
Green Door 52
Green's 136
Grill Royal 121
Grimm, Jacob 51
Grimm, Wilhelm 51
Grips-Theater 64
Grober Unfug Comics 107
Gropius, Walter 99
Große Hamburger Straße 125, 140
Großer Bunkerberg 146
Großer Müggelsee 146
Großer Tiergarten 69-70, 97
Großer Wannsee 88-9, 93, 146
Grüne Woche 63
Grunewald 70, 88, 91, 92
Grunewald e Dahlem **88-93**
Grunewald Villas 90
Grunewaldturm 92
Grunewaldturm-Restaurant 93
guerra franco-prussiana 14, 79, 97
guerras de Libertação 105
Gugelhof 143
Guilherme 1º, Kaiser 26-7, 92
Guilherme 2º, Kaiser 31

H

Hackesche Höfe 38-9, 123, 129
Hackescher Hof 129
Hackescher Markt 73
Hallhuber 85
Hamburger Bahnhof 48, 98
Hansa-Viertel 99
Hartmanns Restaurant 109
Hauptbahnhof 41, 161
Haus am Checkpoint Charlie
  47, 103
Haus Liebermann 9
Haus Sanssouci 93
Havel 156
Heat (restaurante) 137
Hebbel am Ufer 57
Heckmann-Höfe 127, 129
Hegel, Georg W.F. 51, 124
Heiliger See 154, 157
Heiliggeistkapelle 134
Hellmann Menswear 85
Helmholtzplatz 142
Henne 109
Henry-Ford-Bau 92
Hertha BSC 68
High-Lite 107
Hitler, Adolf 11, 98, 116
Hochbunker 126
Hof Augustraße 5a 127
Hohenschönhausen 147
Hohenzollern 26, 31
Holländisches Viertel 154-5

Holocaust-Denkmal 115
holocausto 89, 115
horários de funcionamento 170
Hot & Cold 107
hotéis 72-3, **172-9**
  em áreas verdes 176
  econômicos e pousadas 177
  de estilo 174
  famosos 72-3
  de luxo 179
  de negócios 175
  e pousadas com estilo 178
  de preço médio 173
  simples e pousadas 171-2
Hotel Adlon Berlin 8, 72
Hotel Concorde 175
Hotel Gendarm Nouveau 178
Hotel Savoy 73
Hugos 74
huguenotes 42, 45, 114, 156
Humann, Carl 23
Humboldt, Wilhelm von 13
Humboldt-Box 113
Humboldt-Forum 117
Humboldt-Universität 13, 113
Husemannstraße 140

I

Iduna-Haus 25
igrejas **44-5**
  Berliner Dom 44
  Christi-Auferstehungskirche 45
  Deutscher Dom 114
  Franziskanerkirche 134
  Französische Kirche 156
  Französischer Dom 45, 114
  Friedrichstadtkirche 114
  Friedrichswerdersche Kirche 45
  Heiliggeistkapelle 134
  Kaiser-Wilhelm-
    Gedächtnis-Kirche 7, **26-7**, 45
  Marienkirche 44, 132
  Nikolaikirche (Mitte) 44, 132
  Nikolaikirche (Potsdam) 155
  Nikolaikirche (Spandau) 79
  Parochialkirche 134
  St-Annen-Kirche 92
  St-Hedwigkathedrale 12, 44, 113
  St.-Matthäuskirche 33
  St.-Peter-und-Paul-Kirche 92, 156
  Sophienkirche 123, 126
  Zionskirche 140
Império Alemão 15, 116
informação turística 163
informações práticas 163
Insel 148
Internationale Funkausstellung 62
Internationale Tourismusbörse 63

Internationales Congress Centrum
  (ICC) 62-3, 82
Isherwood, Christopher 104

J

Jack Wolfskin 119
Jagdschloss Grunewald 91
Jahn, Helmut 16, 19, 25
jardins
  ver parques e jardins
Jil Sander 85
Jogos Olimpicos (1936) 23, 68
judeus
  asilo para idosos 125
  cemitérios 125, 140
  Große Hamburger Straße 125
  memorial ao holocausto 115
  Neue Synagoge 123
  Oranienburger Straße 123
  Scheunenviertel 122-9
  Synagoge Rykestraße 141
Jüdischer Friedhof Schönhauser
  Allee 140
Jüdisches Gemeindehaus 80-1, 84
Jüdisches Museum 46, 103
Juliusturm 79

K

KaDeWe (Kaufhaus des Westens)
  60, 170
Käfer im Reichstag 101
Kaffee Burger 128
Kaiser-Wilhelm-Gedächtnis-Kirche
  7, 24, **26-7**, 45
Kamala 129
Kammergericht 106
Kammermusiksaal 33, 41
Kant-Dreieck 81
Kantstraße 80-1
Karajan, Herbert von 50
Karl-Marx-Allee 133
Karneval der Kulturen 63
Käthe-Kollwitz-Museum 81, 83
Kempinski Hotel Bristol Berlin
  72, 81, 179
Kennedy, John F. 43, 106
Keyzer Soze 125, 129
Kleihues, Josef Paul 41
Klein-Glienicke 89
Kleist, Heinrich von 92
Klipper Schiffsrestaurant 149
Knobelsdorff, Georg Wenzeslaus
  von 12-3, 29, 113, 153
Knoblauchhaus 132
Knut (urso-polar) 36
Koch, Robert 51, 126
Kollhoff, Hans 19
Kollhoff-Tower 19

Kollwitz, Käthe 13, 51, 83, 139
Kollwitz, monumento 139
Kollwitzplatz 139
Komische Oper 118
Königs-Wusterhausen 167
Konnopke 142
Konzerthaus ver Schauspielhaus
Koons, Jeff 17, 98
Köpenick 144-5
Koppenplatz 126
Kottbusser Tor 106
KPM (Königliche Porzellan-Manu-
  faktur) 61
Kreuzberg e Schöneberg **102-9**
Krokodil 149
Kronprinzenpalais 13
Krumme Lanke 67
Ku'damm 7, **24-5**, 78-9
Ku'damm-Eck 25
Kuchi 87
Kulturbrauerei 139
Kulturforum 7, **32-5**, 40-1, 97
Kulturkaufhaus Dussmann 115, 119
Kumpelnest 3000 53
Kunst- und Antikmarkt Straße des
  17 Juni 60
Kunstbibliothek 33
Kunstgewerbemuseum 33, 47
Kunsthof 127
Künstlerhaus Bethanien 106
Kunst-Werke (galeria) 127
Kupferstichkabinett 33
Kurfürsten 25, 31, 70, 91
Kurfürstendamm (Ku'damm)
  7, **24-5**, 78-9

L

La Siesta 136
Label 205 im Q 205 (bar) 120
Labyrinth Kindermuseum 64
lagos, rios e canais **66-7**
  Großer Müggelsee 66, 146
  Großer Wannsee 66, 88-9, 93, 146
  Landwehrkanal 67
  Lietzensee 67
  Neuer See 67
  Schlachtensee 66
  Spree 66
  Tegeler See 67
  Teufelssee 66
Landwehrkanal 67, 100
Lange Nacht der Museen 62-3
Langhans Carl Gotthard 8, 29, 118,
  132, 154
Le Provençal 137
Leander 149
LebensArt 120
Le-Corbusier-Haus 84

índice

183

Índice

Legoland 65
Lehmofen 149
Lehniner Platz 25
Lenné Peter Joseph 29, 70, 89, 90, 97, **98**, 146
levante operário na Alemanha oriental (17 de junho de 1953) 42-3, 84
Leydicke, E. e M. 52
Liebermann, Max 9, 92, 140
Liebermann-Villa 92
Lietzensee 67
Lindenthaler Allee 90
Linie 1 (musical) 64
Literaturhaus 81
Lochner 101
Loja de departamentos 60, 119
lojas de departamento 170
   Quartier 206 60, 119
   Galeries Lafayette 60, 119
   Kaufhaus des Westens 60, 170
   Kaufhof Galleria 119, 131, 135
   Stilwerk 60-1
lojas de suvenires 132, 170
lojas e mercados **60-1**
Lorenz Adlon Esszimmer 101
Lortzing Monument 100
Louisa's Place 178
Löwenbrücke 100
Lubitsch 87
Ludwig-Erhard-Haus 40, 81
Luise 93
Lustgarten 39
Lutter & Wegner Gendarmenmarkt 75
Lutter & Wegner Potsdamer Platz 101

M

Mach, Werner 68
Mächtig, Hermann 105
Madeleine 157
Maison Charlotte 157
Malatesta 121
Mann-o-Meter 58
Mao Thai 143
Marcellino 137
Märchenbrunnen 147
Margaux 121
Marheineke-Markthalle 107
Mariannenplatz 106
Marienkirche 44, 132
Marjellchen 87
Märkisches Museum 132
Märkisches Ufer 134
Markttor von Milet 20
Marlene-Dietrich-Platz 17, 72
Marstall 155

Martin-Gropius-Bau 105
Marx-Engels-Forum 132
Massimo 18, 155, 157
Matrix 148
Mauerpark 142
Max & Moritz 108
Maxim-Gorki-Theater 118
Max-Schmeling-Halle 142
Mehringplatz 106
memoriais
   Brecht-Weigel-Gedenkstätte 124
   Deutscher Widerstand 98
   Große Hamburger Straße 125
   Haus der Wannsee-Konferenz 89
   Hohenschönhausen 147
   memorial de Dieter Appelt 11
   memorial para as vítimas do Muro 11
   Neue Wache 13
   Normannenstraße 145
   Sowjetisches Ehrenmal 98
memorial para as vítimas do Muro 11
Mendelssohn, Moses 51, 125
Mendelssohn-Bartholdy, Felix 51, 106
mercados **60-1**
   Marheineke-Markthalle 107
   Türkenmarkt Maybachufer 107
   Winterfeldtplatz 107
Merhaba 109
Messegelände 82
Metropoltheater 104, 118
Mexikoplatz 90
Meyerbeer, Giacomo 140
milagre econômico 108
Ministério da Aviação 116
Ministério das Finanças 116
Ministério Federal da Defesa 98
Mister Hu 108
moeda corrente 170
Molotow 107
Monbijoupark 126
Monsieur Vuong 129
Monster Ronson's Ichiban Karaoke Bar 148
monumentos
   Alois Senefelder 142
   Benno Ohnesorg 84
   estátua equestre de Frederico, o Grande 13, 113
   Grande Eleitor 29
   holocausto 115
   Käthe Kollwitz 139
   Marx-Engels-Forum 132
   Sowjetisches Ehrenmal (Tiergarten) 98
   Sowjetisches Ehrenmal (Treptow) 71, 146

Mosse-Palais 106
Müggelsee *ver* Großer Müggelsee
Müggelturm 146
Münze 134
Münzstrasse 135
Muro de Berlim 11, 14, 19, 43, 103, 146
Museu ao Ar Livre Domäne Dahlem 92
museus e galerias **46-7**
   Alliiertenmuseum 90
   (Alte) Nationalgalerie 48, 114
   Altes Museum 39, 114
   Bauhaus-Archiv 49
   Berlinische Galerie 49
   Brecht-Weigel-Gedenkstätte 50, 124
   Bröhan-Museum 49
   Dahlem Museums 46, 89
   Dalí Museum 118
   DDR Museum 118
   Deutsch-Russisches Museum 145
   Deutsche Guggenheim 49, 113
   Deutscher Dom 114
   Deutsches Historisches Museum 12, 14-5, 39, 46
   Deutsches Technikmuseum 47, 64, 103
   Domäne Dahlem 65
   Ephraim-Palais 133
   Erotik-Museum 84
   Ethnologisches Museum 89
   Filmmuseum Berlin 16, 18
   Filmpark Babelsberg 64-5, 155
   Gemäldegalerie 23, 34, 48
   Georg-Kolbe-Museum 84
   Gestaltung 142
   Hamburger Bahnhof 48
   Haus am Checkpoint Charlie 47, 103
   porto histórico 134
   Jagdschloss Grunewald 91
   Jüdisches Museum 46, 103
   Käthe-Kollwitz-Museum 81, 83
   Knoblauchhaus 133
   Kulturforum 7, **32-35**
   Kunstgewerbemuseum 33, 47, 145
   Kupferstichkabinett 33
   Labyrinth Kindermuseum 64
   Märkisches Museum 132
   Martin-Gropius-Bau 105
   Museu ao Ar Livre Domäne Dahlem 92
   Museu da História Médica (Berliner Medizinhistorisches Museum) 126

museus e galerias (cont.)
Museum Berggruen 28-9, 49
Museum der Gegenwart
(Hamburger Bahnhof) 48, 98
Museum für Fotografie 82–3
Museum für Islamische
Kunst 23
Museum für Kommunikation 117
Museum für Naturkunde 64, 124
Museum für Ostasiatische
Kunst 89
Museumsinsel 7, 23, 114
Musikinstrumentenmuseum 33, 47
Neue Nationalgalerie 32, 40, 48
Neues Museum 114
Newton-Sammlung 82-3
Nikolaikirche (Mitte) 132
Pergamonmuseum 7, **20-3**,
46, 114
Potsdam-Museum 156
Prenzlauer Berg Museum 142
Puppentheatermuseum 65
Sammlung Industrielle
Schwules Museum 59
The Story of Berlin 25
Topographie des Terrors 103
Vitra Design Museum 139
museus nacionais 163
Mutter Hoppe 137

N

Nationalgalerie ver Museus
nazismo
arquitetura 116
campos de concentração 14,
125, 140
cinema 18
criminosos de guerra 154
Gestapo 103
Jogos Olímpicos 68, 23
Lei Habilitante 11
Resistência 98, 141
SA 15, 141
SS 15, 125
tomada do poder 11, 15
Nefertiti 46
Neptunbrunnen 133
Nering, Johann Arnold 15, 28,
134, 145
Neue Nationalgalerie 32, 40, 48
Neue Reichskanzlei 116
Neue Schönhauser Str. 126
Neue Synagoge 45, 123, 132
Neue Wache 13, 51
Neuer Flügel, Schloss
Charlottenburg 28-30
Neuer Pavillon, Schloss
Charlottenburg 29

Neuer See 53, 67, 100-1
Neues Kranzler-Eck 25
Neues Palais 153
Newton Bar 52, 120
Nicolau I, czar 92
Nikolaikirche (Mitte) 45, 132
Nikolaikirche (Potsdam) 155
Nikolaikirche (Spandau) 79
Nikolaiviertel 44, 132
Nº 52 109
Nola's am Weinberg 129
Nollendorfplatz 104
Normannenstraße 145
Nouvel, Jean 115
November (Café) 143

O

O2 World 145
Oberbaumbrücke 10
objetos perdidos 166
Oderberger Straße 142
Oderquelle 143
Ohnesorg, Benno 84
Olympiastadion 68, 84
onde comer **74-5**
Centro de Berlim: Área da
Alexanderplatz 137
Centro de Berlim:
Scheunenviertel 129
Centro de Berlim: Unter den
Linden 120
Charlottenburg e Spandau 87
Grunewald e Dahlem 93
Kreuzberg e Schöneberg 109
Potsdam e Sanssouci 157
Prenzlauer Berg 143
sudeste de Berlim 149
ônibus 162, 164
bilhetes 162
portadores de deficiência 164
visitas guiadas 168
Onkel-Tom-Siedlung 92
Opera Court 121
ópera
ver Deutsche Oper and Staatsoper Unter den Linden
Opernplatz 120
Orangerie (Sanssouci) 154
Oranienburger Straße 123
Oranienplatz 107
Oranienstraße 104, 107
Osteria Nº 1 109
Oxymoron 128

P

Palácio de Mshatta 21
palácios
Friedrichsfelde 147

palácios (cont.)
Jagdschloss Grunewald 91
Köpenicker Schloss 145
Marmorpalais 154
Neues Palais 153
Schloss Babelsberg 156
Schloss Bellevue 38
Schloss Britz 71
Schloss Cecilienhof 154, 158
Schloss Charlottenburg 7,
28-31, 38, 70
Schloss Charlottenhof 154
Schloss Friedrichsfelde 71, 146
Schloss Klein-Glienicke 89, 93
Schloss Rheinsberg 167
Schloss Sanssouci 152-3, 163
Schlossruine Pfaueninsel 70, 89
Stadtschloss 116
Palais am Festungsgraben 118
Palais am Pariser Platz 9
Palais Podewil 134
Pan Asia 129
Pariser Platz 6, 8-9, 41
Paris-Moskau 101
Parochialkirche 134
parques e jardins **70-1**, 169
Babelsberg 156
Botanischer Garten 70-1
Großer Tiergarten 70, 97
Grunewald. 70-1, 88-9
Monbijoupark 126
Pfaueninsel 70, 89
Schloss Britz und Park 71
Schlosspark Charlottenburg 29,
70
Schlosspark Sanssouci 153-4
Thälmannpark 142
Treptower Park 71, 146
Viktoriapark 71, 105
Volkspark Friedrichshain 71,
146-7
passeios guiados **168**
Pasternak 143
patinação inline 69
pátios 39, 123
Peek & Cloppenburg 85
Pei, Ieoh Ming 15, 39
Pergamon Altar 20, 22-3
Pergamonmuseum 7, **20-3**, 46, 114
Perséfone, deusa 21
Pesne, Antoine 153
Pfaueninsel 70, 89
Pfefferberg 142
Philharmonie 32, 35, 41, 56
Piano, Renzo 19
Pino 155, 157
Piscator, Erwin 104
planejamento de viagem 160

Podewil 134
Popkomm 62
portadores de deficiência 164
Portão Ishtar 20
porto histórico 134
Portzamparc, Christian de 9
Porzellankabinett 28
Postfuhramt 123, 125
Potsdam e Sanssouci **152-8**, 163
Potsdamer Platz 6, **16-9**
Potsdamer Stadsschloss 156
Potsdam-Museum 156
Prater 139, 143
Prenzlauer Berg **138-43**
Prenzlauer Berg Museum 142
presidente 38, 43
Prinz-Eisenherz-Buchhandlung 59
Província de Brandemburgo 131
Prússia
  arquitetura 31, 90, 152-3
  guerras 71, 97
  Hohenzollern 31
  Kulturbesitz (Stiftung) 99
  Sanssouci 152-5
pubs *ver* bares e pubs
Puppenstube 135
Puppentheatermuseum 65

Q

Q! 174
Quadriga (restaurante) 87
Quadriga 8, 132
quando ir 160
Quartier 17 115, 119
Quartier Potsdamer Platz 17
Queima de Livros 13, 113

R

Rathaus Schöneberg 43, 106
Ratskeller Köpenick 149
Rattle, Simon sir 32
Rauch, Daniel Christian 13, 113
Rauschgold 108
Red Rooster Bar 148
Refugium 121
Regent Berlin 72
Regierender Bürgermeister 131
Reichskanzlei 98, 116
Reichskristallnacht 123, 141
Reichstag 6, **10-1**, 38, 43
Reingold 128
Reinhard's 137
Reinhardt, Max 57, 126
reservas 169
Restaurant Juliette 157
Restaurant Käfer 11
Restaurant Remise im Schloss
  Glienicke 91, 93

restaurantes
  e cervejarias ao ar livre 93
  ver também onde comer
Restauration 1900 143
Ribbeckhaus 134
Riehmers Hofgarten 105
Ritter Sport 119
Ritz-Carlton Berlin 73
Riva (bar) 128
Riva, La (restaurante) 137
rodovias e estradas 161
Rogers, Richard sir 19
Rohe, Mies van der 35, 40, 49
Römische Bäder (Sanssouci) 154
Rosenthaler Str. Nº 37 127
Rosenthaler Straße 123
roubo 166
RT&W Galerie 25
Russiche Botschaft 13
Rykestraße 45, 141

S

S0 36 (discoteca) 59, 108
SA 15, 141
Sachsenhausen 167
Sacrow 167
Sage Club 54
Sagebiel, Ernst 106, 116
Sale e Tabacchi 109
Salon zur Wilden Renate 148
Sammlung Scharf-Gerstenberg 49
Sander, Jil 108
Sanssouci 31, 152-5
Sasaya 143
saúde 166
Savignypassage 80
Savignyplatz 80
Schadow, Johann Gottfried 8, 124
Scharoun, Hans 33, 35, 41
Schauspielhaus 38, 114
Scheibe, Richard 98
Scheunenviertel 73, **122-9**
Schinkel, Karl Friedrich 13, 29, 38-9, 45, 90, 105, 124, 154-6
Schleusenbrücken 100
Schleusenkrug 101
Schliemann, Heinrich 29
Schloss Cecilienhof 157
Schlosshotel im Grunewald 72
Schlossinsel (Köpenick) 145
Schlossplatz 116-7
Schlüter, Andreas 14-5, 29
Schönefeld, aeroporto 161
Schönhauser Allee 139
Schrörs Biergarten 149
Schüler, Ralf 82
Schüler-Witte, Ursulina 82
Schultes, Axel 40

Schultheiss-Brauerei 139
Schüßlerplatz 145
Schwarzes Café 86
Schwechten, Franz 104, 139
Schwules Museum 59
SchwuZ 58
SED 133
Seeling, Heinrich 126
Seerestaurant Hotel Müggelsee/
  Rübezahl 148
Segunda Guerra Mundial
  Conferência de Potsdam 154
  destruição 23-4, 26-8, 42, 131-2, 146
  planejamento 116
  pós-guerra 18, 42
  rendição 42, 145
segurança 166
Senefelder, Alois 142
Senefelderplatz 139, 142
Sergijewski, Nikolai 98
Siegessäule (revista) 58
Siegessäule 39, 97
sinagogas **44-5**
  Jüdisches Gemeindehaus 80-1, 84
  Neue Synagoge 45, 123, 132
  Rykestraße 45, 141
Sofitel Berlin Gendarmenmarkt 73
Sony Center 6, 16, 19, 40
Sophie-Charlotte 28
Sophie-Gips-Höfe 127
Sophie-Luise (rainha) 123
Sophienclub 55
Sophienhöfe 127
Sophienkirche 123, 126
Sophienstraße 123, 127
Sowjetisches Ehrenmal
  (Tiergarten) 98
Sowjetisches Ehrenmal (Treptow)
  71, 146
Spandau 78-9
Spandauer Vorstadt (Mitte) 122, 124
Speckers Landhaus 157
Speer, Albert 116
Sphere 137
Spielbank Berlin 17
Spindel (restaurante) 149
Spindler & Klatt 54
Sport Oase 69
Spree 66
Spreewald 167
Sra Bua Bar 120
SS 15, 125
Staatsbibliothek 33
Staatsbibliothek Unter den
  Linden 118
Staatsoper Unter den Linden 12, 42, 56

Staatsratsgebäude 116-7
Stadtbad Neukölln 69
Stadtbad Prenzlauer Berg 142
Stadtgericht 134
Stadtmauer 134
Stadtschloss 116
Stalin, Joseph 154
Ständige Vertretung 120
St.-Annen-Kirche 92
Stasi (serviço de segurança do Estado) 141, 145, 147
Stasi-Gefängnis 147
Stasimuseum Berlin 145
Stauffenberg, Claus Schenk Graf von 98
St.-Hedwigskathedrale 12, 44, 113
Stiftung Preußischer Kulturbesitz 99
Stilwerk 60-1, 85
St.-Matthäuskirche 33
St.-Peter-und-Paul-Kirche 92, 156
Strandbad Rahnsdorf 146
Strandbad Wannsee 66, 90
Stüler, Friedrich A. 33, 35, 92, 124, 154, 156
Sudeste de Berlim **144-9**
suvenires, lojas 132, 170

T

Tacheles 124
Tausend Cantina 121
táxis 162
Technische Universität 84
Teddy's 135
Tee Gschwendner 85, 135
Tegel, Airport 161
Tegeler See 67
Telegrafenberg 156
Tempelhofer Park 106
Tempodrom 104
tentativa de assassinato (20 de julho de 1944) 98
Teufelsberg 70, 92
Teufelssee 66, 70, 92
Thälmannpark 142
The Kosher Classroom 129
The Q. 119
The Story of Berlin 25
Theater am Potsdamer Platz 17
Theater des Westens 57
Theodor Tucher 8, 120
Tiergarten 96-7, 99
Tiergarten e Distrito Federal **96-101**
Tierpark Berlin 71, 147
tigertörtchen 136
TITUS Berlin Zoopreme 85

Tom's Bar 58-9
Toni-Lessler-Straße 90
Totentanz, Der 132
"trabalhadores convidados" 104
Trabrennbahn Mariendorf 68
Treptow 144-5
Treptower Park 71, 146
Tresor Club 54
Treuhandanstalt 116
Tucholskystraße 126
túmulos
    Brecht, Bertolt 124
    Fichte, Johann Gottlieb 124
    Hegel, Georg W. F. 124
    Kleist, Heinrich von 92
    Liebermann, Max 140
    Mann, Heinrich 124
    Mendelssohn, Moses 125
    Meyerbeer, Giacomo 140
    Schadow, Johann G. 124
    Schinkel, Karl F. 124
    Stüler, Friedrich A. 124
    Vogel, Henriette 92
turcos 104
Türkenmarkt am Maybachufer 107

U

U-Bahn 162
U- e S-Bahnhof Alexanderplatz 135
UFA-Studios 64, 155
Ungers, O. M. 23
Universität der Künste 84
Unter den Linden 6, **12-3**, 12-3

V

V2, foguete 14
Van Loon 108
Vau 74
Velodrom 68
Velotáxis 162, 168
    ver também compras
Viasko 109
Victoria Bar 52
vida noturna 122-3
Viktoriapark 71, 105, 108
Villa Grisebach 81
Villa Maren 90
Villa von der Heydt 99
Villas, Grunewald 90
Vitória, deusa da 97
Voigt, Wilhelm 145, 149
Volksbühne 57
Volkspark Friedrichshain 71, 146-7
Voßstraße 116
Vox 74
Vox Bar 108

W

Waage 157
Waesemann, Hermann F. 38, 131
Wannsee 88-9, 93
Wannsee, conferência de 89
Warhol, Andy 98
Wasserturm 140-1
Wasserwerk Sanssouci 156
Watergate (clube) 55
Watteau, Antoine 30, 34, 153
Websites 163
Weekend (clube) 54
Weigel, Helene 50, 124
Weinbar Rutz 53, 74
Weinhaus Huth 16, 19
Weinstein 143
WelcomeCard 163, 171
Weltkugelbrunnen 24
Werder 167
Wilford, Michael 116
Wilhelmstraße 116
Windhorst 120
Winterfeldtplatz 61, 104, 107
Wirtshaus Schildhorn 93
Wirtshaus zur Pfaueninsel 93
Wisniewski, Edgar 33, 35, 41
WMF-Haus 118
Würgeengel 108

Y

Yorckschlösschen 108
Yosoy 128

Z

Zander 143
Zehlendorf 88, 90, 92
Zeiss-Großplanetarium 65, 142
Zeughaus 12, 15, 39
Zillestube 137
Zionskirche 140
Zionskirchplatz 140
Zitadelle Spandau 79
ZOB (Zentraler Omnibusbahnhof) 161
zoológicos
    Tierpark Berlin 71, 147
    Zoologischer Garten 7, **36-7**, 65, 79
Zum Fischerkietz 136
Zum Nußbaum 52
Zum Paddenwirt 137
Zur Gerichtslaube 137
Zur letzten Instanz 136
Zwiebelfisch 53

Agradecimentos

O Autor
O historiador Jürgen Scheunemann escreveu vários livros sobre Berlim e outros destinos. Seus premiados artigos são publicados em revistas de viagens e jornais diários na Alemanha e nos EUA, assim como no *Tagesspiegel*, jornal diário alemão, e em outras publicações.

Dorling Kindersley Verlag, Munique:
Diretor de Publicações
Dr. Jörg Theilacker

Editores Brigitte Maier, Gerhard Bruschke
Design e Layout Ulrike Meyer
Revisão Linde Wiesner
Assistentes Editoriais Jasmin Jouhar, Robert Kocon
Fotografia Jürgen Scheunemann
Fotografias Adicionais Ken Findlay, Rough Guides / Diana Jarvis, James Tye, Dorota e Mariusz Jarymowicz, Britta Jaschinski, Günter Schneider
Ilustrações www.chrisorr.com
Mapas Dominic Beddow, Simonetta Siori (Draughtsman Ltd)

Dorling Kindersley, Londres:
Tradução e Edição Sylvia Goulding/ Silva Editions
Gerente Editorial Sênior Louise Lang
Gerente Editorial Kate Poole
Editora de Arte Sênior Marisa Renzullo
Diretor de Publicações Gillian Allan
Publisher Douglas Amrine
Coordenador de cartografia Casper Morris
Diagramação Jason Little, Conrad van Dyk

Produção Sarah Dodd
Revisão Nadia Bonomally, Emer FitzGerald, Fay Franklin, Jeremy Gray, Kaberi Hazarika, Claudia Himmelreich, Claire Jones, Bharti Karakoti, Petra Krischok, Maite Lantarno, Carly Madden, Nicola Malone, Catherine Palmi, Marianne Petrou, Rada Radojicic, Erin Richards, Sands Publishing Solutions, Roseen Teare, Conrad van Dyk

Créditos das Imagens
Legendas: a: alto; ac: alto, centro; ae: alto, à esquerda; ad: alto, à direita; ace: alto, centro, à esquerda; c: centro; ca: centro, alto; ce: centro, à esquerda; cd: centro, à direita; cae: centro, alto, à esquerda; cad: centro, alto, à direita; cb: centro, embaixo; cbe: centro, embaixo, à esquerda; cbd: centro, embaixo, à direita; b: embaixo; bc: embaixo, centro; bce: embaixo, centro, à esquerda; be: embaixo, à esquerda; bd: embaixo à direita; d: detalhe.

Todos os esforços foram feitos para identificar os detentores dos direitos autorais e pedimos desculpas por eventuais omissões não intencionais. Teremos o prazer de inserir os créditos adequados em edições subsequentes desta publicação.

Os editores gostariam de agradecer às seguintes pessoas, empresas e fontes de imagens por sua gentil permissão para reproduzir suas fotografias:

Alexander Plaza: 178ac; Ars vitalis: 69bd; Art'otel Berlin: 174ae; Backpacker Hostel/ Axbax: 177ae, 177ad; Bar jeder Vernunft: 57cae; Berliner Bäder-Betriebe: 69ae; Berliner Filmfestspiele: 62ce; Bleibtreu-Hotel: 173ae; Dorint am Gendarmenmarkt: 179ae; Estrel Residence Congress Hotel: 175ad; Funpool: 68ad; Galeries Lafayette: 119ac; Heckers Hotel: 174ac; Hertha BSC: 68be; Hotel Adlon: 8cbd, 116cb; Hotel Hackescher Markt: 173ad; Hotel Künstlerheim Luise: 172ad; Hotel zur Bleiche: 176ac; Jüdisches Museum: 102ad; Margaux: 74b; Kempinski Hotel Bristol Berlin: 86c; Museum für Kommunikation: Herbert Schlemmer: 117b; Propeller City Island: 178ad; Quartier 206 Department Store: 60ae, 115tl; Relexa Hotel Cecilienhof: 176ad; Schlossparkhotel: 176ae; Sorat Hotel Spreebogen: 174ae; Siegessäule: 58b; Tourismusverband Spreewald e.V.: Rainer Weisflog 167ad; Trabrennbahn Mariendorf: 68ac; Jens Gläser 121ad.

40 SECONDS: Nela König 54cbe; ADLON HOLDING: 120ac; AIGNER: 121ac; ALAMY IMAGES: Absorbme 148ac; David Crossland 36bc; B. O'Kane 16-7c; Peter

Agradecimentos

Stroh 68ae; Iain Masterton 20ae; ALPENSTÜCK: 129ad; ANKERKLAUSE: 108ad; ARENA CLUB: 148ae; ASPRIA: 69ad; BERLIN STORY: 119ae; BERLIN TOURISMUS MARKETING GMBH: 161ae; Wolfgang Scholvien 20cb, 21ae; BERLINER KAFFEERÖSTEREI: 86ac; BILDARCHIV PREUSSISCHER KULTURBESITZ, Berlin: 20ae, 31ad, 35c; Antikensammlung 7ae, 22c, 22a, 46ae, 114c; Antikensammlung/ Ingrid Geske-Heiden 114b; Ethnologisches Museum 30bd; Gemäldegalerie, *Virgem na Igreja*, de Jan van Eyck (c.1425) 32a, *Retrato do Mercador Georg Gisze*, de Hans Holbein (1532) 34ad, *Vénus e o Organista*, de Ticiano (1550-52) 34ac, Retrato de *Hieronymus Holzschuher*, de Albrecht Dürer (1529) 34ad, *Virgem com o Menino e Anjos Cantando*, de Botticelli (c.1477) 34c, *Eros Vitorioso*, de Caravaggio (1602) 34be, 48ac, *Adoração dos Pastores*, de Hugo van der Goes (1470) 48ae, *A Taça de Vinho*, de Jan Vermeer (c.1658-61) 48b; Kunstgewerbemuseum 7cb, 33a, 46ad, 47c; Kupferstichkabinett, *Retrato da Mãe de Dürer*, de Albrecht Dürer 114c; Nationalgalerie, *Fazenda em Daugart*, de Karl Schmidt-Rottluff (1910) © DACS, Londres2006 32b, *Mao*, de Andy Warhol (1973) © Permisão de The Andy Warhol Foundation for the Visual Arts Inc. / ARS, NY & DACS, Londres 2006 48cad; Nationalgalerie, Berggruen Collection, *Cabeça de um Fauno*, de Pablo Picasso (1937) © Succession Picasso / DACS, Londres 2006 49ae; Vorderasiatisches Museum 22cad, 22be, 23c, 23b, 23a; BOCCA DI BACCO: 74be; BRECHT-WEIGEL-GEDENKSTÄTTE Berlin: 50cd; BRIDGEMAN ART LIBRARY: National-galerie, Berlin, *Retrato de Georg Wilhelm Friedrich Hegel* (1770-1831) de Jacob Schlesinger (1792-1855) 50ae; BROEHAN MUSEUM: 49c; BYTEPARK GMBH – INTERMEDIALE KOMMUNIKATION: 172ac; CAFÉ EINSTEIN STAMMHAUS: 101ad; CASSIOPEIA. Berlin: 148ad; CLARCHEN'S BALLHAUS: Bernd Schoenberger 54ae; CLUB WATERGATE: Mike Breeuwer 55c; CORBIS: Andrew Cowin dpa/A3464 Rainer Jensen 20bd; Terra/Stefano Amrantini 20-21c; Travel Ink 4–5; DDR MUSEUM: Bastian Werner 118ae; DEDERICHS REINECKE & PARTNER: Eventpress Herrmann/Henry H. Herrmann 65cd; DER ALTE FRITZ: 136ad; DEUTSCHE PRESSEAGENTUR: 9b, 42ad, 50ac, 50ad, 50be, 51ae, 51b, 62ac, 62ad, 62c, 63ae, 63ad, 63cd; DEUTSCHES HISTORISCHES MUSEUM: 15a, 18ce, 42cd; *Gloria Victis*, de Antonin Mercie 14c; *Escultura da Pietà na Neue Wache*, Kathe Kollwitz © DACS, Londres 2006 51c; *Martinho Lutero*, de Lucas Cranach, o Velho (1529) 14b; *Inauguração do Reichstag Alemão* (1871) 15b; DEUTSCHES TECHNIKMUSEUM: 103be; DREAMSTIME.COM: Elxeneize 76–7; FELIX CLUB-RESTAURANT: 54ad; FIT OT PRINT, Berlin: 166ac; FOTOLIA: philipps 166ad; GALERIA KAUFHOF GMBH: 135ae; GETTY IMAGES: Andreas Rentz 21cd; GORGONZOLA CLUB: 109; GRAND HYATT BERLIN: 75cbd, 108ac; GREEN DOOR: diephotodesigner.de 52c, 53ae; GUGELHOF: 143ae; HENRY MOORE FOUNDATION: *Three Way Piece Nr. 2. (The) Archer* (1964-65) 35a; HOTEL PENSION FUNK: 172ae; INTERCONTINENTAL, BERLIN: 74bc; KÄTHE-KOLLWITZ-MUSEUM: *Mãe e Filho*, de Käthe Kollwitz © DACS, Londres 2006 83be; KomISCHE OPER BERLIN: Hanns Joosten 118ac, Arwid Lagenpusch 112ad.; KU'DAMM 101 HOTEL: 174ad; LOUISA'S PLACE: 178a; THE MANDELA HOTEL: 75ae; MEGAPOSTER GmbH: 113be; MUSEUM BERGGRUEN: Jens Ziehe 29be; MUSEUM FÜR NATURKUNDE: 47ad; PAN ASIA: Christopher Michaelis 129ae; PRESSE- UND INFORMATIONSAMT DES LANDES Berlin: BTM/Drewes 17be; BTM/Koch 17cad LOLA LOUNGE: Nela Koenig 54ae; POPKOMM: 62ae; ROCCO FORTE HOTEL DE ROME: 120ac; KARSTEN SCHIRMER: 56ce; GÜNTER SCHNEIDER: 42ae, 95-96; JÜRGEN SCHEUNEMANN: 121ac, 128ae; SPINDLER & KLATT: 54ac; STAATLICH MUSEEN ZU BERLIN, PREUSSISCHER KULTUR-BESITZ KUNSTGEWERBE-MUSEUM: Hans Joachim Bartsch 47c; STEFAN MALZORN: 85ae; STIFTUNG STADTMUSEUM BERLIN: 14; Peter Straube 130ad; STIFTUNG PREUS-SISCHE SCHLÖSSER UND GÄRTEN BERLIN-BRANDENBURG: 30c, 152ad, 153bd, *Pinturas de Frederick Watteau*, de Antoine Watteau (1720) 30ac; *Frederico, o Grande*, de Antoine Pesne 31ce, *Frederico Tocando Flauta*, de Adolf von Menzel 42b, 152ce; STRANDBAR MITTE: 52ac; Superstock: Jean-Pierre Lescourret 110–11; ANDREAS TAUBER: 101ac; TEEGSCHWENDNER: 85ad; VICTORIA BAR: Christian Gahl 53cbd; HAUS DER WANNSEE-KONFERENZ: 89cb; www.csd-berlin.de: 160ad.

Todas as outras imagens © Dorling Kindersley. Para mais informações: www.dkimages.com

Frases: Alemão

Em Emergências

Onde fica o telefone?	**Wo ist das Telefon?**	vô ist das telefôn?
Socorro!	**Hilfe!**	rilfe!
Por favor, chame um médico	**Bitte rufen Sie einen Arzt**	bite rufen zi einen artst
Por favor, chame a polícia	**Bitte rufen Sie die Polizei**	bite rufen zi die polit**sai**
Por favor, chame os bombeiros	**Bitte rufen Sie die Feuerwehr**	bite rufen zi di **fóier**-verh
Pare!	**Halt!**	ralt!

Comunicação Essencial

Sim	**Ja**	iá
Não	**Nein**	nain
Por favor	**Bitte**	**bi**te
Obrigado	**Danke**	dánque
Desculpe, com licença	**Verzeihung**	fert**sai**-hung
Olá (bom dia)	**Guten Tag**	gu**ten** ták
Até logo	**Auf Wiedersehen**	auf-**vi**der-zéhen
Boa-noite	**Guten Abend**	guten **a**bent
Boa-noite (dormir)	**Gute Nacht**	gute **naht**
Até amanhã	**Bis morgen**	biss **mór**guen
Tchau	**Tschüss**	tch**iu**s
O que é isso?	**Was ist das?**	voss ist das?
Por quê?	**Warum?**	var-**rum**?
Onde?	**Wo?**	vô?
Quando?	**Wann?**	ván?
hoje	**heute**	ró**i**te
amanhã	**morgen**	**mór**guen
mês	**Monat**	**mô**nat
noite	**Nacht**	naht
tarde	**Nachmittag**	**nah**-mit-ták
manhã	**Morgen**	**mór**guen
ano	**Jahr**	iár
lá, ali	**dort**	**dórt**
aqui	**hier**	rier
semana	**Woche**	**vó**-he
ontem	**gestern**	**gués**tern
noite	**Abend**	**á**bent

Frases Úteis

Como vai? (informal)	**Wie geht's?**	vi guêts?
Bem, obrigado	**Danke, es geht mir gut**	dánque, es guet mirh gut
Até mais tarde	**Bis später**	biss sh**pê**ter
Onde está/estão?	**Wo ist/sind...?**	vô ist/sind
Fica longe até...?	**Wie weit ist es...?**	vi va**i**te ist es...?
Fala inglês?	**Sprechen Sie Englisch?**	shp**ré**chen zi **é**nglish
Não comprendo	**Ich verstehe nicht**	ih ferchst**ê**-he nicht
Pode falar mais devagar?	**Könnten Sie langsamer sprechen?**	k**œ**nten zi **láng**-zämer chp**ré**chen?

Palavras Úteis

grande	**groß**	grôs
pequeno	**klein**	kláin
quente	**heiß**	rais
frio	**kalt**	cált
bem/bom	**gut**	gut
mal/mau	**böse/schlecht**	b**œ**ze/ch**lécht**
aberto	**geöffnet**	guê**œf**net
fechado	**geschlossen**	guêch**lôs**sen
esquerda	**links**	links
direita	**rechts**	rehts
em frente	**geradeaus**	guerra**de**aus

Ao Telefone

Quero fazer um telefonema	**Ich möchte telefonieren**	ish m**œh**te telefoni**rr**en
Vou tentar mais tarde	**Ich versuche es später noch einmal**	ish ferzu-he es chp**ê**ter noch **ain**mal
Posso deixar um recado?	**Kann ich eine Nachricht hinterlassen?**	can ich **ei**ne nachricht hinter-**las**sen?
secretária eletrônica	**Anrufbeantworter**	an-ruf-beante-vorter
cartão telefônico	**Telefonkarte**	telef**ôn**carte
auscultador	**Hörer**	r**œ**rrah
celular	**Handy**	r**an**di
ocupado	**besetzt**	bez**ét**st
engano (número errado)	**Falsche Verbindung**	**fal**che fêr**bin**dung

Atrações Turísticas

biblioteca	**Bibliothek**	bibliot**éc**
ingresso/entrada	**Eintrittskarte**	áintritz**car**te
cemitério	**Friedhof**	**frid**-hôf
estação de trem	**Bahnhof**	b**án**-hôf
galeria de arte	**Galerie**	galer**ri**
informação	**Auskunft**	aus**cun**ft
igreja	**Kirche**	qu**ir**che
jardim	**Garten**	g**ar**ten
palácio/castelo	**Palast/Schloss**	palast/ch**lós**
praça	**Platz**	plats
ponto de ônibus	**Haltestelle**	r**al**te-echt**é**le
feriado	**Nationalfeiertag**	nacional-**faiar**-tac
teatro	**Theater**	te**á**ter
entrada franca	**Eintritt frei**	**ain**trit frai

Nas Compras

Você tem...?/ Há/Tem...?	**Gibt es...?**	guipt ês...
Quanto custa isto?	**Was kostet das?**	vas c**ós**tet das?
Quando a loja abre/fecha?	**Wann öffnen Sie/ schliessen Sie?**	van **œf**nen zi/ chl**is**sen zi?
isto/isso	**das**	das
caro	**teuer**	t**ói**ah
barato	**preiswert**	**prais**vért
tamanho	**Grösse**	gr**œ**sse
número	**Nummer**	n**ú**mah
cor	**Farbe**	farbe
marrom	**braun**	bráun
preto	**schwarz**	shv**á**rts
vermelho	**rot**	rôt
azul	**blau**	blau
verde	**grün**	gruin
amarelo	**gelb**	gu**é**lp

Tipos de Loja

antiquário	**Antiquariat**	anti**quá**riat
farmácia	**Apotheke**	apot**é**que
banco	**Bank**	b**á**nc
feira/mercado	**Markt**	m**ar**kt
agência de viagens	**Reisebüro**	raize-biur**ô**
loja de departamentos	**Warenhaus**	varen-haus
perfumaria	**Drogerie**	drogu**er**ri
cabeleireiro	**Friseur**	friz**œ**r
banca de jornal	**Zeitungskiosk**	tsa**i**tungs-qui**ôsk**
livraria	**Buchhandlung**	**buch**-hant-lung
padaria	**Bäckerei**	bequer**ai**
correio	**Post**	póst
loja	**Geschäft/Laden**	gueché**ft**/l**a**dn

loja de revelação de fotos	**Photogeschäft**	**fo**to-gue**chéft**
loja com autosserviço	**Selbstbedienungs-laden**	**ze**lpst-be**di-**nungs-**la**den
sapataria	**Schuhladen**	chu**la**den
loja de roupas, butique	**Kleiderladen, Boutique**	**clai**der-**la**den bu**ti**que
mercearia	**Lebensmittel-geschäft**	**le**bens-**mitt**l-gue**chéft**
vidro, porcelana	**Glas, Porzellan**	**glas**, portsé**lan**

Em Hotéis

Há um	**Haben Sie noch**	**ra**ben zi noch
quarto vago?	**Zimmer frei?**	**tsi**mer frei?
com duas camas?	**mit zwei Betten?**	mit tsv**ai** beten?
com cama de casal?	**mit einem Doppelbett?**	mit **ei**nem **do**pel-bét?
com banheiro?	**mit Bad?**	mit **bat**?
com chuveiro?	**mit Dusche?**	mit **du**che?
Tenho uma reserva	**Ich habe eine Reservierung**	ich **ha**be **ai**ne rezer**vi**rung
chave	**Schlüssel**	sh**luis**s'l
porteiro	**Pförtner**	**pfœr**tner

Em Restaurantes

Há uma mesa para…?	**Haben Sie einen Tisch für…?**	**ra**ben zi **ei**nen tich fiur…
Quero reservar uma mesa	**Ich möchte eine Reservierung machen**	ich **mœch**te **ai**ne rezer**vi**rung **ma**chen
Sou vegetariano	**Ich bin Vegetarier**	ich bin vegue**ta**riah
Garçom!	**Herr Ober!**	rehr **ô**bah!
A conta, por favor	**Die Rechnung, bitte**	di **rech**nung **bi**te
café da manhã	**Frühstück**	**frui**chtiuc
almoço	**Mittagessen**	mit**a**gu**é**ssen
jantar	**Abendessen**	**a**bn-**té**ssen
garrafa	**Flasche**	**fla**che
prato do dia	**Tagesgericht**	**ta**gues-guer**richt**
prato principal	**Hauptgericht**	**raupt**-guer**richt**
sobremesa	**Nachtisch**	**nach**tich
xícara	**Tasse**	**tass**e
carta de vinhos	**Weinkarte**	vain**car**te
caneca	**Krug**	khrug
copo/taça	**Glas**	glas
colher	**Löffel**	**lœf**'l
colher de chá	**Teelöffel**	te**lœf**l
gorjeta	**Trinkgeld**	**trink**guelt
faca	**Messer**	**mé**ssah
entrada (aperitivo)	**Vorspeise**	for-sh**pái**ze
conta	**Rechnung**	**rech**nung
prato	**Teller**	**té**lah
garfo	**Gabel**	**gá**b'l

Cardápio

Aal	**aal**	enguia
Apfel	**ápfl**	maçã
Apfelschorle	**ápfl-chórhle**	suco de maçã com água mineral gasosa
Apfelsine	**ápfl-zine**	laranja
Aprikose	**apricôze**	abricó
Artischocke	**artichóque**	alcachofra
Aubergine	**ôbergine**	berinjela
Banane	**bánane**	banana
Beefsteak	**bífsteic**	bife
Bier	**bíahr**	cerveja
Bockwurst	**bókvurrst**	tipo de salsicha
Bohnensuppe	**bônenzupe**	sopa de feijão
Branntwein	**brantváin**	aguardente
Bratkartoffeln	**bratcatôf'l**	batatas fritas
Bratwurst	**bratvurrst**	salsicha frita
Brötchen	**brœtchen**	pãezinhos
Brot	**brôt**	pão
Brühe	**briu-he**	caldo
Butter	**butah**	manteiga
Champignon	**champinhón**	champignon
Currywurst	**cárrivurrst**	salsicha frita com molho de curry
Dill	**dil**	endro
Ei	**ái**	ovo
Eis	**áis**	gelo/sorvete
Ente	**ente**	pato
Erdbeeren	**érrtbirr'n**	morangos
Fisch	**fich**	peixe
Forelle	**forréle**	truta
Frikadelle	**fricadéle**	hambúrguer
Gans	**gans**	ganso
Garnele	**garnêle**	camarão
gebraten	**guebrat'n**	frito
gegrillt	**guegrilt**	grelhado
gekocht	**guecocht**	cozido
geräuchert	**guerrau-hert**	defumado
Geflügel	**gueflug'l**	aves
Gemüse	**guemiuze**	verduras
Grütze	**griutze**	mingau, papa
Gulasch	**gulash**	gulache
Gurke	**gurrque**	pepino
Hammelbraten	**ram'lbrat'n**	carneiro assado
Hähnchen	**rénshn**	galinha
Hering	**rêrring**	arenque
Himbeeren	**rimbérr'n**	framboesa
Honig	**rônish**	mel
Kaffee	**cafê**	café
Kalbfleisch	**kalpflaish**	vitela
Kaninchen	**kaninshn**	coelho
Karpfen	**karrpfn**	carpa
Kartoffelpüree	**cartofel-piurrê**	purê de batata
Käse	**quêze**	queijo
Kaviar	**cáviarr**	caviar
Knoblauch	**knôblauch**	alho
Knödel	**knœd'l**	bolinho de massa
Kohl	**côl**	repolho
Kopfsalat	**cópf-zalat**	alface
Krebs	**créps**	caranguejo
Kuchen	**cuch'n**	bolo
Lachs	**lachs**	salmão
Leber	**leber**	fígado
mariniert	**marriniert**	marinado
Marmelade	**marrmelade**	doce de frutas, geleia
Meerrettich	**meerretich**	rábano, raiz-forte
Milch	**milch**	leite
Mineralwasser	**minerral-vassah**	água mineral
Möhre	**mêrre**	cenoura
Nuss	**nus**	noz
Öl	**oel**	óleo
Olive	**olive**	azeitona
Petersilie	**pêterrziliah**	salsinha
Pfeffer	**péfah**	pimenta
Pfirsich	**pfirrzish**	pêssego
Pflaumen	**pflaumen**	ameixa
Pommes frites	**pomfrits**	batatas fritas
Quark	**cuarrk**	requeijão
Radieschen	**radish'n**	rabanete
Rinderbraten	**rinder-brat'n**	carne assada
Rinderroulade	**rinder-rru-ladah**	carne enrolada
Rindfleisch	**rintfláish**	carne bovina

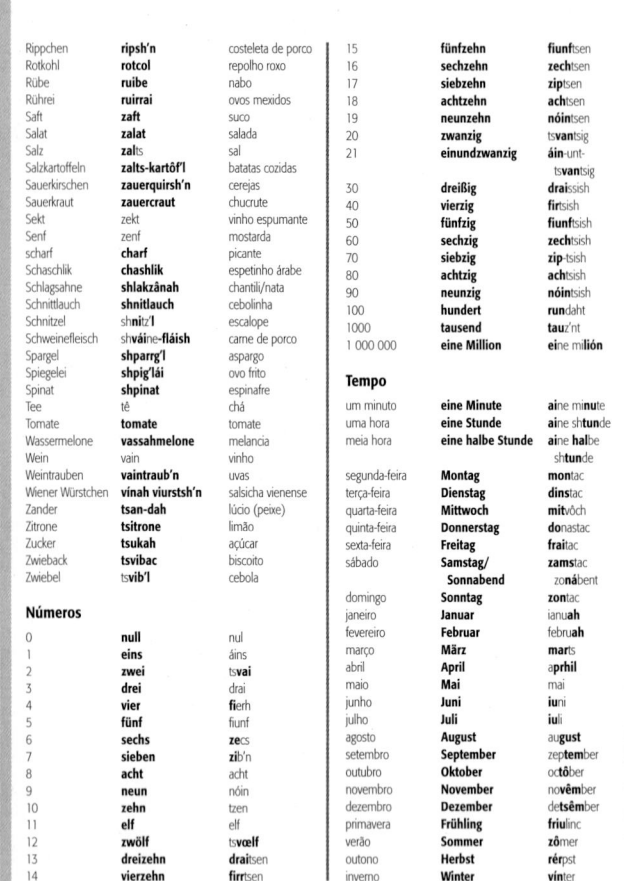

Rippchen	**ripsh'n**	costeleta de porco
Rotkohl	**rotcol**	repolho roxo
Rübe	**ruibe**	nabo
Rührei	**ruirrai**	ovos mexidos
Saft	**zaft**	suco
Salat	**zalat**	salada
Salz	**zalts**	sal
Salzkartoffeln	**zalts-kartôf'l**	batatas cozidas
Sauerkirschen	**zauerquirsh'n**	cerejas
Sauerkraut	**zauercraut**	chucrute
Sekt	zekt	vinho espumante
Senf	zenf	mostarda
scharf	**charf**	picante
Schaschlik	**chashlik**	espetinho árabe
Schlagsahne	**shlakzánah**	chantili/nata
Schnittlauch	**shnitlauch**	cebolinha
Schnitzel	sh**nit**z'l	escalope
Schweinefleisch	sh**váine-fláish**	carne de porco
Spargel	**shparrg'l**	aspargo
Spiegelei	**shpíg'lái**	ovo frito
Spinat	**shpinat**	espinafre
Tee	tê	chá
Tomate	**tomate**	tomate
Wassermelone	**vassahmelone**	melancia
Wein	vain	vinho
Weintrauben	**vaintraub'n**	uvas
Wiener Würstchen	**vínah viurstsh'n**	salsicha vienense
Zander	**tsan-dah**	lúcio (peixe)
Zitrone	**tsitrone**	limão
Zucker	**tsukah**	açúcar
Zwieback	**tsvibac**	biscoito
Zwiebel	tsvib'l	cebola

Números

0	**null**	nul
1	**eins**	áins
2	**zwei**	ts**vai**
3	**drei**	drai
4	**vier**	**fi**erh
5	**fünf**	fiunf
6	**sechs**	ze**c**s
7	**sieben**	**zib**'n
8	**acht**	acht
9	**neun**	nóin
10	**zehn**	tzen
11	**elf**	elf
12	**zwölf**	tsvœlf
13	**dreizehn**	**drai**tsen
14	**vierzehn**	**firr**tsen
15	**fünfzehn**	fi**unf**tsen
16	**sechzehn**	**zech**tsen
17	**siebzehn**	**zip**tsen
18	**achtzehn**	**acht**tsen
19	**neunzehn**	**nóin**tsen
20	**zwanzig**	tsvantsig
21	**einundzwanzig**	**áin**-unt-tsvantsig
30	**dreißig**	**drai**ssish
40	**vierzig**	**fir**tsish
50	**fünfzig**	fi**unf**tsish
60	**sechzig**	**zech**tsish
70	**siebzig**	**zip**-tsish
80	**achtzig**	**acht**sish
90	**neunzig**	**nóin**tsish
100	**hundert**	**run**daht
1000	**tausend**	**tau**z'nt
1 000 000	**eine Million**	**ei**ne milión

Tempo

um minuto	**eine Minute**	**ai**ne minute
uma hora	**eine Stunde**	**ai**ne sh**tun**de
meia hora	**eine halbe Stunde**	**ai**ne **hal**be shtunde
segunda-feira	**Montag**	**mon**tac
terça-feira	**Dienstag**	**dins**tac
quarta-feira	**Mittwoch**	**mit**vôch
quinta-feira	**Donnerstag**	**do**nastac
sexta-feira	**Freitag**	**frai**tac
sábado	**Samstag/ Sonnabend**	**zams**tac zon**á**bent
domingo	**Sonntag**	**zon**tac
janeiro	**Januar**	ianu**a**r
fevereiro	**Februar**	febru**ah**
março	**März**	**mar**ts
abril	**April**	a**prhil**
maio	**Mai**	mai
junho	**Juni**	i**uni**
julho	**Juli**	i**uli**
agosto	**August**	au**gust**
setembro	**September**	zep**tem**ber
outubro	**Oktober**	oc**tô**ber
novembro	**November**	no**vêm**ber
dezembro	**Dezember**	det**sêm**ber
primavera	**Frühling**	**friu**linc
verão	**Sommer**	**zô**mer
outono	**Herbst**	**rér**pst
inverno	**Winter**	**vín**ter